Reinhold Grimm · Jost Hermand
(Hrsg.)

Arbeit als Thema in der deutschen Literatur
vom Mittelalter bis zur Gegenwart

W0097469

Athenäum Taschenbücher
Literaturwissenschaft

Reinhold Grimm · Jost Hermand
(Hrsg.)

Arbeit als Thema in der deutschen Literatur vom Mittelalter bis zur Gegenwart

Athenäum
1979

CIP-Kurztitelaufnahme der Deutschen Bibliothek

Arbeit als Thema in der deutschen Literatur vom Mittelalter bis zur Gegenwart / Reinhold Grimm ; Jost Hermand (Hrsg.).
– Königstein/Ts. : Athenäum, 1979.
  (Athenäum-Taschenbücher ; 2144 : Literaturwiss.)
  ISBN 3–7610–2144–5

NE: Reinhold Grimm

Gesamtherstellung: Friedrich Pustet, Regensburg
Printed in Germany
ISBN 3–7610–2144–5

Inhaltsverzeichnis

Vorbemerkung

Die in diesem Band vereinigten Aufsätze stellen die deutschen Originalfassungen oder Übersetzungen der im Oktober 1978, anläßlich des 10. Wisconsin Workshop, gehaltenen Vorträge zum Thema „Work and Literature" dar. Für ein solches Thema hätten sich vor fünfzehn, ja selbst vor zehn Jahren noch schwerlich Beiträge finden lassen. Damals war vielen das Wort ‚Hekuba' noch wesentlich vertrauter als das Wort ‚Arbeit'. Wenn man in jener Zeit überhaupt auf ‚Arbeit und Literatur' zu sprechen kam, wurden diese beiden Begriffe eher mit dem Wörtchen ‚oder' voneinander distanziert, als durch ein ‚und' miteinander in Beziehung gesetzt.

Diese Situation scheint sich inzwischen gründlich gewandelt zu haben. Allenthalben ist heute in der BRD und den USA von politischen, sozialgeschichtlichen und ökonomischen Faktoren die Rede, wenn von Literatur gesprochen wird. Doch genauere Analysen zum Thema ‚Arbeit' sind, wie sich den einschlägigen Bibliographien entnehmen läßt, nach wie vor recht selten. Womit man sich vornehmlich beschäftigt, ist immer wieder die ‚Gesellschaft', aber nicht die ‚Arbeit', die in ihr geleistet wird. Zugegeben: zum Thema ‚Arbeiterliteratur' ist in letzter Zeit manches, zum Teil sogar recht Gutes erschienen (weshalb dieser Bereich weitgehend ausgeklammert blieb). Aber konkrete Einzeluntersuchungen oder gar umfassende Bestandsaufnahmen bestimmter literarischer Widerspiegelungsprozesse, die mit sozio-ökonomischen Wandlungen zusammenhängen, stehen noch immer aus.

Eine so anspruchsvolle Arbeit konnte selbstverständlich auf einem zweitägigen Kongreß nicht nachgeholt werden. All das verlangt Jahre, wenn nicht Jahrzehnte angestrengter und wohlkoordinierter Bemühungen. Auf diesem Workshop sollten dazu lediglich einige der ersten Voraussetzungen geschaffen werden. Dabei wurden vor allem folgende Schwerpunkte ins Auge gefaßt: 1. die unabdingbare Ausweitung dieses Themas bis zu den Anfängen der deutschen Literatur; 2. die Untersuchung bestimmter religiöser, philosophischer, nationaler, sozialer und sexistischer Aspekte innerhalb jener Literatur, welche sich ausdrücklich mit dem Thema ‚Arbeit' auseinandersetzt; 3. die sich daraus ergebenden Forderungen an die heutige Literatur und die hinter ihr stehende Gesellschaft.

Daß bei einem so zentralen und zugleich umfassenden Thema we-

der methodische Systematik noch historische Vollständigkeit ange-
strebt werden konnte, versteht sich wohl von selbst. Was daher die
folgenden Aufsätze zu bieten vermögen, sind allein einige gezielte
Denk- und Arbeitsanstöße in Richtung auf eine konkretere und damit stärker gesellschaftsbezogene Literaturbetrachtung, die gerade
im Überschreiten ihrer Grenzen manchmal am ehesten zu sich selber
findet.

Madison, im Januar 1979   R. G./J. H.

Francis G. Gentry

Arbeit in der mittelalterlichen Gesellschaft

Die Entwicklung einer mittelalterlichen Theorie der Arbeit
vom 11. bis zum 14. Jahrhundert*

Hugo Kuhn in memoriam

Bis weit ins Neuhochdeutsche hinein – wenn nicht gar bis in unsere
Zeit – pflegte ,Arbeit' etwas Negatives zu bezeichnen, etwas, was
den Angehörigen privilegierter Schichten als höchst ,unerwünscht'
galt. Die Grundbedeutung dieses Wortes, nach Ausweis der verschiedenen Denkmäler des Mittelalters, hieß „schwere, körperliche
Anstrengung, Mühsal, Plage".[1] Wer arbeitete? In der frühmittelal-
terlichen Gesellschaft waren dies hauptsächlich die Bauern auf den
Gütern und Besitzungen des Landadels, dem fast der gesamte Ertrag
aus ihrer Plackerei zufloß, während sie selber kaum das zum Leben
Nötigste behalten durften. Über ihre Lage zur damaligen Zeit – vor
dem 12. Jahrhundert – lesen wir bei Georges Duby:

> Die Leibeigenen waren tatsächliches Eigentum des Herrn, und zwar
> von Geburt an. Auch ihre Nachkommen sollten ihm gehören. Er
> konnte sie verkaufen oder verschenken. Er konnte sie nach Belieben
> züchtigen. Im Prinzip schuldeten sie ihm alles, Leib und Seele, insbe-
> sondere aber ihre Arbeit, aus der er den größten Gewinn zog. Er
> setzte sie im Haus und auf den Feldern ein, und die Dienste, die er
> ihnen abverlangte, waren unbegrenzt. Für die Hauswirtschaft be-
> deuteten sie permanente Arbeitskräfte, die nichts als den Unterhalt
> kosteten.[2]

Eine weitere Form der Ausbeutung bestand darin, Land, das dem
Herrn gehörte, an Bauern zu verpachten, die dafür entweder einen
bestimmten Teil des Naturprodukts oder – wie es bald schon
üblich wurde – dessen Gegenwert in barem Geld abliefern mußten.
Außerdem waren sie im allgemeinen verpflichtet, jede Woche eine
Zeitlang auf den Ländereien, die der Herr unmittelbar bewirtschaf-
tete, Arbeit zu leisten. Mit fortschreitender Entwicklung, als die
Bauern wohlhabender wurden, konnte jedoch dieser „Frondienst"
ebenfalls durch eine entsprechende Barzahlung abgegolten werden.

Ein solches System war zwar in vieler Hinsicht ,aufgeklärter' als das von Duby beschriebene der Leibeigenschaft; aber in Jahren, die Mißernten brachten, oder wenn die Gegend von einer Naturkatastrophe wie zum Beispiel einer Dürre heimgesucht wurde, wirkte es sich immer noch verheerend genug aus. Denn selbst dann mußten die Bauern ihren Frondienst ableisten und den einmal festgelegten Prozentsatz an Erträgnissen entrichten.

Die christliche Kirche stand von Anfang an vor der Frage der Ungleichheit in dieser Welt, der schwierigen Lage und grundsätzlichen Benachteiligung der niederen Schichten. Unter dem Einfluß der Stoa mit ihrer Lehre vom ursprünglich gleichen Naturzustand, der freilich unwiderruflich dahin sei, schrieben deshalb die Theologen den gegenwärtigen Weltzustand den Folgen der Erbsünde zu.

> It was agreed by most of the later Fathers that inequality, slavery, coercive government and even private property had no part in the original intention of God and had come into being only as a result of the Fall. Once the Fall had taken place, on the other hand, a development began which made such institutions indispensable. Corrupted by Original Sin, human nature demanded restraints which would not be found in an egalitarian order; inequalities of wealth, status, and power were thus not only consequences of but also remedies for sin.[3]

Dichterischen Ausdruck fand diese Auffassung in der *Milstäter Genesis* aus der Zeit um 1130.[4] Gott verflucht hier Adam und Eva wegen ihres Ungehorsams zu lebenslänglicher Arbeit:

> der vluoch muoz ubir dich gan, du vil unsaelich man.
> swaz du hinnefur gizzest, vil harte du daz erarntest,
> du muost mit arbeiten dinen lip leiten.
> dorne und hiuffoltir wahse dir uz der erde molte,
> chroutes muost du dich betragen, die erde muost du umbe graben.
> vil diche muoz erswitzzen din antliz in der hitzze,
> e du gearbeitest daz prot fur des ubelen hungers not,
> dennoch du erstirbest, ze der erde widir wirdist,
> danne du chomen bist, wan du waere ein stoup und mist.

(19, 5–13)

Beliebt als Begründung für die bestehende Ungleichheit war ferner der Hinweis auf Kain, der durch seinen Brudermord an Abel für diese mißliche Situation verantwortlich sei, oder auf den Fluch, mit dem Noah die Nachkommen seines Sohnes Ham strafte, weil dieser Noahs trunkene Nacktheit verspottet statt pietätvoll verhüllt hatte. Hams Brüder Sem und Japhet hatten bekanntlich dem Vater die gebührende Achtung erzeigt und seine Blöße zugedeckt. Als Noah, wieder nüchtern geworden, aufwachte und erfuhr, was geschehen war, verfluchte er Hams Geschlecht zu einem Leben der Knechtschaft unter den Nachkommen Sems und Japhets.[5]

Doch was immer man im einzelnen anführte: Sünde war und blieb die Ursache von Müh und Arbeit wie auch der Knechtschaft und Unterdrückung ganzer Schichten. Jegliche Arbeit wurde als Fluch, als eine dem Menschen von Gott eigens auferlegte Last empfunden, die man in Geduld zu tragen habe. Der einzige Trost, den die Kirche spendete, lag darin, daß vor Gott alle Menschen gleich waren und daß einst nach dem Tod Reiche wie Arme, Mächtige wie Machtlose auf derselben Stufe vorm Throne des Weltenrichters stehen würden. Allerdings – bis es soweit war, hatte jeder, dem das Los der Arbeit gefallen war, seinem Herrn treu und eifrig zu dienen, selbst wenn dieser ein übler Herr war. Einzig und allein durch Dienen vermochten die Angehörigen der niederen Schichten sich das Himmelreich zu erwerben.

Bis zum endenden 11. Jahrhundert wurde so die Arbeit im Rahmen eines Dienstverhältnisses zu einer übergeordneten Macht begriffen, durch deren geduldiges Ertragen die Seele zu Christus gelangen könne. Vorstellungen wie die, daß Arbeit einen Wert an sich und eine spezifisch gesellschaftliche Funktion auf Erden habe, auch daß es Berufe gebe, die über die engen, starren Schranken von Dienst und Herrschaft hinausreichen, ja daß Arbeit überhaupt nützlich sei: solche Vorstellungen tauchten damals, mit einer einzigen Ausnahme, noch nirgends auf. Diese Ausnahme bildet Rather von Verona, der schon im 10. Jahrhundert erklärte, der Mensch sei eben zur Arbeit geboren.[6] Doch auch Rather sah den Zweck der Arbeit lediglich in der Wiedervereinigung mit Gott im Paradies. Die archaische Gesellschaft des Frühmittelalters kannte in ihrer Statik keinerlei Antrieb zur Arbeit, der aus etwas Greifbar-Irdischem erwachsen wäre. Arbeit besaß für den Arbeitenden weder Reiz noch sichtbaren Wert – und das, obwohl doch 90 bis 95% der Bevölkerung, in dieser oder jener Form, Handarbeit ausübten. Ein Wandel trat hier erst ein, als die Kirche nicht mehr umhin konnte, sich endlich mit der Welt und den umfassenden Veränderungen, die in ihr vorgingen, auseinanderzusetzen.

Diese Zeit der großen Umwälzung begann im späten 11. Jahrhundert. Den Anstoß gaben die Bemühungen reformfreudiger Kaiser – namentlich Heinrichs III. (1039–1056) – sowie der Einwohner in den städtischen Zentren Norditaliens, die alle darauf abzielten, die Kirche von Simonie und Priesterehe zu reinigen. Kräfte wurden entfesselt, die sich in gewaltigen Volksbewegungen von der Art der *pauperes Christi* entluden und die Rückkehr der Kirche zu ihren ursprünglichen Leitsätzen eines Lebens in Armut und durch eigener Hände Arbeit forderten. Denn wenn es zunächst auch den Anschein hat, als sei Benedikt von Nursia mit seiner genialen Formel *ora et labora* den damaligen Reformbestrebungen schon um Jahrhunderte voraus gewesen, so dürfte erst recht offenkundig sein, daß der Imperativ *labora* sehr rasch in einem wesentlich weiteren Sinne ausgelegt wurde. Die Tätigkeiten, die er einschloß, hatten mit Handarbeit vielfach gar nichts mehr zu tun, standen aber dafür in einem viel höheren Ansehen als das bloße Bebauen des Landes. Derlei wurde von Klosterbrüdern besorgt, die einer untergeordneten Schicht angehörten, während die Mönche selber sich ihrer „wertvolleren" Arbeit widmeten. In Wahrheit hätte also das Motto der Benediktiner besser *ora e(s)t labora* lauten sollen. Und die gleiche Entwicklung vollzog sich dann auch unter den Mitgliedern des neugegründeten Zisterzienserordens im 12. und des Franziskanerordens im 13. Jahrhundert.

Das folgenreichste Ergebnis, das jene Bewegungen und der aus ihnen entspringende Konflikt zwischen Kaiser und Papst, der sogenannte Investiturstreit, zeitigten, war zweifellos eine gewandelte Haltung der Kirche. Statt sich wie bisher fast ausschließlich mit dem Jenseits zu befassen, richtete sie ihr Augenmerk nun aufs Diesseits und darauf, wie dessen Angelegenheiten zu regeln und zu verwalten seien. In dieser neuen Weltbejahung durch die Kirche erkennt Gerd Tellenbach die eigentliche Bedeutung der Epoche. So schreibt er von Papst Gregor VII.:

> Er steht an der großen [. . .] inneren Wende in der Geschichte des katholischen Christentums: damals gewann die Weltgewinnungstendenz deutlich die Oberhand über die Weltabwendungstendenz; die Welt wurde in die Kirche einbezogen, und die Bahnbrecher der neuen Zeit machten sich daran, die ‚rechte' Ordnung in dieser geeinigten christlichen Welt herzustellen.[7]

Gregor VII. betrachtete es als seine wichtigste und vordringlichste Aufgabe, Kirche und Priestertum von jeglicher weltlichen, will sagen kaiserlichen Bevormundung zu befreien. Im Bild der Gesellschaft, wie er es entwarf, steht der Papst unangefochten an der Spitze. Die Kirche ist eine zugleich geistliche und politische Körperschaft, der keinerlei Landesgrenzen gezogen sind, und niemand außer Vertretern der Geistlichkeit ist befugt, sie zu regieren. Ordnung in der Gesellschaft kann nur herrschen, wenn jedes ihrer Glieder genau die ihm zugeteilte Funktion erfüllt.[8] Auch die Könige fielen für Gregor unter diese Bestimmung:

> Kings, dealing as they do with matter, are, for governmental considerations, on the same level as matter, or the ‚temporal‘. [. . .] The Christian king, who acts on the basis of unqualified obedience to the Roman Church, is a king who deserves the epithet ‚useful‘; he who does not is ‚useless‘. The king functions – just as much as the ‚temporal‘ does – as a means to an end. Each is useful, provided each is harnessed to the purpose and substance of the society in which each exists. Usefulness to the *societas christiana* is the hallmark of the Christian king [. . .].[9]

Gregors christliche Staatstheorie markiert, was die Kirche betrifft, den definitiven Endpunkt einer jahrhundertelangen Vernachlässigung des weltlichen Bereichs samt seiner ordnungsgemäßen Verwaltung. Durch den Entwurf einer *Societas christiana* war gleichsam in aller Form das Vorhandensein nicht nur einer diesseitigen Welt, sondern auch einer ihr zukommenden Eigenbedeutung anerkannt. Zugegeben, Gregor konzipierte diese Gesellschaftsstruktur von der Spitze der Pyramide her. Dennoch war damit ein Fundament geschaffen, auf dem die Theoretiker der Kirche bei künftigen Überlegungen zur Funktion sämtlicher Teile einer geordneten christlichen Gesellschaft aufbauen konnten. Die Welt galt zwar nach wie vor bloß als Durchgangsstation für die Pilger auf dem Weg zur Ewigkeit; aber sie mußte fortan von diesen selber in Ordnung gebracht und gehalten werden.

Die Wendung der Kirche zur Weltlichkeit wurde, wie schon erwähnt, noch beschleunigt durch den Einfluß der *pauperes Christi* und ähnlicher Massenbewegungen, die verkündeten, daß man sein Seelenheil durch eigener Hände Arbeit erlangen könne. Dazu kam die immer stärkere Mobilität, die sich in verschiedenen Gesellschaftsschichten bemerkbar machte. Die unfreien Ministerialen begannen allmählich in die Reihen des niederen Adels aufzusteigen und in den sich neu herausbildenden deutschen Städten, deren Wachstum durch die einströmende Landbevölkerung zusätzlich anschwoll, eine Art Vorrangstellung einzunehmen. Außerdem zog die Erschließung weiter Landstriche im Osten des Reiches eine Unzahl von Bauern an, die dadurch zum großen Teil auch von den Fesseln der Leibeigenschaft befreit wurden. Am schnellsten allerdings lösten sich die strengen Bindungen des archaischen Gesellschaftssystems in den Städten auf. Den Grad dieser damaligen Emanzipation vermag uns das Freiburger Stadtrecht von 1120 – das älteste in deutscher Sprache – zu veranschaulichen. Männer und Frauen sind in Erbschaftsangelegenheiten gleichberechtigt, so heißt es in ihm; wer vom Land in die Stadt zieht, ohne von seinem früheren Herrn zurückverlangt zu werden, kommt über Jahr und Tag in den Genuß der Stadtfreiheit und darf seinem Gewerbe nachgehen.[10] Doch war diese Freiheit trotzdem keine absolute. Sie beschränkte sich im wesentlichen darauf, frei arbeiten zu dürfen und der Bürde des Frondienstes enthoben zu sein. Die Freiburger Bürger (wie das Stadtrecht sie nannte) standen zum Beispiel unter der Schutzherrschaft des Zähringers, dem sie bestimmte Dienstleistungen wie Beistand bei der Sicherung seines Territoriums sowie einen gewissen Betrag an Geld und Waren schuldeten. Mit der Arbeitsbefreiung und dem damit verbundenen Recht, auch die Früchte der Arbeit zu genießen, ja Gewinn anzusammeln und sich so über das bloße Existenzminimum zu erheben, waren aber gleichwohl neue Dimensionen innerhalb der gerade erst konstituierten *Societas christiana* eröffnet.[11]

Angesichts der in Bewegung geratenen unteren Schichten, der Zunahme der Gewerbe und Berufe (obschon dies letztere Wort hier vielleicht noch verfrüht ist) wie insgesamt angesichts der Um- und Aufwertung der Handarbeit sahen sich die Theologen gezwungen, dem Phänomen der Arbeit endgültig einen festen Platz in der christlichen Gesellschaft zuzuweisen. Auch wenn sie dabei die Schranken des herkömmlichen Weltverständnisses mit seiner Klasseneinteilung nicht zu sprengen vermochten, so gelang es ihnen doch, gewichtige Neuerungen einzuführen, die dann in den folgenden Jahrhunderten großen Widerhall fanden. Vor allem wurde nunmehr bestimmt, daß jede soziale Schicht oder Klasse ihre eigene Würde in der Gesellschaft und ihren eigenen Zugang zum Heil durch Erfüllung des im Rahmen ihres *ordo* Geforderten besitzen sollte. „Whoever has renounced at baptism the devil and all his trappings and suggestions, even if that person never becomes a cleric or a monk, has nonetheless definitely renounced the world", stellte Gerhoh von Reichersberg um 1130 fest. Und ferner:

> Whether rich or poor, noble or serf, merchant or peasant, all who are committed to the Christian faith reject everything inimical to this name and embrace everything conformable to it. Every order and absolutely every profession, in the catholic faith and according to apostolic teaching, has a rule adapted to its character; and under this rule it is possible by striving properly to achieve the crown of glory.[12]

Mit solchen neu erschlossenen Möglichkeiten verband sich die alte christliche Auffassung vom geistlichen Adel, die damals wieder zu erstarken begann. Ihr zufolge hängt wahrer Adel nicht allein oder nicht so sehr vom Geblüt als vielmehr vom Charakter ab. Wer daher treu und geduldig einem schlechten Herrn dient, ist diesem im geistlichen Sinn überlegen, selbst wenn sich der Herr aller Vorzüge adeliger Geburt erfreut:

> Unus enim Dominus aequaliter et dominis fere consultum, et servis. Melior est subiecta servitus quam elata libertas. Multi enim inveniuntur Deo libere servientes sub dominis constituti flagitiosis, qui et subjecti sunt illis corpore, praelati tamen sunt mente.

So formulierte Ivo von Chartres Ende des 11. Jahrhunderts diese Auffassung.[13]   Trotz der Bemühungen von Männern wie Ivo oder Gerhoh ist jedoch zu betonen, daß ein Leben durch eigener Hände Arbeit zu keiner Zeit als erstrebenswert empfunden wurde. Handarbeit war kein *desideratum*: nicht für den Adel, ja nicht einmal, aller schönen Worte ungeachtet, für eine nennenswerte Zahl von Ordensgeistlichen. Die Zisterzienser (um nur ein Beispiel herauszugreifen) förderten zwar durch geschickte Ausnutzung der Wasserkräfte wie durch neue Methoden im Weinbau die sich ausdehnende mittelalterliche Wirtschaft beträchtlich;[14] aber auch sie verfügten über eine besondere Schicht von Laienbrüdern, die sogenannten *conversi*, die diese Arbeit für sie verrichteten. Ebenso begegnen in der *Kaiserchronik*, die um die Mitte des 12. Jahrhunderts entstand,[15] genügend Leute, die, ob durch Zufall oder Schicksal, Handarbeit leisten müssen. Den eindrucksvollsten Beleg dafür liefert die Erzählung vom Kaiser Faustinian und seiner Familie. Auf Grund einer Kette von Schiffbrüchen, die sich über Jahre hinzieht, muß sich die gesamte kaiserliche Familie zu einem Leben nackter *arebeit* bequemen – wobei hier *arebeit* nicht etwa bloße Mühsal, sondern, ganz konkret, harte körperliche Arbeit bedeutet. Zuletzt fügt es sich, daß alle Familienmitglieder in der Nähe von Rom, wo der Apostel Petrus sein Lager aufgeschlagen hat, zusammentreffen, jedoch ohne einander nach so langer Zeit wiederzuerkennen. Die Kaiserin Mechthild, durch viele Dienstjahre bei einer alten Witwe erschöpft, hat die Gicht, und Faustinian muß als armer Knecht Holz schleppen. An dieser Stelle der *Kaiserchronik* kommt die positive Bewertung der Arbeit durch die Kirche klar zum Ausdruck. Als die alte, kränkliche Mechthild vor Petrus erscheint und ihn um Hilfe bittet, erhält sie zur Antwort:

> war umbe treis dû den gemeiten:
> mohtes dû arbeiten!
> virlech dir got ganze hende,
> sô hâs dû es grôze sunde,
> wil dû die muozen tragen;
> wen hôres dû den wîssagen
> ,wie saelic der lebe,
> der der hende arbeite phlege.' (2660–2667)

Was Petrus ausspricht, ist in der Tat die neuere, positivere Einschätzung der Arbeit und des arbeitenden Menschen, der gerade als solcher sein Heil erlangen könne. Indes – sobald der Kaiser und die Seinen vollends vereinigt sind und die Taufe empfangen haben, werden sie prompt wieder in ihre einstige Herrlichkeit eingesetzt. Und was geschieht? Sie entsagen daraufhin der Welt und leben künftig „geistlîche", wie es heißt. Denn Arbeit und *armuot* sind zwar auch in der *Kaiserchronik* als Zugang zur Seligkeit geeignet: nur eben nicht für diejenigen, die nicht dem ,Orden' der Arbeitenden angehören. Kaum hat sich die kaiserliche Familie zu Christus bekannt, als sie bereits ihrem eigentlichen Stand zurückgegeben ist; ja, dem Geburtsadel hat sich obendrein der geistliche zugesellt. Man lebt im Kloster und widmet sich den seiner Klasse gemäßeren religiösen Verrichtungen. Arbeit war durchaus noch kein Ideal; sie war lediglich eher tragbar als früher.[16]

Die Vorstellung von der Gesellschaft erfuhr aber damals gleichwohl Veränderungen von seiten der Kirche. Wer arbeitet, hat einfach eine ganz spezifische gesellschaftliche Funktion. Mehr und mehr sollte sich diese Einsicht durchsetzen. Schon die *Summa theologiae* (um 1100)[17] erläuterte sie durch einen Vergleich mit dem Leibe, wenn sie von Gott schreibt:

> Er geschûf an uns dû gilit alli
> ein ander dîniti.
> dû gilit, dû dir sint âni di êri,
> der bidurfi wir mêri.
> nû ni mugin di ougin virwîzzin
> dî nidirî den vûzzon.
> alsus biri wir under uns gilegin,
> wî wir brûdirlîchi sulin insamint lebin. (197–204)

Das ist gewiß keine revolutionäre Äußerung; was sie spiegelt, ist bloß die herkömmliche christliche Lehrmeinung. Neu ist hingegen, jedenfalls in deutscher Sprache, jenes Bild vom Leibe und was es einschließt: daß nämlich die Menschheit selber eine Ganzheit, eine auf wechselseitige Abhängigkeit und Unterstützung gegründete Gemeinschaft sei. Der Dichter bietet keineswegs eine mystische Auslegung des Leibes, die ja unbedingt Christus, die Jungfrau Maria oder die Lehrer der Kirche einbeziehen müßte; er sagt im Gegenteil völlig nüchtern, daß es im sozialen Leben Rangabstufungen gebe und daß die Höherstehenden ohne die Niederen – ein Gedanke, der sicherlich von Paulus (1. Kor. 12, 12–25) übernommen ist – nur in sehr geringem Maße funktionsfähig wären. Daß dies immer mehr Anklang fand, nimmt nicht wunder. Noch rund zweihundert Jahre später gebrauchte Johannes Tauler dasselbe Bild, wenn auch jetzt auf eine etwas abweichende Weise, auf die ich noch zurückkommen werde. So heißt es in seiner Predigt *Divisiones ministracionum sunt*:

> Kinder, der fuos noch die hant die ensol nút wellen das ouge sin. Ein ieklichs sol sin ambacht tuon, das im Got zuo gefueget hat, wie grob das ist, und das ein ander lichte nút getuon enkan.[18]

Des weiteren klagt Tauler in seiner Predigt: „Ieklichs wil ein ouge sin und wellent nút wúrken."[19] Da diese Worte an Nichtadlige gerichtet sind, hat sich das Gewicht zwar etwas verlagert; doch das Bild von der Gesellschaft, in der jedem Glied seine eigene Aufgabe zukommt, bleibt dennoch gewahrt.

War es für die niederen Schichten grobe Handarbeit, wodurch sie Einlaß ins Paradies gewannen, so für die höheren eine ‚feinere' *arebeit*, die sich freilich – zumindest nach Auskunft der entsprechenden Lehrdichtung – als nicht weniger schwierig erwies. Denn da der Adel im Gesellschaftsgefüge auch wirtschaftlich soviel günstiger gestellt war, bestand sein ‚Dienst' im Schutze der sozial Schutzlosen, zu denen nicht zuletzt die Vertreter der Kirche gehörten. Diese Verpflichtung gegenüber der Kirche konnte allerdings auch in Form eines Kreuzzuges erfüllt werden, was etwa aus dem deutschen *Rolandslied* hervorgeht. Aber wie verhielt es sich mit solchen Adeligen, die lieber daheim auf ihrer Burg hockten? Nun, während der großen Umwälzung in Deutschland bis zur Mitte des 12. Jahrhunderts war noch keineswegs Bargeld, sondern Landbesitz der entscheidende Gradmesser für Reichtum.[20] Erst später, mit dem wachsenden Einfluß der Städte und der Ausbreitung von Handel und Verkehr, wurden die meisten Geschäfte auf Zahlungsbasis abgewickelt.[21] Der frühe Adel, in seiner Gier nach Land, scheute oft vor nichts zurück, um seine Besitzungen zu vergrößern. Er versäumte, mit anderen Worten, seine wahre *arebeit* und gab sich statt dessen einer falschen hin. Es liegt auf der Hand, daß sich daraus schließlich

Folgen ergeben mußten, die für den betreffenden Übeltäter recht unangenehm waren. Heinrich von Melks *Von des tôdes gehugede*, ein Werk aus der Mitte des 12. Jahrhunderts,[22] liefert den besten Beweis. Ein reicher Junker besucht hier das Grab seines Vaters und muß von dem modernden Leichnam hören, daß jener, weil er irdisches Gut über sein Seelenheil stellte, zu ewiger Höllenqual verdammt ist:

> ich wolde allen mînen sin
> ie dar an erzäigen,
> daz ich chouffte lêhen unt äigen,
> burge, meirhof unt huobe
> unt ander hêrschaft genuoge. (752–756)

Dieses Zusammenraffen von Reichtümern geschah natürlich vielfach auf Kosten derer, die sich nicht wehren konnten:

> manige gewinnunge
> die ich âne barmunge
> nam von witwen unt von wäisen,
> die lâzzent mih nich ûz den fräisen. (771–774)

Immer wieder wird so die Unterdrückung der Hilflosen, Armen, Niederen durch den Adel zum Gegenstand der Ermahnung in der damaligen Literatur. Das bezeugt auch, als zweites Beispiel unter vielen, die *Visio Sancti Pauli*, die von etwa 1150 datiert.[23] Abermals meldet sich hier ein Verdammter zu Wort; doch diesmal wirft die Seele den Gliedern ihres verwesten Körpers vor, was sie auf Erden verbrochen haben. Von den Händen jammert sie:

> so we den dinen handen, si roubeten unt branden,
> si bliuwen die armen, sie entwolten sich niht erbarmen.
>
> (4, 47–50)

Nur wer sich schon zu Lebzeiten aufführt, wie es sich ziemt, kann all jene Unannehmlichkeiten im Jenseits vermeiden. Dazu aber ist die gerechte Behandlung der unteren Schichten unabdingbar. Und keineswegs bloß die Gewährung von Schutz, auch anständiger Lohn für die geleistete Arbeit war mit solcher Behandlung gemeint. Sie betraf nach wie vor hauptsächlich die Bauern. Mit besonderer Deutlichkeit wird dies aus dem Gedicht *Vom rehte*[24] ersichtlich. Unmißverständlich erklärt dessen Dichter, daß jemand, der Land für den Feldbau roden hilft, auch von den Früchten dieses Landes seinen Anteil erhalten solle. Der *chnecht* habe darauf genauso Anspruch wie der *meister*:

swer zu genâden wil chomen,
der sol nieman niht nemen,
er sol nieman nihts erbunnen,
des er mit rehte hât gewunnen.
sô sol der herre unde der chnecht
minnen daz selbe reht,
wellent si rehte gevaren. (179–184)

Zusammenfassend läßt sich demnach sagen, daß sich am Ende der frühmittelhochdeutschen Zeit die erzwungene Auseinandersetzung der Kirche mit der Welt bereits unverkennbar in den Texten niedergeschlagen hat. Der menschlichen Gesellschaft wird Eigenwert zugesprochen; zugleich haben deren verschiedene Schichten jeweils ihre eigene Würde und ihre eigenen Rechte. Wenn diese sämtlichen Schichten ordnungsgemäß ihre *arebeit* tun, ist der reibungslose Ablauf des sozialen Lebens gewährleistet. Gewiß, Rangabstufungen müssen zwar sein; doch sind die unteren Schichten nunmehr wenigstens anerkannt. Obschon ihre Tätigkeit immer noch unter Begriffe wie Dienst oder Herrschaft fällt, haben sie zweifellos eine neue Stellung im Gesellschaftsgefüge inne.

Davon freilich, daß der Mensch auf seine Arbeit stolz sein dürfe, kann auch jetzt noch keine Rede sein. Den Ausschlag, als Ziel jeglichen Tuns, gibt wie bisher die Erlangung des Seelenheils. Doch die Ausformulierung des *ordo*-Gedankens markiert nichtsdestoweniger einen entscheidenden Durchbruch, namentlich eben auf Grund des Einbezugs der niederen Schichten in die Gesellschaft. Nicht minder wichtig ist auch die Verknüpfung der gerechten Behandlung dieser Schichten durch die Angehörigen des Adels mit dessen Seelenheil. Da es bekanntlich leichter ist, „daß ein Kamel durch ein Nadelöhr gehe, denn daß ein Reicher ins Reich Gottes komme", so konzentrierten sich die geistlichen Schriftsteller jener Zeit ausschließlich und mit Nachdruck auf die unmittelbare Ermahnung der Adelsklasse. In späteren Jahrhunderten allerdings, als mit zunehmendem Einfluß anderer Gesellschaftsbereiche mehr Hände ihren ökonomischen Schnitt machten, wurden auch diese neuen Reichen unmittelbar ermahnt.

In der Literatur der nun folgenden höfischen Epoche spielen die unteren Schichten kaum eine Rolle. Man war an ihrer Funktion oder gar Darstellung uninteressiert; worum sich die meisten Dichter bemühten, war die Bestimmung der dem höfischen Menschen, dem „Ritter", in der Gesellschaft zukommenden *arebeit*. Auch diese *are-*

beit, zugegeben, erweckte wie üblich den Eindruck von etwas Schwierigem und Mühsamem. Doch um Handarbeit, echte körperliche Arbeit, handelte es sich dabei nie. Der Adelskaste war derlei nach wie vor ein Greuel. Wenn wirklich einmal (was selten genug geschah) eins ihrer Mitglieder bei körperlicher Arbeit dargestellt wurde, dann stets mit der Empfindung von Mitgefühl, ja Mitleid. So entdeckt beispielsweise Hartmanns Iwein[25] dreihundert gefangene Frauen adligen Geblüts, die zwar die erlesensten Gewänder weben und mit Stickereien schmücken, aber dennoch – jedenfalls nach adligen Maßstäben – vergleichsweise dürftig leben. Der Anblick solcher ‚Armut' veranlaßt Iwein zu dem bezeichnenden Ausruf:

> Ist iuch diu armuot an geborn,
> sô hân ich mînen wân verlorn.
> ich sihe wol daz iu wê tuot
> diu schame der selben armuot:
> und ich versihe michs dâ von:
> swer ir von kinde ist gewon,
> dern schamt sich ir sô sêre niht
> als man hie an iu gesiht.
> nune sagt mir minre noch mê
> wan rehte wiez dar umbe stê.
> weder hât iu ditz lebn
> geburt ode unheil gegebn. (6307–6318)

Eine der Angesprochenen erzählt daraufhin, ihr Landesherr habe einst, als er im Kampf gegen zwei Riesen unterlegen sei, sein Leben nur durch Zusicherung von Geiseln erkaufen können. Er habe sich verpflichten müssen, jährlich dreißig adlige Jungfrauen an die Sieger auszuliefern; und nur ein Ritter, der seinerseits die beiden Riesen besiege, könne deshalb die Gefangenen erlösen. Vorher gebe es für sie keine Rettung: sie seien dazu verurteilt, unentwegt anstrengende Handarbeit zu leisten. Diese Situation wird folgendermaßen beschrieben:

> wir leiten riuweclîche jugent:
> wan sî sint ân alle tugent
> den wir dâ sîn undertân:
> si kunnen uns niht geniezen lân
> aller unser arbeit.
> swaz uns vür wirt geleit,
> daz müez wir allez lîden.
> von golde und von sîden
> wurken wir die beste wât
> die iemen in der werlde hât:

nû waz hilfet uns daz?
wirne lebn niht deste baz.
wir müezenz starke enblanden
den armen unde den handen,
ê wir sô vil erwerben
daz wir niht hungers sterben. (6379–6394)

Irgendeinen Wert über den bloßen Lebensunterhalt hinaus besitzt solche Arbeit nicht. Was hier ganz und gar fehlt, ist selbst die Spur einer Haltung, wie wir sie aus der *Kaiserchronik* kennen, wo ja immerhin ein Kaiser und seine Kaiserin, Faustinian und Mechthild, durch ihrer Hände Arbeit zu Gott finden und wieder in ihren früheren Stand erhoben werden. Erwägungen dieser Art kommen weder für die dreihundert gefangenen Jungfrauen noch für die höfische Gesellschaft insgesamt in Betracht. In einer Welt, die der äußeren Erscheinung so hohen Wert beimißt und deren Angehörige sich ihres Rangs und ihrer Stellung voll bewußt sind, ist jegliche Handarbeit erniedrigend, ja entehrend. Sobald jene adligen Damen durch Iwein befreit sind und wieder ihre prächtigen Kleider angelegt haben, strahlen sie daher erneut Schönheit und Selbstbewußtsein aus, wie es sich für Mitglieder der höfischen Gesellschaft schickt:

in den sô kurzen zîten
gewunnens wider ir lîp
und wurden diu schoensten wîp
diu [Iwein] ie mê gesach.
daz schuof in daz kurze gemach. (6850–6854)

Iweins Befreiungstat ist ein gutes Beispiel für die *arebeit*, die dem Ritter laut Ausweis der höfischen Dichtung zukommt. Zu den weiteren Pflichten, die ihm gemäß sind, zählt indes neben Turnier, Kampf und Kreuzzug auch der „Minnedienst". Denn das Endziel all dieser *arebeit* ist *êre* und *hôher muot*, also die Achtung der einem Ebenbürtigen und Gleichgestellten und eine edle, frohgemute Sinnesart. Der oberste Zweck, den Arbeit ursprünglich hatte, nämlich Zugang zum Himmelreich zu verschaffen, hat an Dringlichkeit eingebüßt. Der höfische Mensch gehört beinah ganz der diesseitigen Welt an. Worum es ihm wie seinen Dichtern geht, ist vor allem das ordnungsgemäße Leben in seinem Stande.

Die Frage nach solch ‚richtigem' Leben kehrt bei sämtlichen Dichtern der Epoche wieder. Ihren vollständigsten Ausdruck aber hat sie in den Werken Hartmanns von Aue gefunden. Auch sein *Erec*[26] belegt dies zur Genüge. Obwohl dessen Held in jeder Hinsicht als vollkommener Ritter gelten darf, bewirkt doch sein ausgedehntes Liebesgetändel mit der schönen Enite, daß er seine übrigen Ritterpflichten sträflich vernachlässigt. Diese verlangen ja von ihm, sich stets aufs neue durch tapfere Taten zu beweisen:

> Rittersein bedeutet, sich der Forderung der ‚Gesellschaft‘, das heißt jener Elite, von der und für die der Begriff Ritter bestimmt ist, nach einem bestimmten sittlichen Habitus zu beugen, der nur in ständiger Bewährung persönlicher, eben ritterlicher Qualitäten erhalten und bestätigt werden kann.[27]

Erec dagegen verwirkt die Achtung der höfischen Gesellschaft durch seine ausschließliche Hingabe an Enite:

> die minnete er sô sêre
> daz er aller êre
> durch si einen verphlac,
> unz daz er sich sô gar verlac
> daz niemen dehein ahte
> ûf in gehaben mahte.
> des begunde mit rehte
> ritter unde knehte
> dâ ze hove betrâgen. (2968–2976)

Um seine verlorene Ehre wiederherzustellen, muß Erec auf *aventiure* ausziehen, und zwar gleich auf eine ganze Reihe solcher Abenteuer. Zu diesem Zweck schweift er ruhelos umher, verweigert jede Unterkunft für mehr als eine Nacht, versagt sich alle höfischen Annehmlichkeiten und führt überhaupt ein durch *ungemach* und *arebeit* gekennzeichnetes Leben. Obschon er fortwährend – ob gegen Räuber, Riesen oder selbst den König von Irland – glorreiche Siege erficht, bleibt er gleichwohl unbefriedigt und ist sich keineswegs sicher, daß er die Achtung seiner Standesgenossen schon wiedergewonnen hat. Erst seine letzte *aventiure*, die mit Mabonagrin bzw. das „Bestätigungs-Abenteuer" (P. Wapnewski) *Joie de la curt*,[28] bringt die Wende. Wie Erec, der sich von der Gesellschaft zurückgezogen hatte, um mit Enite allein zu sein, so ist auch Mabonagrin vom höfischen Leben getrennt: ihn zwingt nämlich ein Versprechen, das er seiner Frau gegeben hat, sich solange im „Garten der Wunder" aufzuhalten, bis ihn ein anderer Ritter überwindet. Die Zahl derer, die den Kampf gewagt haben und gescheitert sind, ist bereits auf achtzig angestiegen, als Erec auf dem Schauplatz erscheint. Dabei stellt er zu seiner Verwunderung fest, daß Mabonagrin die Angewohnheit besitzt, die Köpfe der Erschlagenen auf Pfähle zu stecken und diese rings um sein Gehege aufzupflanzen. Ein Sieg unter solchen Umständen, kein Zweifel, wäre gleichbedeutend mit Erecs völliger Versöhnung mit der höfischen Gesellschaft:

> ob mir got der êren gan
> daz ich gesige an disem man,
> sô wirde ich êren rîche. (8560–8562)

Doch Erec erreicht durch seinen Sieg sogar noch mehr. Denn indem er Mabonagrin aus der Gefangenschaft befreit, die dieser sich selber auferlegt hatte, und ihn so der Gesellschaft zurückgibt, bringt er auch deren *Joie de la curt* zurück. Im Garten festgehalten, war Mabonagrin für den Hof ohne Nutzen gewesen. Jetzt aber kann er erneut reiten, wohin sein Herz begehrt, und durch ritterliche Taten die „Freude" wiederherstellen. Beglückt gesteht er Erec:

> ir sît ze grôzer saelikeit
> disem hove her komen,
> wan mit mir was im benomen
> elliu sîn wünne gar,
> und was et schoener vreuden bar.
> sît daz in mîn abe gie
> sô enwart hie nie
> deheiner slahte spil erhaben:
> durch daz in lebende was begraben
> mîn jugent und mîn geburt,
> sô ist et Joie de la curt
> genzlîchen nider gelegen.
> nû suln si ir aber phlegen,
> wan nû hânt si wider ir trôst. (9591–9604)

Der Sieg über Mabonagrin sowie die Einsicht, daß es „bî den liuten [. . .] sô guot" (9438) sei, haben Erec endgültig rehabilitiert. Zum Lohn für seine große ritterliche *arebeit* wird er in Gnaden wieder in die Gesellschaft aufgenommen:

> hie emphie der valsches vrîe
> von al der massenîe
> sîner arbeit ze lône
> alsô der êren krône. (9888–9891)

Für Hartmann ist *arebeit* fraglos die Grundlage des gesamten Ritterwesens. Einzig und allein durch sie vermag ein Ritter Ehre nicht nur zu gewinnen, sondern auch zu behalten. Ohne Ehre jedoch – und trotz adliger Herkunft, trotz Reichtum und Landbesitz – ist er weiter nichts als eine Last und eine Peinlichkeit: für die höfische Gesellschaft wie für sich selbst.

Ob diese Vorstellung vom ritterlichen Handeln tatsächlich die Verhaltensnorm innerhalb der höfischen Welt war oder lediglich, neuerer Forschung zufolge, ein Versuch der niedriger gestellten Ministerialen, durch Idealisierung des eigenen Tuns von der „wirklichen" Welt eher aufgenommen zu werden,[29] läßt sich natürlich schwer sagen. Daß aber ritterliche *arebeit* für die höfischen Dichter etwas Wirkliches und gesellschaftlich Wichtiges war, dürfte in jedem Fall außer Zweifel stehen. Die *Joie de la curt*-Episode im *Erec* lehrt mit aller nur wünschbaren Deutlichkeit, daß kein Hof ohne solche Tätigkeit seiner Mitglieder ordnungsgemäß zu funktionieren vermag. Zugleich ergibt sich, daß die Gesellschaft noch immer, ganz wie im Frühmittelalter, von der Spitze der Pyramide herab in den Blick gefaßt wird. Es ist gerecht und durchaus in Ordnung, wenn Nichtadlige die Handarbeit verrichten, wie uns Hartmanns *Armer Heinrich* beweist. Doch was das Gesellschaftsgefüge wirklich zusammenhält, sind für ihn und seinesgleichen jene Schichten, die in Wahrheit kaum 5 bis 10% der Gesamtbevölkerung darstellten.

Indes, schon zur Hohenstaufenzeit fanden große Umschichtungen in der Gesellschaft statt, die bald die Bemühungen der höfischen Dichter – oder jedenfalls ihre Anwendbarkeit auf die wirkliche Welt – obsolet machen sollten. Mit dem 13. Jahrhundert begannen die Städte immer rascher an Bedeutung zuzunehmen: und zwar zum guten Teil deshalb, weil nun die Kaufleute ihr unruhiges Wanderleben aufgaben und sich innerhalb der Stadtmauern fest niederließen. Immer mehr wurde auch das Geld zu einem beherrschenden Faktor; und viele Bauern, dank der steigenden Preise für Agrarprodukte, verfügten bereits über genügend Mittel, um sich vom Frondienst loszukaufen. Der Adel wiederum, dessen Warenbedarf wuchs und der außerdem die Kosten für die Erhaltung seiner Besitzungen aufbringen mußte, wurde mehr und mehr von den begüterten Stadtbürgern abhängig.[30] Anders als vorher, verließ er sich ferner in wachsendem Maße auf die Dienste von Söldnern, die er mit barem Geld statt mit Land abfinden mußte:

> Das Geld hatte sich in der zweiten Hälfte des 12. Jahrhunderts zum wirksamsten Machtinstrument entwickelt. Wenn der Fürst treue Hilfskräfte an sich binden wollte, benutzte er in erster Linie Münzgeld. Seine Mannen wurden nicht mehr, wie es seit dem frühsten Mittelalter und noch bis vor kurzem üblich gewesen war, mit Landschenkungen entlohnt und auf diese Weise unwiderruflich im Boden verwurzelt, noch wurden sie durch die Bande der persönlichen Ab-

hängigkeit an irgendeinen Herrn gefesselt. Sie waren vielmehr Lohnarbeiter.[31]

Als Folge all dieser Veränderungen, namentlich eben wirtschaftlicher Art, entstand ein neues Selbstbewußtsein unter den verschiedenen nichtadligen Schichten – ein Selbstbewußtsein, das zudem nicht nur ständig zunahm, sondern eine ausdrückliche Um- und Aufwertung ihrer gesellschaftlichen Wichtigkeit und Stellung mit sich brachte. Und die gleiche Neubewertung führte allmählich auch über den starren Vorstellungskomplex von „Herrschaft" und „Dienst" hinaus.

Die meisten Belege für diese Entwicklung begegnen allerdings in der Lehrdichtung. Doch markiert zumindest *Der guote Gêrhart* des Rudolf von Ems (zwischen 1220 und 1250)[32] einen erstaunlichen Durchbruch auch innerhalb der höfischen Literatur. Der Held ist hier nämlich gar kein Ritter, sondern ein Kaufmann, der auf Grund seiner tiefen Frömmigkeit und selbstlosen Großherzigkeit zahlreiche edle Taten vollbringt. Obzwar nicht adlig von Geblüt, ist er gleichwohl dermaßen adlig in seinem Wesen, daß ihm der König zur Belohnung sogar ein Herzogtum schenken will. Gêrhart aber, in der Demut seines Herzens, verzichtet auf diese großzügige Gabe und erklärt:

Solt ich grôze hêrschaft hân,
daz waer mir ein grôzer ruom.
daz rîche herzogentuom
sol von art ein fürste hân.
des hât mich mîn geburt erlân.
von Kant des herzogen hant
ist in der werdekeit erkant
daz grâven, vrîen, herren grôz,
des selben namen manic genôz
durch manschaft nîgt schône
nâch lêhenschaft ze lône,
die sich von rehte müesten schamen
daz sî mich in herren namen
ze herren nanden über sich.
der name waer mir zu groezlich. (6185–6200)

Neben der reichlich kühnen Darstellung eines Kaufmanns, der adlige Eigenschaften besitzt, enthält aber *Der guote Gêrhart* ferner all jene Vorstellungen, die als wesentlicher Bestandteil zur christlichen Gesellschaftstheorie des Spätmittelalters gehören. Es sind dies: die Überlegenheit des Adels im geistlichen Sinne über den der bloßen

Geburt; der Begriff des Berufs oder der sinnvollen Rolle; und schließlich, *last but not least,* die Notwendigkeit, in dem einem von Gott einmal angewiesenen Stande zu verharren.

Die These vom geistlichen Adel war seit Ivo von Chartres allgemein verbreitet; ja, sie hatte – obwohl natürlich mit beträchtlicher Abwandlung – selbst in die höfische Epik Eingang gefunden. Der *Tristan* Gottfrieds von Straßburg bietet dafür ein hervorragendes Beispiel. Doch im 13. Jahrhundert erfuhr dieser Begriff eine sehr viel spezifischere Anwendung. Das bezeugt sowohl Freidank als auch Wernher der Gartenaere. Jener[33] verkündet geradezu:

> Swer tugent hât, derst wol geborn:
> ân tugent ist adel gar verlorn. (54, 6–7)

Und bei Wernher[34] ermahnt der alte Helmbrecht seinen Sohn:

> nû gloube daz
> mir geviele et michel baz
> ein man der rehte taete
> und dar an belibe staete.
> wer des geburt ein wênic laz,
> daz behagte doch der welde baz
> dan von küneges fruht ein man
> der tugend noch êre nie gewan.
> ein frumer man von swacher art
> und ein edel man, an dem nie wart
> weder zuht noch êre bekant,
> und komet die bêde in ein lant
> dâ niemen weiz wer sie sint,
> man hât des swachen mannes kint
> für den edelen hôchgeborn
> der für êre hât schande erkorn.
> sun, und wilt dû edel sîn,
> daz rât ich ûf die triuwe mîn,
> sô tuo vil edelliche. (487–505)

Überdies äußert sich im *Meier Helmbrecht* der neue Stolz der nichtadligen Schichten auf ihre Stellung in der Gesellschaft. Konkret ist dabei der Bauer gemeint, ohne den es bekanntlich auch keinen Edelmann gäbe. Denn der alte Helmbrecht fügt hinzu:

> lieber sun, nû bouwe:
> jâ wirt vil manec frouwe
> von dem bûwe geschoenet,
> manec künec wirt gekroenet
> von des bûwes stiuwer.

wan niemen wart sô tiuwer,
sîn hôchvart waere kleine
wan durch daz bû aleine. (553–660)

Die Selbstachtung der Bauern hatte in der Tat gewaltig zugenommen.[35]

Indes, was jenen recht war, war den Stadtbürgern nicht mehr als billig. Auch ihre Rolle im Gesellschaftsgefüge, die zusehends wichtiger wurde, fand öffentliche Anerkennung. Um der immer stärkeren Aufgliederung, in wirtschaftlicher wie gesellschaftlicher Hinsicht, unter den nichtadligen Schichten gerecht zu werden, sahen sich die Prediger und Kirchentheoretiker genötigt, zusätzlich auf die städtische Wirklichkeit einzugehen und ihr altes *ordo*-Gebäude weiter zu unterteilen:

> Etwa vom Beginn des 13. Jahrhunderts an, zugleich mit der schnell zunehmenden Differenzierung im sozialen und wirtschaftlichen Leben, macht sich das Bedürfnis nach einer christlichen Berufsethik auch für die breiteren Volksschichten fühlbar, die man bis dahin noch mehr oder minder summarisch als die ‚dienenden' Stände den herrschenden gegenübergestellt hatte.[36]

Hatte es früher geheißen, der Mensch könne in jedem *ordo* – innerhalb von dessen Schranken, wohlgemerkt – zum Heil gelangen, wobei freilich den Angehörigen der „dienenden Klasse" kein anderer Status als der dieses Dienens zugewiesen wurde, so führten die Kirchentheoretiker nunmehr den Begriff des „Amtes" ein, dem zufolge alle menschlichen Betätigungen, sogar noch die schädlichen, die ihnen zugeordnete Stellung in der Gesellschaft einnehmen. Und war im Rahmen des alten *ordo*-Gebäudes das Schwergewicht aufs Jenseits gelegt worden, so lag es jetzt auf dem Diesseits und dem Funktionieren eines jeglichen „Amtes" in dieser Welt. In gewissem Sinne kann man hier tatsächlich von einer „Säkularisation" des *ordo*-Gedankens sprechen. Was den Wert solcher „Ämter" betrifft, so gab dafür selbstverständlich, wie gar nicht anders zu erwarten, deren jeweiliger Nutzen für das Gesellschaftsganze den Ausschlag:

> Indem Beruf und Stand in ihrer Bedeutung für die kleineren und größeren Einheiten der menschlichen Lebensgemeinschaft erkannt und gewertet wurden, begann bereits eine letzte geistige Voraussetzung der berufsständischen Idee sich zu erfüllen. Für diese ist ja das konkrete Bild einer ‚Ordnung' wesentlich, die nicht mehr nur, wie es das primitivere, religiös eingebettete Denken wollte, um den göttlichen Urheber und Lenker der Menschenwelt kreist und in ihm ihren beherrschenden Mittelpunkt hat, sondern, von den berufstätigen

Gruppen getragen, in sich selbst ruht und im Miteinander und Für-einander aller beteiligten Kräfte sich selbst verwirklicht.[37]

In den Predigten Bertholds von Regensburg aus der Mitte des 13. Jahrhunderts sowie im Lehrgedicht *Der Renner* des Hugo von Trimberg, das rund fünfzig Jahre später entstand, wird die gesamte *arebeit* sowohl des Adels als auch der Stadtbevölkerung und der Bauernschaft aufs genaueste untersucht. Nur dann gilt diese *arebeit* als ordnungsgemäß, wenn der Einzelne und zugleich die Gesell-schaft aus ihr Nutzen ziehen können. Bertholds Rat an den Schnei-der, das Tuch ehrlich zuzumessen, gibt darüber hinlänglich Auf-schluß. „Sô behieltest dû dîne triuwe", lautet nämlich die Folgerung, „unde waere den liuten nützelich."[38] Jedem Menschen, sei dieser hoher oder niederer Abkunft, ist sein „Amt" durch Gott verordnet, lehrt Berthold:

> Wan unser herre hât eime ieglîchen menschen ein amt verlihen, er hât nieman ze müezekeit geschaffen, wir müezen uns alle eteswes under-winden, dâ mite wir genesen.[39]

Für Berthold ist Arbeit ein mit dem Menschsein gegebener göttlicher Auftrag. Wer die seinem „Amt" gemäße nicht „ehrlich" ausübt, ist als Mitglied der menschlichen Gesellschaft ohne Nutzen und mithin auch ohne Wert. Alle, die sich dieser Verfehlung schuldig machen, von den Adligen, die ihre Untertanen ausbeuten und ausplündern, bis zu den Bauern und Handwerkern, die in ihrem Beruf unehrlich handeln, werden daher als schädliche, als asoziale Existenzen ge-brandmarkt:

> Es arbeitet manic mensche, daz ez sînen lîp gar sûr an kümt, daz es weder gote noch zer werlte nütze wirt noch weder im noch anders nieman. Als dise röuber und turneier unde tenze unde swelher leie arbeit ez ist, diu unnützbar ist, die sol man fliehen unde sol die arbeit üeben diu nütze ist.[40]

Hugo von Trimberg ist vielleicht etwas weniger nachsichtig als Bert-hold, wo es um die Aufzählung der in diversen „Ämtern" prakti-zierten Durchstechereien und Betrugsmanöver geht; doch auch Hugo betont, ganz wie jener, daß letztlich alles vom Nutzwert für die Gesellschaft abhänge. Für ihn wie für Berthold gibt es bestimmte „Berufe", die völlig „unnützbar" sind. Derjenige des „Schild-knechts", der die von den Adligen angeheuerten Söldner bezeichnet, war offenbar einer der schlimmsten unter ihnen. Jedenfalls heißt es von ihm bei Hugo:

> Nu ist ein orden, dem selten iht
> guotes ûf erden hie geschiht,
> mit dem grôziu arbeit hât ir pfliht
> unt frumet doch der sêle niht:
> daz ist schiltknehte orden:
> den siht man rouben, morden,
> luodern, vehten unde streben. (7399–7405)

Nicht deshalb, weil sie sich gegen Gott versündigen, werden diese Söldner verdammt – obwohl das bei Hugo sicherlich mitschwingt –, sondern weit eher auf Grund des Schadens, den sie ihren Mitmenschen zufügen. Darin aber verrät sich untrüglich der Geist der neuen Zeit. Denn nicht länger bloß um Gottes und der eigenen Seele wilen, sondern auch und vor allem zu Nutz und Frommen der anderen Menschen weilt der Mensch nun auf Erden.[41] Die *arebeit* (und zwar die der Nichtadligen ebenso wie die des Adels und der Geistlichkeit) hat hier zusätzlich zu ihrer Heilswirkung für die Einzelseele einen Wert an und für sich, der seine Wirkung schon in dieser Welt zeitigt.

Es erweist sich somit, daß nach Auffassung des 13. und 14. Jahrhunderts die Gesellschaft auf einer viel breiteren Grundlage ruhte als in früheren Jahrhunderten. Von einem Ausgleich zwischen ihren verschiedenen Schichten kann man aber trotzdem nie sprechen. Jede soziale Gruppe hatte, ihrem *ordo* gemäß, den ihr zugeteilten Platz; von jeder wurde erwartet, daß sie ihre Grenzen nicht überschreite. Die Ermahnungen freilich, die sich im zeitgenössischen Schrifttum finden, erwecken den Eindruck, daß es gar nicht so leicht war, diese Schranken aufrechtzuerhalten. Bei Berthold zum Beispiel heißt es:

> Sô woltest dû gerne ein ritter sîn, sô muost dû ein gebûre sîn unde muost uns bûwen korn unde wîn. Wer solte uns den acker bûwen, ob ir alle herren waeret?[42]

Und nichts anderes ist auch der Hauptgegenstand im *Meier Helmbrecht*, wie sich nochmals an dem Rat, den der junge Helmbrecht von seinem Vater empfängt, ablesen läßt:

> nû volge mîner lêre,
> des hâstu frum und êre;
> wan selten im gelinget,
> der wider sînen orden ringet.
> dîn ordenunge ist der phluoc. (287–291)

Was Leute wie Berthold oder Wernher im Auge hatten, war beileibe keine Gesellschaft von Gleichen; denn schließlich stand jeglicher irdische *ordo*, so wie der Platz jedes Einzelnen in ihm, in Überein-

stimmung mit dem göttlichen Heilsplan. Diese gottgegebene Ordnung zu sprengen hieß schlechthin, sich gegen Gott selber aufzu-
lehnen. Hugo von Trimberg sagt das unzweideutig:

> Swer wider sînen orden strebet
> und niht nâch gotes willen lebet,
> wizzet der ist ein endecrist:
> waz ir denne leider ûf erden ist! (4485–4488)

Jedoch ist diese Mahnung keineswegs – sowenig wie andere, die etwa von Freidank oder wiederum Berthold stammen – an die
Schichten der Nichtadeligen allein gerichtet. Sie gilt vielmehr gleichermaßen für den Adel und für die Geistlichkeit. Der Adlige, der
seine Leute schindet, ist ebensosehr ein *endecrist* (also Anti- oder
Widerchrist) wie der Bauer oder Städter, der sich, durch wachsenden
Wohlstand verführt, über seine Klassenschranken hinwegzusetzen
sucht. Und genauso verhält es sich mit entsprechenden Vergehen der
Geistlichen. Jeder *ordo* hat den ihm zugewiesenen Ort.

Insgesamt darf man demnach mit Fug und Recht die allmähliche
Ausfaltung einer mittelalterlichen „Theorie" der *arebeit* konstatie-
ren. Im frühmittelhochdeutschen Zeitraum erfuhr die Handarbeit
eine positive Neubewertung, die es den Arbeitenden – zumeist noch
Bauern – zum erstenmal ermöglichte, sich aus einer sozialen Kategorie zu lösen, die man wohl oder übel als weitgehend ‚unter-
menschlich' einstufen muß. Was sie erlangten, war eine zwar nicht
freie, doch immerhin mit gewissen Rechten ausgestattete Stellung
innerhalb ihres *ordo*, die ihnen die Gewähr bot, ihr Seelenheil durch
die ordnungsgemäße Ableistung ihrer Arbeit und Erfüllung ihrer
sonstigen Aufgaben zu erwerben. Ja, der Bauer stand, was das Seelenheil anging, sogar durchaus gleichberechtigt neben Adel und
Geistlichkeit; denn selbst diese konnten sich Einlaß ins Himmelreich jeweils nur dadurch verschaffen, daß sie getreu erfüllten, was
ihnen im Rahmen ihrer *ordines* aufgetragen war. Daß ihre Tätigkeit
gleichwohl von höherem Wert sei als die der Bauern, wurde zwar
im Mittelalter niemals in Zweifel gezogen; aber die Arbeit der niederen Schichten war damit trotzdem offiziell anerkannt. Und zur selben Zeit legte Papst Gregor VII. bereits den Grundstein für die
künftigen Gesellschaftstheorien, indem er sein Bild einer gerechten
Societas christiana entwarf und dabei (obschon bloß im Hinblick auf
die Pflichten der Könige) die folgenreiche Bestimmung traf, daß der
„Nutzen" fürs Gesellschaftsganze als das entscheidende Kriterium
zu gelten habe. Derlei deutet in der Tat weit voraus. Indes – daß das

eigentliche Ziel allen Tuns und Trachtens nach wie vor im Jenseits lag, darf man darüber ebensowenig vergessen.

Die kurze höfische Epoche bildet in dieser Entwicklung eine Lücke. Obwohl man sich jetzt in stärkerem Maße der Welt zuwandte, wurden die niederen Schichten kaum beachtet. Erst eine jüngere Generation von hauptsächlich lehrhaften Dichtern lenkte das Augenmerk erneut auf diejenigen in der Gesellschaft, die diese durch ihre Arbeit in Gang hielten. Und dort, wo man früher nur eine einzige „dienende Schicht" erkannt hatte, begann man nun verschiedene soziale Gruppen oder „Berufe" wahrzunehmen, die alle auf ihre Weise zum Wohle des Ganzen beitrugen. Das Bewertungskriterium lieferte dabei abermals der Begriff des „Nutzens". Anders als bisher, soll sich jedoch dieser Nutzen nunmehr auf Erden auswirken. Der Zweck der menschlichen Tätigkeit ist die menschliche Gesellschaft. Der Mensch ist, in welchem Stande immer, von Gott in die irdische Welt hineingestellt; und in ihr ist ihm von Gott auch ein *ambet* zugewiesen. Was also ursprünglich eine Bürde, eine dem Menschen auferlegte Last gewesen war, war langsam zu einem Beruf, einer sinnvollen Stellung im Leben geworden. Der Fluch der Erbsünde, den man gottergeben zu tragen pflegte, hatte sich als Auftrag Gottes, als Teil des göttlichen Heilsplans enthüllt. Soziale Ungleichheit bestand zwar weiterhin und wurde auch weiter von der Sünde hergeleitet; doch wenigstens war die Handarbeit aus den drückenden Fesseln von „Herrschaft" und „Dienst" befreit. Ja, selbst Stolz auf diese Arbeit, Stolz auf das mit den eigenen Händen Geschaffene, durfte im mittelalterlichen Menschen schon keimen.[43] Kein Geringerer als Tauler bekannte zuletzt unumwunden:

> Wissent, und wer ich nút ein priester und wer under einer samenunge, ich nems fúr gros ding das ich kónde schuoch machen, und die wolt ich in allen vor machen, und och wolt ich gerne min brot mit minen henden verdienen.[44]

Selbstverständlich muß das, wie die gesamte Neubewertung der Handarbeit, vor dem Hintergrund der vielfältigen wirtschaftlichen und gesellschaftlichen Wandlungen im Mittelalter gesehen werden. Es war keineswegs die mittelalterliche Kirche, die jene spätmittelalterliche, durch gemeinsame Arbeit sämtlicher Schichten und Klassen definierte Gesellschaft schuf. Die kirchlichen Gedanken und Theorien, die hier untersucht wurden, haben sich im Laufe von drei Jahrhunderten herausgebildet und basieren auf der herkömmlichen Lehrmeinung, die bis auf die frühesten Tage der christlichen Kirche zurückgeht. Festzuhalten bleibt aber dennoch, daß sich die Kirche den gesellschaftlichen Veränderungen stellte und sich anzupassen wußte. Denn auch wenn es noch immer bequemer war, als Adliger oder als Priester zu leben, so war doch die Arbeit jetzt endgültig anerkannt und wurde kirchlicherseits gefördert, gewürdigt und belohnt. Die Mühen und Freuden des arbeitenden Menschen waren von nun an eingefügt in den großen Zusammenhang des Daseins.[45]

(Aus dem Amerikanischen von Reinhold Grimm)

Anmerkungen

* Die Forschungen für die vorliegende Arbeit wurden durch die großzügige Unterstützung der Alexander von Humboldt-Stiftung (Bonn) sowie der Graduate School der University of Wisconsin (Madison) ermöglicht.

1 Der große Duden: Etymologie (Mannheim, 1963), S. 31.

2 Georges Duby, Krieger und Bauern. Die Entwicklung von Wirtschaft und Gesellschaft im frühen Mittelalter (Frankfurt, 1977), S. 179.

3 Norman Cohn, The Pursuit of the Millenium, rev. ed. (New York, 1971), S. 192.

4 Genesis und Exodus nach der Milstäter Handschrift. Hrsg. von Joseph Diemer (Wien, 1862).

5 Hugo von Trimberg, Der Renner. Hrsg. von Gustav Ehrismann (Tübingen, 1908 ff.), V. 1376–1379.

6 Karl Bosl, Gesellschaftswandel, Religion und Kunst im hohen Mittelalter. In: Sitzungsberichte der Bayerischen Akademie der Wissenschaften. Philosophisch-historische Klasse, H. 2 (1976), S. 23.

7 Gerd Tellenbach, Libertas. Kirche und Weltordnung im Zeitalter des Investiturstreites (Stuttgart, 1936), S. 195.

8 Walter Ullmann, The Growth of Papal Government in the Middle Ages. A Study in the Ideological Relation of Clerical to Lay Power (London, 1965), S. 272 f.

9 Ebd., S. 287.

10 Arno Borst, Lebensformen im Mittelalter (Frankfurt, 1973), S. 399.

11 Karl Bosl, Armut, Arbeit, Emanzipation. Zu den Hintergründen der geistigen und literarischen Bewegung vom 11. bis zum 13. Jahrhundert. In: Beiträge zur Wirtschafts- und Sozialgeschichte des Mittelalters. Festschrift für Herbert Helbig zum 65. Geburtstag. Hrsg. von Knut Scholz (Köln/Wien, 1976), S. 128 ff.

12 Zit. nach M.-D. Chenu, O. P., Nature, Man, and Society in the Twelfth

Century. Essays on New Theological Perspectives in the Latin West. Trans. by Jerome Taylor and Lester K. Little (Chicago, 1968), S. 222.

13 Zit. nach Gerd Tellenbach, Irdischer Stand und Heilserwartung im Denken des Mittelalters. In: *Festschrift für Hermann Hempel* (Göttingen, 1972), Bd. II, S. 5.

14 Jean Gimpel, *The Medieval Machine. The Industrial Revolution of the Middle Ages* (New York, 1976), S. 47 f.

15 *Der keiser und der kunige buoch oder die sogenannte Kaiserchronik.* Hrsg. von Hans Ferdinand Maßmann (Quedlinburg u. Leipzig, 1849 u. 1854).

16 Vgl. Werner Schröder, Armuot. In: *DVjs* 34 (1960), S. 508: „Die Armut wird hingenommen und ertragen um Christi willen, gepredigt oder idealisiert wird sie nirgends."

17 Summa theologiae. In: *Kleinere deutsche Gedichte des XI. und XII. Jahrhunderts.* Hrsg. von Albert Waag (Halle,² 1916).

18 Johannes Tauler, Divisiones ministracionum sunt. In: *Textbuch zur Mystik des deutschen Mittelalters.* Hrsg. von Josef Quint (Tübingen,² 1957), S. 83.

19 Ebd., S. 84.

20 Henri Pirenne, *Sozial- und Wirtschaftsgeschichte Europas im Mittelalter* (München,² 1971), S. 106 (franz. Originalausgabe erstmals 1933).

21 Friedrich-Wilhelm Henning, *Das vorindustrielle Deutschland 800 bis 1800* (Paderborn, 1974), S. 119: „Die Städtegründungsperiode [ca. 1150–ca. 1350] führte zu einer *Ausdehnung der Geldvorgänge* allgemein in der Wirtschaft, d. h. es wurden die Voraussetzungen geschaffen, daß auch nördlich der Alpen das öffentliche Finanzwesen stärker durch Geldvorgänge gekennzeichnet wurde."

22 Heinrich von Melk, Die „Erinnerung an den Tod". In: *Der sogenannte Heinrich von Melk.* Hrsg. von Richard Kienast nach R. Heinzels Ausgabe von 1867 (Heidelberg, 1946).

23 Visio Sancti Pauli. In: *Die religiösen Dichtungen des 11. und 12. Jahrhunderts.* Hrsg. von Friedrich Maurer, Bd. II (Tübingen, 1965).

24 Vom rehte. In: Waag (s. Anm. 17).

25 Hartmann von Aue, *Iwein.* Hrsg. von Ludwig Wolff (Berlin,⁶ 1964).

26 Ders., *Erec.* Hrsg. von Ludwig Wolff (Tübingen,⁵ 1972).

27 Thomas Cramer im Nachwort zu seiner Ausgabe des *Erec* (Frankfurt, 1972), S. 449.

28 Hugo Kuhn, *Dichtung und Welt im Mittelalter* (Stuttgart, 1959), S. 143 u. Anm. 46; vgl. auch Peter Wapnewski, *Hartmann von Aue* (Stuttgart, ⁴1969), S. 46.

29 Vgl. Hans Eggers, Deutsche Dichtung der Stauferzeit. In: *Die Zeit der Staufer.* [Katalog der Ausstellung] (Stuttgart, 1977), Bd. III, S. 187 ff.

30 Henning, S. 120.

31 Duby, S. 259.

32 Rudolf von Ems, *Der guote Gêrhart.* Hrsg. von John A. Asher (Tübingen, 1962).

33 *Fridankes Bescheidenheit.* Hrsg. von H. E. Bezzenberger (Halle, 1872).
34 Wernher der Gartenaere, *Die Märe von Helmbrecht.* Hrsg. von Kurt Ruh (Tübingen,[6] 1960).
35 Wilhelm Schwer, *Stand und Ständeordnung im Weltbild des Mittelalters* (Paderborn,[2] 1970), S. 68.
36 Ebd., S. 65.
37 Ebd., S. 74.
38 Berthold von Regensburg, *Predigten.* Hrsg. von F. Pfeiffer, Bd. I (Berlin, 1965), S. 146.
39 Ebd., S. 13.
40 Ebd., S. 561 f.
41 Helmuth Stahleder, *Arbeit in der mittelalterlichen Gesellschaft* (München, 1972), S. 112 f.
42 Berthold von Regensburg, S. 14.
43 Vgl. Irmela von der Lühe u. Werner Röcke, Ständekritische Predigt des Spätmittelalters am Beispiel Bertholds von Regensburg. In: *Literatur im Feudalismus.* Hrsg. von Dieter Richter (Stuttgart, 1975), S. 41 ff.
44 Tauler, S. 83.
45 Richard Hamann, Christentum und europäische Kultur. In: *Richard Hamann in memoriam* (Berlin, 1963), S. 36: „Wichtig ist doch zu erkennen, daß ohne die christliche Gedankenwelt die besondere Prägung dieses neuen Entwicklungsablaufes nicht erreicht und der europäische Geist sich nicht so geformt hätte, wie es tatsächlich geschehen ist. Was wir als Parallelentwicklung einer neuen Jugend der Menschheit feststellten, hat dann seine Bedeutung darin, die Christlichkeit vom Jenseits wieder zur Erde zurückgeführt und den Realitäten des Daseins dienstbar gemacht zu haben."

Janis Little Solomon

Die Parabel vom Verlorenen Sohn

Zur Arbeitsethik des 16. Jahrhunderts

In dem Jahrhundert zwischen Hans Rosenplüts Reimpaarspruch *Uon den Mussiggengern und Arbeitern* (um 1470)[1] und Fischarts wohlbekanntem Lob der Arbeit im *Glückhafften Schiff von Zürich* (1576) und noch darüber hinaus finden sich schier unzählige, meist positive Äußerungen zur Arbeit. Nur wenige Werke wählen allerdings, wie die zwei eben genannten, die Arbeit selbst zum Thema oder Leitgedanken. Interessant ist dabei nicht so sehr die positive Einstellung zur Arbeit (ein ernsthafter Angriff auf sie wäre wohl unmöglich gewesen) als vielmehr das Gefälle zwischen verschiedenen Auffassungen und den dahinterstehenden Wertsystemen. So liegt etwa zwischen Rosenplüts und Fischarts Auffassung der Arbeit eine unüberbrückbare Kluft. Obwohl beide die körperliche Arbeit überschwenglich preisen, wird sie bei Rosenplüt in einem ganz anderen Zusammenhang als bei Fischart gesehen. Rosenplüt lobt die seligmachende, gottgefällige, ja sogar den Blutstropfen der Märtyrer vergleichbare Wirkung des ehrlichen Arbeiterschweißes. Die gewöhnliche, alltägliche Arbeit des Handwerkers ist ihm ebenso ein Mittel zum Seelenheil wie die Wallfahrten und guten Werke der religiösen Asketen. Den Müßiggänger betrachtet er einfach als Dieb und Schmarotzer, der von der Arbeit anderer lebt.

Fischart interessiert sich dagegen mehr für den materiellen, technischen Fortschritt, für die Vergrößerung menschlicher Macht über die Natur durch fleißige Arbeit. Seine Auffassung der Arbeit hat etwas rein Weltliches: Ruhm und nicht der Eintritt in den Himmel ist bei ihm der Lohn für schwere Arbeit. Innerhalb dieses Zeitraums ist mir kein zweiter Text unter die Augen gekommen, in dem Arbeit so ausschließlich im Sinne menschlicher Herrschaft und Selbstherrschaft gepriesen wird:[2]

> Dann nichts ist also schwer und scharff,
> Das nicht die arbeit underwarff;
> Nichts mag kaum sein so ungelegen,
> Welches nicht die Arbeit bring zu wegen.

Luther legt in seiner Schrift *Von der Freiheit eines Christenmenschen*
(1520) seine doppelte Einstellung zur Arbeit sehr klar dar. Als Mittel, „frum" zu werden und Gottes Gnade zu verdienen, erscheinen
ihm die „Werke" völlig wertlos. Für den geistigen Menschen, der
allein im Glauben lebt, sind sie von vornherein irrelevant.[3] Es ist unschwer einzusehen, wie ein oberflächliches Verständnis der evangelischen Lehre vom alleinseligmachenden Glauben den unbeküm-
merten sinnlichen Genuß begünstigte: denn nur das Beharren der
Seele im Glauben und nicht, was dem Leib geschieht, ist nunmehr
ausschlaggebend. Dem physischen Menschen, der im Fleische lebt
und ständig von bösen Begierden geplagt ist, wird so die Arbeit als
Mittel der Selbstdisziplinierung geradezu unentbehrlich.[4] Die Neigung zum Grobianismus, die etwa in Fischarts *Gargantua* ins Mon-
ströse gesteigert wird, wie auch die allgemeine Bekämpfung dieser
Neigung hängen aufs engste mit dieser zwiespältigen Haltung Luthers und der evangelischen Kirche dem Phänomen ‚Arbeit' gegenüber zusammen. Positiv in dieser Hinsicht sieht Luther vor allem
jene Nächstenliebe, die sich in Dienstleistungen für andere äußert.[5]
Die reformierte Kirche schätzte – nach den Ausführungen Max Webers in seiner *Protestantischen Arbeitsethik* – die Arbeit sogar noch
höher ein, denn im Rahmen ihrer Lehren erlangt der Erwählte die
psychologische Gewißheit seines Gnadenstandes nur im Schaffen.[6]
Außerdem dient hier die Arbeit der Vermehrung des Besitzes und
somit auch dem größeren Ruhme Gottes. Sparsamkeit im eigenen
Verbrauch wird in diesem Zusammenhang zur ethischen Pflicht
Gott gegenüber.[7]

Die Parabel vom verlorenen Sohn im 15. Kapitel des Lukasevan-
geliums diente vielen Autoren des 16. Jahrhunderts als bequemes
Vehikel für ihre Anschauungen von Arbeitspflicht, wahrem Glauben, rechter Lebensart, Kindererziehung und ähnlichem. Es sind
größtenteils dramatische Bearbeitungen: Fastnachts- und Oster-
spiele, Bürger- und Schulspiele. Ebenso interessant ist Wickrams
Roman *Der jungen Knaben Spiegel,* der sich von der biblischen Parabel ziemlich freimacht. Es scheint, daß die deutschen Spiele in der
Mehrzahl auf die neulateinische Komödie *Acolastus* (1529) des Hol-
länders Wilhelm Gnapheus zurückgehen. Gnapheus benutzte wiederum, wie auch Burkard Waldis, dessen Stück zwei Jahre früher
entstand, ein offenbar verlorengegangenes, wahrscheinlich gleichfalls lateinisches Stück.[8]

Bei Gnapheus finden sich zu Anfang seines Stücks ausgedehnte moralisierende Auseinandersetzungen zwischen Vater und Sohn wie auch Beratungen mit Freunden. In der Fremde lädt der Sohn Schmarotzer, Gauner und eine schöne Kurtisane zu einem üppigen Bankett bei einem zwielichtigen Wirt ein, bei dem er durch die Buhle, durch falsches Würfelspiel und die Kosten des Gelages seine gesamte Barschaft verliert. Der Schluß folgt dann der biblischen Parabel, nur daß Gnapheus den älteren Sohn wegläßt, wohl um weitere religiöse Komplikationen zu vermeiden. (Obwohl Gnapheus Katholik blieb, wurde er mehrfach von der Inquisition in Haft genommen und belästigt, bis er endlich nach Deutschland zog.)[9] Noch vor Gnapheus, nämlich 1507, schrieb der holländische Schulmann Georg Macropedius (ein Bruder vom gemeinsamen Leben) ein neulateinisches Stück zum Prodigusthema, den *Asotus*.[10] Dieses Spiel wurde aber erst 1537 veröffentlicht und hatte wenig Einfluß auf die deutsche Dramenproduktion. Es gibt auch ein bruchstückhaft erhaltenes französisches Spiel und eine holländische Übersetzung davon aus dem frühen 16. Jahrhundert, welche ein noch ungünstigeres Bild des verlorenen Sohnes zeichnen als die Holländer Gnapheus und Macropedius.[11] Wir befassen uns im folgenden fast ausschließlich mit den deutschen Bearbeitungen des Prodigusstoffes, und zwar in der Hauptsache mit den Fassungen von Waldis, Sachs, Ackermann, Wickram und Salat. Daneben ziehen wir auch die Versionen Binders, Murners, Stymmels, Ayrers und auch der Englischen Komödianten zum Vergleich heran. Eine Reihe anderer Dramen, wie etwa die Spiele von Hollonius, Risleben, Nendorf und Scharpfenecker, waren mir leider nicht zugänglich.

In der Sekundärliteratur wird die enorme Beliebtheit dieses Stoffes[23] meist mit dem pädagogischen Interesse des Reformationszeitalters in Zusammenhang gebracht, ohne daß dieses Interesse selbst irgendwie weiter erläutert würde. Zweifelsohne war es die ausgesprochene Absicht vieler Autoren, die Jugend vor den bitteren Erfahrungen des verlorenen Sohns zu bewahren beziehungsweise sie damit vor dem Ungehorsam gegen ihre Eltern abzuschrecken und die Eltern zu der gehörigen Strenge ihren Kindern gegenüber anzuhalten, damit sie an ihnen keine solche Schmach erleben mußten. Namentlich bei Salat und Wickram spielt die Furcht vor der Familienschande durch den eigenwillig Davonziehenden eine Rolle. Aber warum entstand gerade zu dieser Zeit ein so großes und allgemeines Interesse an Kinderzucht? Erst in den neueren, soziologisch ausgerichteten Studien schlägt man Querverbindungen zwischen solchen Phänomenen und der ökonomischen und gesellschaftlichen Entwicklung des Bürgertums in diesem Zeitraum, wie sie etwa von Weber in der *Protestantischen Arbeitsethik* und vielen anderen beschrieben worden ist.

Die Tatsache, daß einige der schärfsten Attacken gegen die Verschwendung und Verzärtelung der Jugend aus der Zeit kurz vor der Reformation oder von katholischen Autoren stammen, und nicht bloß von denen, die reformierten Kreisen nahestanden, legt nahe, das pädagogische Phänomen im Zusammenhang mit dem aufsteigenden deutschen Bürgertum statt nur mit einer ethischen Haltung des (kalvinistischen) Protestantismus zu sehen. Von wirtschaftlicher und soziologischer Seite ist bereits viel über die Art und Weise der bürgerlichen Kapitalbildung im Stadium des sogenannten Frühkapitalismus (Sombart) geschrieben worden. In vielen Fällen und vornehmlich bei Handwerkern und anderen nicht mit dem Fernhandel Beschäftigten kam Kapital weitgehend durch Akkumulation, das heißt sparsames Haushalten, zustande, und konnte vorerst nur erhalten und vermehrt werden, wenn auch die Kinder dieser Familien so erzogen wurden, daß sie sich die gleiche Lebenshaltung aneigneten. Die Texte vom verlorenen Sohn sind in der Mehrzahl durchaus von dieser Einstellung geprägt.

Andere Forscher betonen eher die Brauchbarkeit des Stoffes für die Behandlung der religiösen Streitfrage von der Erlösung durch gute Werke oder durch den Glauben allein. In vielen Werken scheint aber die religiöse Ideologie nur eine untergeordnete Rolle zu spielen. Es fällt auf, daß in den meisten Spielen das Verprassen des väterlichen Erbes mit Essen und Trinken, Weibern, Spiel und Gesang nicht nur anschaulich, sondern auch ausführlich und manchmal mit großer Lebhaftigkeit dargestellt wird. Die biblische Parabel erledigt bekanntlich diesen Teil der Geschichte mit ein paar Worten. Das verschwenderische Wohlleben des verlorenen Sohnes beanspruchte offenbar weit größeres Interesse, wenigstens beim Publikum des 16. Jahrhunderts, als die arbeitsame Welt des älteren Sohnes oder das elende Schweinehirtendasein des Jüngeren, welches ihn schließlich zur Reue bewegt.

Um endlich vom Allgemeinen zum Besonderen zu kommen, betrachten wir zunächst die zwei ausgesprochen lutherisch engagierten Stücke, deren Verurteilung des werkgerechten älteren Sohnes scheinbar im Gegensatz zur vorherrschenden arbeitsfreudigen Richtung steht. Das bekannteste Werk innerhalb dieser Rubrik ist das sehr frühe und bedeutende Fastnachtspiel von Burkard Waldis, *De Parabell vam verlorn szohn*,[13] 1527 in Riga als frommes Widerspiel zu den weltlichen römischen Fastnachtsspielen aufgeführt und veröffentlicht. Der verlorene Sohn ist ein fröhlicher, lustiger Bursche, der sich gern in der Welt umsehen möchte. Sein Bruder dagegen ist ein berechnender Konformist, der schon zu Anfang erklärt, daß er alles mache, was der Vater wolle, damit er nicht enterbt werde. Durch köstliche Gelage, Geschenke an eine Dirne und falsches Spiel mit dem Gastwirt verliert der verlorene Sohn seine gesamte Habe und wird fast nackt auf die Straße gejagt. Es folgen Elend, Reue und schließlich Wiederkehr mit Festlichkeiten. Der ältere Sohn entsetzt sich dermaßen über die ihm widerfahrene ungerechte Behandlung, daß er den väterlichen Hof verläßt und den allerstrengsten religiösen Orden wählt, um sich durch Makellosigkeit einen sicheren Platz im Himmel zu verdienen. Der frühere Hurenwirt, der sich inzwischen zum lutherischen Glauben bekehrt hat, tritt noch einmal auf. Er hält sich für unwürdig, wird aber begnadet, im Gegensatz zum älteren Sohn, der nun wahrhaft verloren ist.

Die Arbeitsamkeit und der Fleiß des älteren Sohnes werden von Waldis religiös gedeutet, im Sinne „guter Werke", womit er die göttliche Gnade eigenmächtig verdienen will; und innerhalb dieses Kontextes werden seine Eigenschaften negativ dargestellt. Es bleibt jedoch keine Frage, daß das Prasserleben des jüngeren Sohnes als Verirrung anzusehen ist. Indirekt wird angedeutet, er hätte beim Vater gehorsam arbeiten und ein so gutes Leben wie nur möglich führen sollen, allerdings im Bewußtsein, daß die Liebe des göttlichen Vaters nicht durch gute Werke erzwungen oder erkauft, sondern nur gnadenweise und ohne menschliches Mitwirken erlangt werden kann.

Hans Sachs, der fast dreißig Jahre später seine Comedia[14] vom verlorenen Sohn (1556) schrieb, bietet eine ähnliche Deutung der Parabel im Sinne des Luthertums, ohne im einzelnen so weit zu gehen wie Waldis. Sein Stück schließt wie die biblische Parabel, ohne daß der ältere Sohn zum Festessen hineingegangen oder vom väterlichen Hof weggegangen wäre. Es gibt auch kein abschließendes Urteil über ihn wie bei Waldis. Bei den meisten anderen dramatischen Bearbeitungen, die den älteren Sohn überhaupt als Figur aufführen (Gnapheus vermeidet im *Acolastus* eine Stellungnahme, indem er diese Figur einfach wegläßt), wird er zum Schluß wieder gehorsam und schließt sich mit mehr oder weniger gutem Willen dem Willkommens- und Freudenfest an. Von einer Herabsetzung der Arbeit an sich kann bei Sachs und Waldis, die beide Handwerker waren, ebensowenig die Rede sein wie bei Luther.

Georg Binder, der schon 1530 eine deutsche Übersetzung des

Acolastus fertigstellte, die dann aus politischen Rücksichten erst 1535 aufgeführt und veröffentlicht wurde,[15] stellt den älteren Bruder in ein erheblich günstigeres Licht als Waldis oder Sachs. Binder war Züricher und ein Gehilfe Huldreich Zwinglis. In einem eigenen Schlußteil, seinem „Appendix", führt er den älteren Sohn ein, wie auch die Mutter, die den Jüngeren verzärtelt haben soll. Dieser, der Acolastus, muß in Gegenwart aller erzählen, wie schlecht es ihm in der Fremde ergangen sei, und wird dann streng ermahnt, sich dem älteren Bruder im Gehorsam und Fleiß anzugleichen. Der Ältere fügt sich nach anfänglichem Sträuben schließlich doch dem väterlichen Willen und nimmt am Festessen teil.

In seinem Spiel vom Jahre 1540, *Der ungeratne Sohn*, folgt Johannes Ackermann[16] aus Zwickau hauptsächlich der *Acolastus*-Bearbeitung Binders. Er verstärkt die negative Rolle der Mutter in der verzärtelnden Erziehung des Sohnes, ein Zug, der später in Wickrams *Knabenspiegel* wiederkehrt. Vor allem fällt auf, daß die Figuren dieses Spiels negative Meinungen über das aufstrebende Bürgertum und dessen Geldwirtschaft äußern. Der Narr, Hans Schadenfro, überlegt sich etwa, „Kramer" zu werden, da er mit seinem Possenspiel nichts mehr verdient. Als Krämer könnte sich auch er gute Tage machen, meint er, denn er mag die Arbeit „gar nicht".[17] Ein anderer Schalk führt sich mit folgender Ergänzung als „eins Bürgers suhn" ein: „Und hab doheim gar nichts zuthun, / Allein das ich spatziren geh."[18] Neid auf das bürgerliche Phänomen der Freizeit wird sichtbar. Der Bauer, der den verlorenen Sohn als Schweinehirten anstellt, klagt über das Überhandnehmen der „stolzen Bürger":

> 1495 Der Burger stoltz und auch hochmut
> Der nimpt so sehr itzt uberhand
> Ja nicht allein in diesem Land.
> Es wil ein jeder sein der best,
> Ein jeder auff sein gut sich lest
> 1500 Wer itzt hat gelt, der tritt herfür,
> Wer keines hat, muß hintr die thür.

Er selbst ist allerdings auf dem besten Wege, Bürger zu werden. Um nicht übergangen und mißachtet zu werden, sammelt er auch Kapital an! Als er auftritt, ist er tief in Überlegungen, wie er aus dem Verkauf seines Korns am meisten Gewinn herausschlagen könne. Und seine Darlegung derart, wie man zu Reichtum kommt, ist eine geradezu klassische Formulierung der bewährten kleinbürgerlichen oder handwerklichen Methode, durch Einschränkung des eigenen Verbrauchs Kapital zu bilden:

> 1545 Wer itzund wil ersparen gelt,
> Der muß sich richten nach der Welt;
> Wer dieser zeit wil Reichtumb han,
> Der muß am Maul erst heben an,
> Muß auch nicht leben stets im saus
> 1550 Und alle Krestschmer spülen aus;
> Hat er nicht allzeit Byr odr wein,
> So laß ers ein frischen Born sein.

Die Abneigung gegen körperliche Arbeit ist bei Ackermanns ungeratenem Sohn sehr ausgeprägt. Selbst in der Not überlegt er sich, wie „saur" es ihm eingehen wird, nun zum erstenmal in seinem Leben arbeiten zu müssen, um sich zu ernähren – eine Haltung, die deutlich negativ bewertet wird:

> 1470 Hilff Gott, was fah ich doch nur an?
> Wie sol ich ewig mich ernehrn?
> Solt ich erst nu auch Erbeit lern?
> Das wird mir trefflich saur eingehn,
> Ich hab mein tag nur zugesehn
> 1475 Und angerurt mit keiner handt.

In dem bereits erwähnten Spiel von Hans Sachs finden wir ein ironisch gemeintes Beispiel des Hinaufstrebens in das Bürgertum. Hier lehnt es der Sohn ab, bäurischen Beschäftigungen nachzugehen. Er will „Bürger" werden, aber keineswegs einen bürgerlichen *Beruf*, wie etwa den eines Kaufmannes, ergreifen, sondern unbeschäftigt bleiben, um das Leben besser genießen zu können:

> Sohn: Vater, ich wil sein kein bawernknecht
> Und solch bewrisch geschefft verwalten,
> Sonder mich fein burgerlich halten
> In einm dapfer ehrlichen Standt.
> Vater: O mein son, es wer dir kein schandt,
> Wenn du dich nehrest, wie ich mich.
> Meinst, du wölst besser sein wann ich?
> Was wilt denn treiben? kauffmans handl?
> Sohn: Nein ich wil füren sonst ein wandl
> Wie manch gut ehrlicher gesell.
> Vater: Du wolst leicht ein streußgütlein wern,
> Mit losen gsellen werden an,
> Was ich lang zeit erarnet han
> Mit ämsiger arbeit und sparn (S. 219f.).

Es ist dabei überdeutlich, daß Sachs dem konservativen, sparsamen Vater, der den Sohn zum Bauern und nicht zum Kaufmann (und erst recht nicht zum Vergeuder) erziehen möchte, dem arbeitsscheuen und leichtsinnigen Söhnlein gegenüber Recht gibt.

Wie anders, nämlich ganz ohne Ironie und Mißtrauen, stellt Jörg Wickram den gesellschaftlichen Aufstieg dar! Wickram hat den Prodigusstoff in vier verschiedenen Schriften behandelt:[19] 1540 in einem Bürgerspiel *Ein schönes und Evangelisch Spil von dem verlornen sun*,[20] 1554 in dem Roman *Der jungen Knaben Spiegel*, dann in einem dem *Knabenspiegel* angehängten „Dialog vom ungeratenen Sohn"[21] und noch im selben Jahr in einem Spiel vom Knabenspiegel.[22] Das Bürgerspiel vom verlorenen Sohn betont in mehreren Monologen die Arbeitsunwilligkeit des verlorenen Sohnes und der Ruffiane um ihn, während der Fleiß des Älteren lobend hervorgehoben wird. Die Hauptschuld an der Untüchtigkeit des Jüngeren trägt die zu nachsichtige väterliche Erziehung. Diese Züge stammen noch aus dem *Acolastus* des Gnapheus, wohl durch die recht freie und erweiternde Übersetzung Georg Binders aus Zürich vermittelt. Wickram vermehrt die Zahl der Gauner, läßt jedoch die sonst obligaten Bankettszenen und die dazugehörigen Huren weg. Er vermeidet es also, das Schlemmerleben des Sohnes anziehend darzustellen. Dazu paßt, daß er das Schweinehirtenelend verhältnismäßig breit ausmalt. Auch die Intrigen der Gauner und ihre Abmachungen mit dem Wirt, den Absolon um sein Geld zu betrügen, werden eingehend beschrieben. Bezeichnend für Wickrams bürgerliche Einstellung ist auch die Tatsache, daß der verlorene Sohn nicht wie in den *Acolastus*-Spielen bei einem grundbesitzenden Bauern unterkommt, sondern an einen *Bürger* gerät, der ihn dann aufs Land zu seinem Meier schickt, und zwar zum Verdruß des letzteren, da er und seine Familie selbst nicht genug zu essen haben. Dem Sohn wird vom Vater auch beim Abschied gut kaufmännisch geraten, nicht bloß von seinem ererbten Geld zu leben, sondern es durch Handeln etwas zu vermehren.

Im *Knabenspiegel*-Roman erscheinen diese bürgerlich-didactischen Tendenzen vierzehn Jahre später noch verstärkt und auf eine unvermutete Weise sogar verwandelt. Es überrascht vor allem Wickrams recht kühne Verknüpfung der Parabel mit verschiedenen Standesverschiebungen. Wir meinen damit nicht so sehr den Abstieg des Rittersohnes Wilbald, des Prodigus, zum Schweinehirten, also zum Bauernknecht, sondern vielmehr die als mustergültig dargestellte Entwicklung des ein Jahr älteren bäuerlichen Ziehsohns des Ritters, Friedberts, der es zum Doktor und dann sogar zum Kanzler des deutschen Hochmeisters in Preußen bringt. Schon bei Binder wurde der wiedergekehrte Acolastus streng ermahnt, sich dem Bruder im Gehorsam und Fleiß anzugleichen. Wickram geht noch weiter und rehabilitiert im *Knabenspiegel* den älteren Sohn gänzlich, denn sein Aufstieg vom Bauernstand in die höchste Amtsstellung des Landes und damit ins gehobene Bürgertum, ja fast in den Adel, wird als durchaus positiv und höchst wünschenswert dargestellt. Der Aufstieg wird sogar doppelt vorgeführt, denn auch Felix, der völlig mittellose Pädagoge der beiden Knaben, bringt es bis zum Secretarius beim selben Landesherrn. Auch den verlorenen Sohn gibt es zweimal, in den Gestalten des Rittersohnes Wilbald und des Metzgersohnes Lotharius, dem die negativsten Eigenschaften beigegeben werden, während Wilbald der Verführte bleibt. Lotharius stiehlt vom Vater, lügt und betrügt, verführt Wilbald zum Faulenzen in der Schule und Besuch von Wirtshäusern usw. Schließlich glauben beide, fliehen zu müssen, nachdem Wilbald dem Felix mit einem Messer in den Schenkel sticht. Als die beiden Jungen in Antwerpen das ganze, heimlich von Wilbalds Mutter erhaltene Geld verschleudert haben, geht Lotharius seine eigenen Wege und endet am Galgen wegen Diebstahls an einem Kaufmann.

Der Vergleich zwischen Sachs und Wickram ergibt eine Parallele zu dem von Weber bemerkten Unterschied zwischen der lutherischen und kalvinistischen Bewertung des wirtschaftlichen Aufstiegs. Luthers Auffassung ist nach Weber völlig traditionalistisch geblieben, mit Nachdruck auf die Schickung des Einzelnen in die ihm von Gott bestimmte Lebenslage,[23] während der Kalvinismus es dem Erwählten Gott gegenüber direkt zur Pflicht macht, weiterzukommen und mehr zu verdienen, wenn er dies auf ehrliche Weise könne.[24]

Vor kurzem hat Hannelore Christ[25] den kalvinistischen Charakter des Romans *Von guten und bösen Nachbarn* (1557) geltend zu machen versucht, den sie in Gegensatz zu dem traditionalistischen, am Adel orientierten Gesellschaftsbild des *Knabenspiegels* setzt. Gewiß sind die bürgerlich-puritanischen Züge, die sie hervorhebt, im *Nachbarn*-Roman reiner ausgeprägt. Aber trotz der Tatsache, daß es sich im *Knabenspiegel* nicht um die Erlangung des Wohlstands durch Handel und Kunsthandwerk handelt, sondern um fleißiges Studieren und Erlernen der freien Künste, womit der Aufstieg in das Beamtentum des Hochmeisters und die Beschenkung durch denselben ermöglicht wird, sind die Werte des *Knabenspiegels* durchaus bürgerliche, auch was die Zeichnung der adeligen Figuren betrifft. Der alte Ritter Gottlieb „arbeitet" nach wie vor, auch nach der Heirat mit einer reichen Witwe, und steht seinem Amt als Hofmeister bis ins hohe Alter fleißig vor. Er und seine Frau führen ein einfaches Leben. Nur am Hof gibt es prunkhafte Feste, wie zum Beispiel bei der vom Hochmeister veranstalteten Doppelhochzeit von Friedbert und Felix, wobei der Autor bissige Seitenbemerkungen über Bürgerliche macht, die sich finanziell übernähmen, um groß Hochzeit zu halten. Das spätere Hochzeitsfest von Wilbald, dem Adeligen, wird bezeichnenderweise *nicht* im Detail vorgeführt, sondern größtenteils der Einbildungskraft des Lesers überlassen. Betriebsamkeit und Fleiß werden in diesem Roman von jedem erwartet, wie denn am Ende steht, daß der nunmehr bekehrte verlorene Sohn und seine Frau ihre Kinder zu stetigem Lernen und zur Arbeit anhalten und sie unter keinen Umständen müßiggehen lassen. Nur die so geübte Selbstdisziplin bietet einen Schutz gegen die Verlockungen des Müßiggangs, denn wenn der Mensch genug Besitz geerbt hat, oder zu erben glaubt, um gut zu leben, ohne sein tägliches Brot verdienen zu müssen, entsteht offenbar leicht ein verwerfliches Lotterleben. Hier begegnen wir einem „Leitmotiv" der *Acolastus*-Spiele, wo Reichtum, obwohl erstrebenswert, wegen der Möglichkeit der „*ydlenesse*"[26] als die allergrößte moralische Gefahr angesehen wird und Armut und Not als die besten Lehrmeister für verzogene, verwöhnte Kinder gepriesen werden. Wir sind hier wieder in der Nähe von Webers Thesen, denn eine charakteristische Eigenschaft des von ihm beschriebenen Puritanismus ist gerade die Verurteilung prunkhaften Verbrauchs von Reichtums. Der Wohlhabende bleibt weiterhin zur Sparsamkeit verpflichtet. Auch der Vater in Sachsens Spiel vom verlorenen Sohn erwartet eine solche Haltung von seinem Sohn, der die väterlichen Forderungen so zusammenfaßt:

> Und helt mir für den bruder mein.
> Ich sul auch also heußlich wern,
> Mich einziehen und sparen gern,
> Wie er auch selber hab gethan,
> So wer auß mir ein byderman (S. 216).

Die Schuld an Wilbalds unerfreulichem Wandel wird seiner Mutter zugemessen, da sie ihm heimlich Geld gegeben und ihn vor der verdienten Strafe des Schulmeisters und seines Pädagogen Felix geschützt hatte. Sie war davon ausgegangen, daß ihr Sohn als Ritterlicher und dereinstiger Erbe eines ansehnlichen Guts eines solchen Schulwissens gar nicht bedürfe, da er sich dadurch nicht zu ernähren brauche. Die Schmeicheleien des Lotterbuben Lotharius zielten auf den gleichen Punkt, nämlich daß Wilbald als Adeliger lediglich zu gebieten und zu genießen habe und nicht auf niedriger Geborene zu hören brauche. Die Ereignisse des Romans widerlegen jedoch diese Meinung gründlich. Für alle Stände, ob nun Bürger, Bauer, Handwerker oder Ritter, wird die gleiche bürgerlich-asketische Lebensauffassung als vorbildlich hingestellt.

Vor allem die Unwilligkeit des jüngeren Sohnes, im Schweiße seines Angesichts zu arbeiten, wird in den meisten deutschen Bearbeitungen des Stoffes besonders scharf gerügt, obwohl die Bibel nur vom fleißigen Gehorsam des Älteren berichtet. Manche geben dem Älteren durch die treffende Schärfe seiner Kritik eigentlich recht oder erheben ihn gar zum Vorbild, wie Stymmel in seiner Studentenkomödie[27] *Studentes* und Wickram im *Knabenspiegel*. Wickrams „älterer Sohn", der ein Jahr ältere Ziehbruder Friedbert, spielt sogar den Vermittler. *Er* führt den verkommenen Bruder zum Vater, der ihn längst enterbt hatte, und besänftigt dessen Zorn auf den Ungehorsamen und Schandebringenden. Von Willkommensfeier ist hier keine Rede. Die „Familie" ißt, während Wilbald, der gar nicht weiß, wo er ist, hinter einem Vorhang den Musiker macht. Der gute, gehorsame Sohn wird also in jeder Hinsicht zum Vorbild. Von dem Pharisäertyp der biblischen Parabel und der Bearbeitungen von Waldis und Sachs findet sich in Wickrams Roman nicht die geringste Spur. Das ist schon eher der Fall in Stymmels *Studentes*. Seine zwei verlorenen Söhne sind wesentlich interessantere und dramatisch wichtigere Figuren als der altkluge Gehorcher Philomates. Sie werden auch wegen ihres losen Lebens kaum oder überhaupt nicht bestraft. Fleiß und Arbeit sind in den *Studentes* noch ausschließlicher als bei Wickram mit dem Vorgang des Studierens verbunden, was ganz natürlich ist, da sich diese Komödie ausschließlich im Studentenmilieu abspielt. Eine Ausnahme bilden hier lediglich die Väter, die offenbar auf andere Weise ihr Geld gewonnen haben, nämlich durch Handel, Landbesitz usw. Das bleibt aber am Rande. Das Studium wird hier – ohne Bindungen an irgendwelche Aufstiegsgedanken – rein als Selbstzweck betrieben.

Obwohl Wickram die hierarchische Ständeordnung keineswegs in Frage stellt, demonstriert er dennoch die Möglichkeit eines Aufstiegs vom Bauerntum beinahe in das Rittertum (in seinem etwa gleichzeitigen *Goldfaden*-Roman wird der Bauernsohn tatsächlich zum Grafen). Andererseits zeigt er den Abstieg vom Rittertum zum Bauernknecht, zum fahrenden Sänger, zum Diener und wieder aufwärts: „Also ward er schon auß einem Edelmann zu einem sewhirten." Und umgekehrt, meint Wickram, solle es niemanden verwundern, daß Friedbert und Felix zu hohen Ehren kommen:

> dann mir sehen dergleichen exempel noch viel zu unser zeit, das es auff allen universiteten/ und hohen schulen ein gar gemeiner brauch ist/ die armen studenten so durch almusen und stipendia erhalten/ werden gewonlich Hochglerte menner/ Doctores & Magistri (III, 60).

Arme Studenten lernen eben fleißig. Die Verwöhnten dagegen werden „selten Bakellari" und verbringen ihre Zeit im Wirtshaus, wo sie ihr Geld loswerden. Das humanistische Adelskonzept vom Wert des Einzelnen verbindet sich hier mit einer Philosophie vom pädagogischen Wert der Armut und der Furcht.

Die pädagogische Forderung nach strenger Kinderzucht geht fast durch alle deutschen Prodigusbearbeitungen; aber die Vorstellung, daß die Standeszugehörigkeit von der individuellen Leistung abhänge, ist sonst abwesend. Es wird im Gegenteil die Eitelkeit des verlorenen Sohnes, der häufig als Jungherr oder Junker gelten möchte, gerügt. Die Gauner, die ihn betrügen, kommen fast immer durch Schmeichelei an ihn heran, indem sie ihn als einen Königssohn oder wenigstens als einen Junker hinstellen und ihm ihre Dienste anbieten. Sie versprechen Treue und jeglichen Dienst, wofür sie von ihrem naiven jungen „Dienstherrn" mit allem Nötigen versorgt werden sollen. Sobald das Geld durchgebracht ist, ist es natürlich auch mit dem Dienstverhältnis aus, und in vielen Fällen sind es gerade die „Diener" oder deren Kumpane, die ihn darum gebracht haben. Daß der verlorene Sohn ein solches Dienstverhältnis eingeht und sich als Adeligen ansprechen läßt, gilt in allen Texten als Anmaßung und Torheit.

Wickram verschiebt diese Situation insofern, als er den *Ritterssohn* Wilbald wegen eines ähnlichen Verhältnisses mit dem Metzgerssohn Lotharius rügt. Lotharius spielt zwar den Diener, beherrscht aber in Wirklichkeit Wilbald völlig. Was bei Wickram negativ bleibt, ist also die Darstellung eines unbegründeten, schmeichelnden Dienstverhältnisses. Ein neues Negativum jedoch ist gerade der konservative Standpunkt des Handwerkersohnes, daß die Standeszugehörigkeit absolut und unveränderlich sei. Lotharius wirft nämlich Friedbert ungerechterweise vor, er spiele sich als Ritterssohn auf, obwohl seine wirklichen Eltern nur arme, grobe Bauern seien. Wickram betont auch an anderer Stelle, daß Geburt nicht den Stand bestimmt, indem er bemerkt, daß Wilbald Friedbert und

Felix als hohe Würdenträger nicht erkennt, da es ihm nie eingefallen wäre, daß ein Armer so hoch steigen könnte:

> so kam im auch gar nit in seinen gedancken das sie beid in so grossen ehren und wirden solten sein/ dann er zuvor wußt/ das sie von schlechten armen groben aeltern geboren waren/ gedacht nit/ darnach man stelt/ darnach es felt/nach dem gerungen/ nach dem gelungen (III, 81).

Bildung, die Erlernung der Künste, erscheint als das Gebiet, auf dem das Individuum nach Leistung und Begabung beurteilt wird, statt nach angestammtem Besitz und Geburt, und dementsprechend erfolgt der Aufstieg von Friedbert und Felix über das Studium.

Eine spätere Bearbeitung von Wickrams *Knabenspiegel* durch Jacob Ayrer[28] vom Jahre 1598 läßt, was die Aufstiegsideologie betrifft, eine veränderte Situation erkennen. Felix wird bei Ayrer zu einem berechnenden akademischen Entrepreneur, der nicht genug Geld hat, um weiter zu studieren und zu promovieren. Er meint außerdem, daß solches Tun zur Zeit wenig Zweck habe, da fast jeder Bauernsohn Doktor werden wolle:

> Denn Es dhut nichts mit dem studirn.
> Es send der Doctor Itzundt so uil,
> Ein ieder PaurnSohn der wil
> Ein docter oder gaystlich wern,
> Zu Mal wenn sie nicht Arbeyten gern.
> Wie sie sich aber darnach Nehrn,
> Das sie Auß der Jarkuchen Zehrn,
> Das wurdt man nur gar offt wohl Innen.
> Es ist noch wol gut gelt zu gwinnen,
> Wenn man sich Recht drein schicken kan. (S. 3325)

Man könne am ehesten etwas verdienen, meint Felix, wenn man selbst eine Schule aufmache, um diesem Bedarf nachzukommen. Dies tut er dann auch, mit dem kleinen Erbe einer zweckmäßig ausgewählten Braut. Mit anderen Worten, obwohl die Laufbahn Friedberts und schließlich auch Felixens mit der der Wickramschen Figuren parallelläuft, herrscht bei Ayrer doch kein solcher Bildungsoptimismus, sondern eher Mißtrauen gegen das Studium als Mittel des Sich-Verbessern-Wollens. Als Secretarius des Hochmeisters wird Felix später ein wahrer „*workaholic*", dem ein arbeitsfreier Tag unerträglich ist. Ob Ayrers veränderte Haltung Wickram gegenüber mit dem zeitlichen Abstand zusammenhängt (und verschiedene gesellschaftliche Erwartungen reflektiert) oder auf dem

Konservatismus des handwerklich geprägten Nürnberg beruht, kann ich hier nicht beurteilen.

Weitere Widersprüche in der Aufstiegsideologie werden bei Ayrer sichtbar, als ein leiblicher Bruder Friedberts, der bei den bäuerlichen Eltern aufgewachsen ist, nach dem Tod des Vaters sofort in die Stadt ziehen will, um „Bürger" zu werden, damit er nicht mehr zu arbeiten brauche. Der einfältige Vater hatte auch solche Ideen gehabt, war aber von seinem Weibe eines Besseren belehrt worden. Sie weist auf die Handwerker und deren harte Arbeit hin, die er einfach nicht gesehen oder bemerkt habe. Als der Bruder tatsächlich mit der Mutter zum Ritter kommt und Friedbert sieht, fragt er ganz forsch, warum es ihm nicht auch so gut gehe wie diesem, da sie doch von denselben Eltern abstammten. Der Ritter antwortet ihm mit einer Darlegung der ständischen, das heißt gottgewollten Ordnung, wonach eben der Bauer die anderen Stände ernähren müsse, damit sie ihren Beschäftigungen nachgehen könnten:[29]

> Und mus sich ein ieder lassen gnügen
> An dem was In Gott geben hat,
> Es sey zu dorff oder zu stadt (S. 3358).

Damit, so möchten wir meinen, ist jedoch dem aufsässigen Bauernjungen, der kurz darauf wieder abtritt, wenig gedient. Dieser Bauernjunge wirkt so tölpelhaft und unwissend, daß man annehmen muß, daß ihn das Nürnberger Publikum (wie schon vorher seinen Vater) tüchtig ausgelacht hat, wenn er die Ansicht vertritt, der Bürger brauche nicht zu arbeiten. Es geht hier um die bäuerliche Ansicht, daß nur die körperliche Arbeit und nicht Schreibarbeit oder Handel wahre Arbeit sei. Diese Stelle gehört wahrscheinlich noch in die spätmittelalterliche Tradition der Bauernverunglimpfung vom bürgerlichen Standpunkt aus, obwohl der Neid des Jungen auf den bessergestellten Bruder wirklich sehr überzeugend klingt.

Die Bauern werden zwar in Wickrams *Knabenspiegel* nicht verspottet, aber ihre Lage ist wenig beneidenswert. Ihnen gehört kein Land, nur ihre eigene körperliche Arbeitskraft, die anscheinend tüchtig ausgenutzt wird, wenn sie nicht das Glück haben, einen wohlhabenden und frommen Herrn zu finden. Die bäuerliche Arbeit und Lebensweise Wilbalds wie auch der leiblichen Eltern Friedberts, bevor sie durch den Ritter in eine bessere Lage versetzt werden, stehen durchweg im Zeichen von Not, Elend, Unsicherheit und Abhängigkeit. Sie fristen ihr Leben mit knapper Mühe, weit entfernt von dem Bild des ländlichen Lebens in den biblischen Spielen, wo der Vater Land und Vieh besitzt und dazu noch Tagelöhner beschäftigt. (In Gnapheus' *Acolastus* scheint er allerdings Bürger und nicht Bauer zu sein.) Selbst die „Arbeit" des älteren Sohnes besteht eher darin, die Arbeit der Knechte zu überwachen, als selbst zu schuften, obwohl er auch – wenn nötig – selber Hand anlegt. Der großbäuerliche Vater des verlorenen Sohnes jedenfalls kann nicht nur Land, sondern auch bares Geld und Kleinodien seinen Söhnen vererben – ein Vermögen, das offenbar über viele Jahre, vielleicht Generationen, aus dem Überschuß der landwirtschaftlichen Produktion über den Bedarf des Hofes hinaus angesammelt worden ist.

In den biblischen Spielen wird auch betont, daß die Tagelöhner anständig ernährt und entlohnt werden. Zum Bild des väterlichen Hofes gehört auch die wohlgeregelte Arbeitsroutine, die Produktivität, der mäßige Genuß vorhandener Güter und die Ehrlichkeit, ganz im Gegensatz zu dem Bild des Exzesses im „fremden Land", wo der verlorene Sohn das Seine auf schändliche Weise durchbringt. Dort herrschen falsche gesellschaftliche Beziehungen, wie die der Gauner, Huren und Wirte dem Sohn gegenüber, die alle auf Betrug und Ausnutzung zielen. Vor allem das Würfelspiel wird oft als Gegenbild zur ehrlichen Arbeit gebraucht. Jeder Vater warnt den ausziehenden Sohn ausdrücklich davor, und jeden Sohn zieht es unwiderstehlich an. In Wickrams und Binders Werken werden entweder vom Verlierenden oder dem frohlockenden Gauner direkte Vergleiche zwischen dem schnell gewonnenen Haufen Geld und den Arbeitsstunden gezogen, die sonst zu dessen Gewinn nötig gewesen wären. Es ist offenbar gerade diese Diskrepanz und die Möglichkeit ungeregelten, unverdienten Gewinns einerseits und des plötzlichen Verlustes mühsam erworbenen und gesparten Geldes andererseits, welche die bürgerlichen Autoren so empörend finden.  Auch der Bettel wird als Betrug aufgefaßt. Wenn der verlorene Sohn um Brot bettelt, wird er hart verwiesen und an seine Arbeitsfähigkeit erinnert. Das damalige Mißtrauen gegen fremde Bettler wird durch den *Liber vagatorum*[30] eindrucksvoll dokumentiert. Dieses Büchlein bietet eine Beschreibung der verschiedenen Gaunereien, wodurch sich solche falschen „Bettler" ernährten. Luther schrieb die Vorrede zur Ausgabe von 1529 und ermahnte alle, nur an Bettler zu geben, die ihnen persönlich bekannt seien. Man gewinnt hier den Eindruck, daß erhebliche Teile der Bevölkerung der von Kirche und Pädagogen propagierten Arbeitspflicht nicht nachgekommen sind.

Die Tatsache, daß der Schweinehirt in seinem Dienst hungern muß, wird in den meisten Texten indirekt mit der allgemeinen Not und Teuerung wie auch mit der Tatsache begründet, daß der verlorene Sohn nichts gelernt hat, also nichts kann, womit er sich anständig ernähren könne, so daß er die allerniedrigste Arbeit annehmen muß. Der Text der Englischen Komödianten vom verlorenen Sohn aus dem Jahre 1620[31] bemüht sich auf höchst direkte Weise, die ungerechte Behandlung zu motivieren, indem der Sohn erzählt, daß selbst der Bauer nicht genug zu essen gehabt habe und die Schweine nach Wurzeln gegraben hätten. Auf diese Weise wird die Behandlung des Hirten vor dem Publikum mehr oder weniger „entschuldigt", wie denn hier überhaupt alles auf Wohlgefälligkeit und Vermeidung jeglicher Polemik angelegt ist. Der Abstand zwischen diesem Stück und den Spielen des 16. Jahrhunderts wirkt groß. Der Stoff ist eigentlich schon zur rührenden Familiengeschichte geworden.

Das Lob der Dienstleistung für einen guten Herrn ist bei Wickram stark ausgeprägt. Wilbald hegt nach seinen bösen Erfahrungen als Schweinehirt und als Sackpfeifer keinen größeren Wunsch, als einen guten Dienstherrn zu finden, der ihn mit Nahrung und Kleidung versorgt. Dem würde er sein Leben lang treu dienen, meint er. Diesen Herrn findet er erst in der Gestalt des eigenen Vaters, dem er tatsächlich dient, und dann in jenem deutschen Hochmeister, der ihn zum Jägermeister und schließlich zum Nachfolger seines Vaters im Hofmeisteramt ernennt. Das Element der Versorgung in einem paternalistischen System wird noch dadurch betont, daß Wilbald seinerseits seinen Diener zum Nachfolger im Jägermeisteramt vorschlägt.

Etwas über vierzig Jahre später bringen jedoch die Figuren des Nürnberger Dramatikers Jacob Ayrer Bedenken gegen ein solches Dienstverhältnis vor. Ayrer dramatisierte Wickrams *Knabenspiegel*, zeigt aber eine weniger positive Einstellung zur Beziehung zwischen Dienstherrn und Diener als jener. Der Ritter erklärt hier zu Anfang des Stückes, daß er dem Hochmeister schon sehr lange gedient habe, ehe er dementsprechend belohnt worden sei, ja er deutet sogar an, daß er deswegen auf ihn sauer sei. Und das Dienstmädchen Regina, Felixens Braut, beklagt sich über die harte Arbeit und die langen Stunden bei ihrer Herrin, für die sie nur geringen Lohn erhält. Der Gesichtspunkt der regelmäßigen Ausnutzung von Arbeitskräften wird also direkt vorgebracht und nicht etwa wie im Falle der Parabel vom verlorenen Sohn und der biblischen Spiele mit einer Teuerung im Lande und allgemeiner Not erklärt. Aber auch bei Ayrer führt das Ganze nicht über diese Klagen hinaus.

Soviel zur Ständeproblematik. Wir haben noch einen Text zu besprechen, der höchst interessante Ansichten über Geld und Besitz enthält. Es handelt sich dabei ausgerechnet um ein katholisches Spiel aus der Schweiz, worin wir eine – im Sinne Webers – geradezu kalvinistisch anmutende Verpflichtung zur Kapitalvermehrung finden. Ein kämpferisches Vorspiel stellt den 1537 geschriebenen *Verlorenen Sohn*[32] des Luzerner Schreibers Hans Salat in den Rahmen des Schweizer Bürgerkriegs der Jahre 1530–31, woran er selbst auf katholischer Seite teilgenommen hatte. Es ging dabei um das Recht der sieben Orte, trotz der Forderungen Zwinglis und der Züricher Regierung, dem katholischen Glauben weiterhin treu bleiben zu dürfen.

In Salats Spiel wird der verlorene Sohn bezeichnenderweise der „Güdige", das heißt der Vergeuder genannt, was dem Sinn des Wortes *prodigus* und des englischen *prodigal* näher kommt als die nachsichtigere, in Deutschland aber allgemein übliche Vokabel „verloren", oder auch das seltenere, aber stärkere „ungeraten". Noch ablehnender wirkt der Ausdruck „unnütz", der nicht im Titel, sondern im Personenverzeichnis der Binderschen *Acolastus*-Übersetzung auftaucht – bei einem anderen Schweizer also.

Von allen mir bekannten Prodigus-Bearbeitungen wird allein in Salats Spiel von Leuten gesprochen, die es sich leisten können, während der Teuerung zu prassen, weil sie von ihren Zinsen leben:

```
552    So ist es gar tür in disem land.
       Wo es soll wären noch etlich zit,
       So hunger sterben arme lüt,
555    Darumb sind hie dis richen gsellen;
       Alles, das guts ist vor der hellen
       Und si umb ir gelt mögend han,
       Thund si in zuher tragen lan.
       Dise türe mag inn schaden nit,
560    Ir zins und gült volgt täglich mit;
       Sie mögend prassen wol mit eeren,
       Hüerli und buben sie ouch verzeren.
```

Diese Saufbande, der sich der güdige Sohn anschließt, treibt es so toll, daß der Gemeinderat ihnen das Trinken schließlich verbietet (was in diesen Schriften ebenfalls eine Besonderheit darstellt). Die Räte fürchten den Zorn Gottes wegen dieser Verschwendung, da in ihrer Stadt jeden Tag mehrere Menschen jämmerlich verhungern. Dem Wirt (dem Sprecher im obigen Zitat) kann es nur recht sein, wenn seine Gäste ihre Zinsen bei ihm versaufen, denn er hat wegen der Teuerung sonst keine Gäste, aber der „Lerer" macht es dem Pu-

blikum gegen Ende des Spiels klar, welche Pflichten man seinem von
Gott verliehenen Besitz gegenüber habe. Der güdige Sohn hat

> Das pfund, so ihm der herr hat geben,
> Nit wol geworben bi sim leben.
> So dann der herr rechnung will han,
> 2295 Hilft nit, ob du nit hast verthan,
> Er vordert von dir sins guts ein gewünn.
> Wie wirts denn haben erst für ein sinn,
> So nit allein kein gwünn thust dar,
> Hast auch das houptgut verzeret gar?
> 2300 Du mußt ein schwer rechnung gen,
> Der herr wirts selbs von dir uf nen,
> Lat sich zwar nit listlich betruegen,
> Hilft ouch gegen im kein hader noch kriegen.
> Wer vil enpfacht, dest mee es bringt,
> 2305 So der herr mit ihm uf rechnung tringt.

Der Vater in Hans Sachs' *Verloren Sohn* erteilt dem Sohn einen
scheinbar ähnlichen Rat zur Mehrung des Gutes, als er ihm wider
besseres Wissen das mütterliche Erbteil aushändigt. Er soll das Geld
nämlich gut anlegen, damit er später davon „nutz" hat. Der Vater
hatte vorher schon versprochen, das Erbe zu „mehrn", wenn es in
seinen Händen bliebe, bis der Sohn selbst einen Haushalt gründen
würde. Es geht hier jedoch um etwas anderes als bei Salat, nämlich
um bäuerlich-bürgerliche Vorsorge für das Alter. Des Sohnes Sinn
steht aber ganz auf Erlebnisse statt auf Sicherheit. Ähnlich liegen die
Zusammenhänge auch in den Stellen, wo Thomas Murner den Prodigusstoff heranzieht. Vom weltlichen Standpunkt wettert er in der
Mühle von Schwindelsheim und Gredt Müllerin Jahrzeit (1515)[33]
gegen das Verprassen des väterlichen Erbes für Weibertand. Er ermahnt die Eltern, ihren Kindern nicht zu viel zu geben, besonders
nicht ihren ganzen Besitz, denn sonst müßten sie selbst im Alter bet-
teln. Am Ende der *Schelmenzunft* (1512)[34] vertritt der „verloren
Sune" die sündige Menschheit schlechthin. Die sechs Reimpaarverse,
die am Anfang dieses Kapitels als Überschrift eines Holzschnittes
stehen, deuten die gar nicht sentimentale, sondern eher zynische
Haltung Murners an:

> Ich byn der selb verloren sun
> Und kan upig schentlich aerthun
> Was mir mein vatter gibt zun eren
> Wenn ich mich dann nym kan ernern
> Und gantz und gar nym schwymen kan
> So louff ich heym und wayn im dran. (Kap. 49, S. 134)

Der verlorene Sohn kehrt erst dann weinend zum Vater heim, als er weder aus noch ein weiß. Murners Verse verhöhnen eigentlich den Leichtsinn eines Menschen, der aus eigener Schuld nicht in der Lage ist, sich selbst zu versorgen und ernähren, enthalten aber keine Verpflichtung zur Mehrung des Gutes.

Weber zitiert vorwiegend englische und holländische Traktate aus dem 17. Jahrhundert als Belege für die kalvinistische oder puritanische Einstellung zu Besitz und Geld, aber manche Eigenschaften, die er nennt, wie zum Beispiel die ethische Verpflichtung zur Sparsamkeit und Kapitalvermehrung, gibt es offenbar an gewissen Orten schon eher, und nicht immer in Verbindung mit der reformierten beziehungsweise kalvinistischen Konfession, wie etwa in Salats katholischem Text oder auch schon im Matthäusevangelium (25, 14–30) im Gleichnis von den Pfunden. Es ist aber nicht entscheidend, daß diese Einstellung zu Gewinn und Besitz schon in der Bibel belegt ist, sondern daß sie bei Salat im Zusammenhang mit der Parabel vom verlorenen Sohn vorkommt, denn sonst würde man meinen, daß die zwei Parabeln schlecht zueinander paßten. In den Texten aber, wo die Forderung der Verwaltungspflicht am stärksten ausgeprägt ist (denen von Salat und Wickram), liegt der Nachdruck eben nicht auf der Freude über den wiedergekehrten Sünder, sondern auf der korrekten, von ihm vernachlässigten Lebensweise. Bei Wickram, dessen *Knabenspiegel* auffallend wenig vom religiösen Leben der Figuren sagt, erhält das Arbeitsethos eine quasi-christliche Funktion. In der Verurteilung der Vergeudung des ererbten Gutes und des Müßiggangs sind sich die Texte Salats, Wickrams und Murners einig. Das bringt auch ein sehr unsympathisches Bild des verlorenen Sohnes mit sich. Ähnlich urteilt Gnapheus im *Acolastus*, dessen Hauptfigur ein arroganter, unangenehmer Jüngling ist, während der Sohn bei Burkard Waldis und Hans Sachs letztlich aus jugendlichem Leichtsinn, Unerfahrenheit und Abenteuerlust handelt. Alle besprochenen Werke sind sich obendrein in der Empfehlung eines asketischen, disziplinierten Lebens einig. Der Sohn soll nicht nur Huren und das verderbliche Würfelspiel meiden, sondern Wirtshäuser überhaupt, da man dort übermäßig ißt und trinkt und auf diese Weise viel Geld unnütz verschwendet.[35] Außerdem empfehlen die Werke Salats und Wickrams *(Spiel vom verlornen Sohn)* die Vermehrung des Gutes und warnen vor dem bloßen Zehren davon.

Zusammenfassend läßt sich sagen, daß die deutsche Prodigusliteratur sowohl religiöses Dogma als auch sozio-ökonomische Bedingungen der Zeit und der jeweiligen geographischen Umgebung widerspiegelt. Ganz unerwarteterweise scheint aber der Entstehungsort der einzelnen Werke für die Einstellung zu Arbeit und Besitz wichtiger zu sein als die Chronologie oder die Konfession der Autoren. Es ist wohl kein Zufall, daß die schärfsten Verurteilungen des verlorenen Sohnes (und das heißt, der Verschwendung) wie auch die Verbindung der Parabel mit der Erziehung ausgerechnet in den Texten der wirtschaftlich weiterentwickelten Gebiete vorkommen. In Holland und England, wo die beginnende Industrialisierung und Kapitalwirtschaft weiter fortgeschritten sind, behauptet sich eine durchaus bürgerlich-„puritanische" Haltung zum Güterverbrauch, aber keine spezifisch bürgerliche Berufsbeschreibung. In der Schweiz und im Elsaß, wo die Kontakte und Handelsbeziehungen mit dem gleichfalls manufakturell entwickelteren Frankreich am engsten waren, wird die „puritanische" Lebenshaltung oft mit Bemerkungen über besonders bevorzugte, bürgerliche Aufstiegsmöglichkeiten gewährende Tätigkeiten, wie Handel einerseits und Studieren und Ämter-Bekleiden andererseits, verbunden. Auch die Loslösung der Arbeitsvorstellung von rein physischen, besonders bäuerlichen Beschäftigungen ist in diesen Texten am weitesten gediehen. In den Texten der östlichen Gebiete und selbst des zunftorientierten Nürnberg zeigen dagegen die Äußerungen zum bürgerlichen Aufstieg und zur Geldwirtschaft eher Mißtrauen gegen solche Neuerungen und manchmal direkte Ablehnung. Die Darstellung der Arbeit und der beiden Söhne der Parabel scheint also eher landschaftlich und das heißt sozio-ökonomisch als rein konfessionell bedingt zu sein.

Anmerkungen

1 Das Gedicht wurde zwischen 1460 und 1480 geschrieben, aber erst um 1510 gedruckt. Siehe Dieter Wuttke, Methodisch-Kritisches zu Forschungen über Peter Vischer d. Ä. und seine Söhne. In: *Archiv für Kulturgeschichte* 49 (1967), 256–8.
2 Johann Fischart, *Das Glückhafft Schiff von Zürich*. In: *Deutsche National-Litteratur* 18, Abt. 1. Hrsg. von Adolf Hauff, S. 134, Z. 41–44.

3 Siehe z. B. These 4 und 9.

4 These 20 und 21.

5 These 26 und 27.

6 Siehe Max Weber, *Gesammelte Aufsätze zur Religionssoziologie*, Bd. 1 (Tübingen,⁴ 1947), S. 106.

7 Ebd., S. 189.

8 Vgl. Franz Spengler, *Der verlorene Sohn im Drama des 16. Jahrhunderts* (Innsbruck, 1888), 2 ff., 164.

9 Hugo Holstein, *Die Reformation im Spiegelbilde der dramatischen Litteratur des sechzehnten Jahrhunderts* (Halle, 1886), S. 55 f.

10 Daniel Jacoby, *Georg Macropedius. Ein Beitrag zur Litteraturgeschichte des sechzehnten Jahrhunderts* (Berlin, 1886), S. 5 f.

11 Spengler, S. 161–164, 165–167. Der Diebstahl des verlorenen Sohnes in beiden Spielen und der Streit mit dem Bruder im Holländischen mögen in Wickrams *Knabenspiegel* eingegangen sein.

12 Man zählt im 16. Jahrhundert allein 26 Dramen zum Prodigusthema. Vgl. Kurt Michel, *Das Wesen des Reformationsdramas entwickelt am Stoff des verlorenen Sohns* (Diss. Gießen, 1934), S. 7.

13 *Neudrucke deutscher Literaturwerke des 16. und 17. Jahrhunderts*, Nr. 30, hrsg. von Gustav Milchsack.

14 *Comedia mit 9 personen, der verlorn sohn, und hat 5 actus*. In: *Hans Sachs*, Bd. 11. Hrsg. von Adalbert von Keller (Hildesheim, 1964), *Bibliothek des Litterarischen Vereins in Stuttgart*, Bd. 136, S. 213–241.

15 Holstein, *Reformation*, S. 154.

16 Hans Ackermann, *Der Ungeratne Sohn*. In: *Dramen von Ackermann und Voith*. Hrsg. von Hugo Holstein. *Bibliothek des Litterarischen Vereins in Stuttgart*, Bd. 170, S. 69–139.

17 Ebd., V. 619–628.

18 Ebd., V. 805–807.

19 Alle Wickramzitate stammen aus der neuen Gesamtausgabe: Georg Wickram, *Sämtliche Werke*. Hrsg. von Hans-Gert Roloff (Berlin, 1968 ff.).

20 *Sämtliche Werke*, XI.

21 Beide in *Sämtliche Werke*, III.

22 Ebd., Bd. XII.

23 Weber, S. 76.

24 Ebd., S. 176–189.

25 *Literarischer Text und historische Realität. Versuch einer historisch-materialistischen Analyse von Jörg Wickrams „Knabenspiegel"- und „Nachbarn"-Roman* (Düsseldorf, 1974).

26 Die Hauptsünden des Acolastus in John Palsgraves englischer Übersetzung (1540, Heinrich VIII. gewidmet) sind neben Ungehorsam „waste", „unthryftynesse" und „the lovynge of ones selfe". *The Comedy of Acolastus*. Transl. from the Latin of Fullonius by John Palsgrave. Hrsg. von P. L. Carver (London, 1937), S. 25–33.

27 Fritz Richard Lachmann, Die ‚Studentes‘ des Christophorus Stymmelius und ihre Bühne. In: *Theatergeschichtliche Forschungen*, Bd. 34 (Leipzig, 1926), S. 3311–3418.

28 *Ein ausserlesne schöne nützliche und lustige Comedj, Der Knaben Spigl genandt.* In: *Ayrers Dramen*, Bd. 5. Hrsg. von Adalbert von Keller. *Bibliothek des Litterarischen Vereins in Stuttgart*, 80.

29 Auch Hans Salat (siehe unten) beteuert die notwendige Ungleichheit der Stände.

30 *Liber vagatorum. Der Betler Orden. Von der falschen betler büberey/ Mit einer Vorrede Martini Luther. Und hinden an ein Rotwelsch Vocabularius/ Daraus man die Wörtter/ So in diesem Büchlein gebraucht/ versteen kan.* Hrsg. von D. B. Thomas (London, 1932).

31 *Comedia Von dem verlornen Sohn, in welcher die Verzweiflung und Hoffnung gar artig introduciret werden.* In: *Die Schauspiele der Englischen Komödianten in Deutschland.* Hrsg. von Julius Tittmann. *Deutsche Dichter des 16. Jahrhunderts*, Bd. 13, S. 45–73.

32 *Eyn parabel oder glichnus, uß dem Evangelio Luce am 15. von dem Verlornen, oder Güdigen Sun = Hans Salat's Drama vom verlornen Sohn.* Hrsg. von Jakob Baechtold. In: *Der Geschichtsfreund. Mittheilungen des historischen Vereins der 5 Orte Luzern, Uri, Schwyz, Unterwalden & Zug.* Bd. 36 (1881), S. 1–90.

33 *Thomas Murners deutsche Schriften*, Bd. 4. Hrsg. von Gustav Bebermeyer (Berlin und Leipzig, 1923).

34 *Thomas Murners deutsche Schriften*, Bd. 3. Hrsg. von M. Spanier (Berlin und Leipzig, 1925).

35 Besonders Wickram stellt die „Schleckerei“ als verderblich dar. Die Lust an Süßigkeiten und Feinkost spielt die größte Rolle in dem „Dialog vom ungeratnen Sohn“ (vgl. Anm. 21), wo er einem Freund die wahre Geschichte erzählt, die zum *Knabenspiegel* Anlaß gegeben hatte. Die puritanische Einstellung zum Genuß ist also in der biographisch-realistischen Schrift noch stärker ausgeprägt als in der fiktiven oder in den beiden Spielen.

Klaus L. Berghahn / Wolfgang Müller

Tätig sein, ohne zu arbeiten?

Die Arbeit und das Menschenbild der Klassik

Arbeit und Schönheit, Ökonomie und Kunst in eine auch noch so ferne Beziehung zu setzen, mag manchem als recht prosaisch, vielen sogar als profan erscheinen, erst recht wenn es sich um die klassische Literatur handelt. Haben doch ganze Forschergenerationen geistesgeschichtlicher wie schöngeistiger Provenienz in der Literatur gerade das Höhere zeitloser Werte wie Gott, Natur und Liebe gesucht und gefunden, ja sie sahen in diesen ideellen Werten das eigentlich Humane der Literatur. Doch die Literaturwissenschaft ist auch nicht mehr, was sie einmal war, und noch nicht, was sie sein könnte. Zwar gibt es inzwischen eine ebenso umfang- wie ergebnisreiche Forschung, welche die Literatur in einen sozialgeschichtlichen Kontext stellt; aber wenn es darum geht, die Literatur in ihrem Verhältnis zu den materiellen Produktionsbedingungen und zur Realitätssphäre der Arbeitswelt zu bestimmen, so entsteht eine seltsame Unsicherheit, da Kategorien wie Arbeit und Ökonomie in der Literaturwissenschaft bisher fehlen.[1]

Diesem Versäumnis der Forschung entspricht der objektive Befund, daß auch die deutschen Dichter den arbeitenden Menschen selten zeigen oder die Arbeit idyllisieren. Von Lessings Absage gegenüber Diderots Forderung, Berufsstände mit all ihren Pflichten und Unbequemlichkeiten auf die Bühne zu bringen, bis hin zum Roman des bürgerlichen Realismus, der die realen Lebensverhältnisse verklärt, statt sie darzustellen, läßt sich eine seltsame Scheu feststellen, die alltägliche Arbeit realistisch zu gestalten. Allerdings geschah das nicht aus Ignoranz oder weil sie nicht um die Bedeutung der Arbeit für den wirklichen Menschen wüßten, vielmehr weil sie erkannten, wie sehr die Forderungen einer arbeitsteiligen Gesellschaft ihr ideales Menschenbild gefährdeten, das ihre Kunst beschwor. Diese Problematik läßt sich besonders deutlich an Schillers ästhetischen Schriften und Goethes Bildungsroman nachweisen. Dabei soll besonders auf ihre Kritik der modernen Entfremdungsprozesse und ihr Ideal eines harmonischen Menschen geachtet werden, auf Arbeit und Bildung also.

Behandelt wird jene Epoche, in der sich die bürgerliche Gesellschaft konstituierte, und zwar im vorindustriellen Deutschland weniger auf dem Gegensatz von Kapital und Arbeit, Bourgeoisie und Proletariat, als auf dem zwischen der gebildeten und der arbeitenden Klasse. Über die Zurückgebliebenheit der gesellschaftlichen Verhältnisse Deutschlands im 18. Jahrhundert geben die Enzyklopädien und Wörterbücher Auskunft. So finden sich in Zedlers *Universallexikon aller Wissenschaften und Künste* (1732) nur die bekannten biblischen Spruchweisheiten und dazu noch ein Hinweis auf die agrarische Hauswirtschaft: „Arbeiten sind in der Ökonomie diejenigen Verrichtungen, welche ein Hauswirt auf dem Feld, Wiesen, in Weinbergen und sonst das Jahr über zu verrichten hat." Selbst der Krünitz, immerhin die erschöpfendste ökonomisch-technische Enzyklopädie der Goethe-Zeit in 242 Bänden, hat zur Arbeit keinen Eintrag. Nur in der zweiten Auflage des Adelungschen *Wörterbuchs der hochdeutschen Mundart* (1793) gibt es einen längeren Artikel, der Ackerbau und Handwerk als Arbeitsbereiche nennt und neben der Tätigkeit auch das Produkt der Arbeit. Aber Arbeit als Grundlage bürgerlicher Eigentums- und Kapitalbildung, wie sie die englischen Aufklärer schon lange erkannt hatten, war den Deutschen offensichtlich noch fremd. Auch die positive Neubewertung der Arbeit durch den Protestantismus führte in Deutschland nicht zu Prinzipien der Nationalökonomie, sondern der Erziehung. Für die Pädagogen wurde sie ein Mittel, um zu sinnvoller Gestaltung der Zeit, zu Fleiß und Tugend zu erziehen. Es ist daher nicht verwunderlich, daß sich Kants wichtigste Bemerkungen zur Arbeit in einer pädagogischen Abhandlung finden: „Je mehr wir beschäftigt sind, je mehr fühlen wir, daß wir leben, und desto mehr sind wir uns unseres Lebens bewußt. In der Muße fühlen wir nicht allein, daß uns das Leben so vorbeistreicht, sondern wir fühlen auch sogar eine Leblosigkeit."[2] So war auch den Weimarer Klassikern die Arbeit kaum problematisch; sie gehörte für die niederen und zahlreichen Klassen, so meinten sie, zum Leben wie die Luft zum Atmen. Das Selbstverständliche bäuerlicher oder handwerklicher Arbeit lag nur am Rande ihrer geistigen Beschäftigung und lohnte der Poetisierung kaum, es sei denn als Idylle. Doch drängte sich ihnen das Problem von anderer Seite auf, so daß sie sich ihm nach der Französischen Revolution nicht mehr entziehen konnten: durch die Arbeitsteilung und die damit verbundenen gesellschaftlichen Entfremdungssymptome, auf die sie mit ihrem eigentümlichen Humanitätsideal ästhetisch und poetisch reagierten. Bekannt und vielzitiert ist in diesem Zusammenhang der sechste *Ästhetische Brief*, mit dem Schiller oft zu einem Propheten des jungen Marx gemacht wird. Doch bevor wir diese Gleichsetzung vorschnell durchführen, wollen wir erst einmal Schillers Analyse genauer betrachten; dann wird sich nämlich zeigen, daß bei aller Ähnlichkeit der Problemstellung ihre Lösungen doch grundverschieden sind.

Die Briefe *Über die ästhetische Erziehung des Menschen* entstanden bekanntlich als Dankschreiben für eine großzügige Geldspende des Herzogs von Augustenburg; sie sind daher besonders in ihrer zweiten Fassung von 1794/95 auch als Fürstenspiegel zu lesen. Ihre Kulturkritik richtet sich sowohl gegen den Verlauf der Französischen Revolution wie gegen den Zustand der gegenwärtigen Gesellschaft. Dieser sei in Deutschland besonders desolat und unreif, so daß die Reform des verrotteten feudalistischen Notstaats in einen Vernunftstaat eine Aufgabe für die Zukunft sein muß. (Eine revolutionäre Umwandlung der gesellschaftlichen Verhältnisse nach französischem Vorbild lehnt Schiller ab.) Jedenfalls läßt der gegenwärtige Antagonismus der Stände weder eine homogene Gesellschaft noch eine Neuordnung des Staatsgebildes möglich erscheinen: Die Verwilderung der „niederen und zahlreichen Klassen" bedrohe mit ihren „rohen und gesetzlosen Trieben" die bürgerliche Ordnung (5, 580). Eine solche Verurteilung der Sansculotten ist wenige Wochen nach dem 9. Thermidor und dazu noch in einem Fürstenspiegel nicht weiter verwunderlich; andererseits ist kaum zu erwarten, daß Schiller die Maßstäbe einer neuen Kultur in jenen Kreisen suchen würde. Naheliegender wäre es schon, daß sich das gebildete Bürgertum an den niederen Adel anschließt; tatsächlich finden sich ja in Schillers Ästhetik zahlreiche Hinweise, die auf eine Aristokratisierung des Bürgertums deuten. Aber auch die Erschlaffung der „zivilisierten Klassen", wie Schiller sie bewußt vage nennt, bietet keine Anzeichen für eine Regeneration der Gesellschaft und des Staates. Ja, er geht mit diesen Kreisen fast noch strenger ins Gericht als mit dem Pöbel, denn sie hätten alle Möglichkeiten gehabt, die Verhältnisse zu verändern. Doch erklärt Schiller den gegenwärtigen Zustand der Gesellschaft nicht politisch, also aus der Perversion des Feudalabsolutismus, was ihn in die Nähe der Jakobiner gerückt hätte, sondern geschichtsphilosophisch, das heißt durch den Abfall von der Natur durch Vernünftelei. „Die Kultur selbst war es", so behauptet er, „welche der neuern Menschheit diese Wunde schlug" (5, 583). Mit Kultur bezeichnet Schiller hier die tätige Auseinandersetzung des Menschen mit der Natur, also Arbeit. Weit entfernt, das „Zeitalter der Vernunft", wie er es noch sechs Wochen vor der Französischen Revolution in seiner Jenaer Antrittsvorlesung pries, zu loben, deckt er jetzt, fünf Jahre später, seine Schwächen und Widersprüche auf. Gemeint ist die drastische Kulturkritik des sechsten Briefes, in dem es heißt: „Auseinandergerissen wurden jetzt der Staat und die Kirche, die Gesetze und die Sitten; der Genuß wurde von der Arbeit, das Mittel vom Zweck, die Anstrengung von der Belohnung geschieden. Ewig nur an ein einzelnes kleines Bruchstück des Ganzen gefesselt, bildet sich der Mensch selbst nur als Bruchstück aus; ewig nur das eintönige Geräusch des Rades, das er umtreibt, im Ohre, entwickelt er nie die Harmonie seines Wesens, und anstatt die Menschheit in seiner Natur auszuprägen, wird er bloß zu einem Ausdruck seines Geschäfts, seiner Wissenschaft" (5, 584).

Solch geballte Kritik kommt nicht von ungefähr, sie hat ihre Vorgeschichte, zu der nicht nur Rousseau gehört, sondern vor allem auch Adam Ferguson, dessen *Essay on the History of Civil Society* (1766) der Karlsschüler gut kannte. Darin gibt es ein Kapitel, „Of the Subordination consequent to the Separation of Arts and Profession", das die Arbeitsteilung und ihre Folgen aus der englischen Anschauung heraus recht drastisch darstellt: „Many mechanical arts, indeed, require no capacity; they succeed best under a total suppression of sentiment and reason; and ignorance is the mother of industry as well as of superstition. Reflection and fancy are subject to err; but a habit of moving the hand, or the foot, is independent of either. Manufactures, accordingly, prosper most, where the mind is least consulted, and where the workshop may, without any great effort of imagination, be considered as an engine, the part of which are men." Ferguson fürchtet gar, daß sich unter diesen Bedingungen ein Volk von Heloten statt freier Bürger entwickle.

Gemessen an dieser Beschreibung kapitalistischer Arbeitsteilung fällt Schillers Analyse formaler, aber auch differenzierter aus. Er erkennt sie in der Abstraktheit des Staates, der Absonderung der Stände und Geschäfte und der Scheidung der Wissenschaften. Dem staatsphilosophischen Ansatz entsprechend wird vor allem der Staat, „wie er jetzt beschaffen ist", für alle Übel verantwortlich gemacht. „Die barbarische Staatsverfassung" hat mit ihrer Bürokratie, ihrem Polizei- und Militärapparat den Bürger jedes Einflusses beraubt, so daß er sich von dem ihm fremd gewordenen Staat abwandte und auf seinen privaten Lebensbereich zurückzog. Die Stände, welche streng getrennt und einander entgegengesetzt sind, können zur Erneuerung des Staates zu einer homogenen Gesellschaft nichts beitragen, ja der Staat fördert den Klassenantagonismus noch. Die bürgerlichen Geschäftsleute verfolgen nur ihre eigennützigen Interessen und zeichnen sich daher durch „pedantische Beschränktheit" aus. Die Scheidung der Wissenschaften führt zu einer immer größeren Spezialisierung und Abstraktheit der geistigen Arbeit, was in „leerer Subtilität der stumpfsinnigen Gelehrten" gipfelt (5, 586). „Der zahlreichere Teil der Menschen schließlich wird durch den Kampf mit der Not zu sehr ermüdet und abgespannt" (5, 591 f.), als daß er je „eine Harmonie seines Wesens" entwickeln kann. Soweit Schillers Totalbild der Misere gesellschaftlicher Arbeitsteilung, die weder das Individuum zu einer harmonischen Entfaltung seiner Möglichkeiten kommen läßt noch den Staat zu seiner Blüte.

Doch ist schwarzmalender Kulturpessimismus nicht Schillers Absicht. Selbst wenn er die Harmonie der griechischen Kultur als ein frühes Maximum der Menschheitsentwicklung bezeichnet, so weiß er doch um die Dialektik der Kulturbewegung, wonach „Einseitigkeit in Übung der Kräfte zwar das Individuum unausbleiblich zum Irrtum führt, aber die Gattung zur Wahrheit" (5, 587). Er findet sich also mit der Notwendigkeit der Arbeitsteilung ab, leidet aber zugleich „unter dem Fluch dieses Weltzwecks", denn er machte das Individuum zum Opfer der Menschheitsentwicklung und die gegenwärtige Menschheit zu Knechten einer künftigen. So sucht er nach Möglichkeiten, die verlorene Totalität des Menschen unter den gegenwärtigen Bedingungen wenigstens momentan wiederherzustellen und an das verlorene Ideal zu erinnern. Da er das Ideal einer harmonischen Persönlichkeit unter dem Zwang der politischen und ökonomischen Umstände dauernd gefährdet sieht, sucht er es jenseits dieser Sphäre in einer ästhetischen Erziehung und Kultur zu erreichen, womit er der Kunst eine wahrhaft universelle gesellschaftliche Funktion zuschreibt.

Schon in der *Bürger-Rezension* (1791) hatte Schiller das Problem und seine ästhetische Lösung skizziert: „Bei der Vereinzelung und getrennten Wirksamkeit unsrer Geisteskräfte, die der erweiterte Kreis unseres Wissens und die Absonderung der Berufsgeschäfte notwendig macht, ist es die Dichtkunst beinahe allein, welche die getrennten Kräfte der Seele wieder in Vereinigung bringt, welche Kopf und Herz, Scharfsinn und Witz, Vernunft und Einbildungskraft in harmonischem Bunde beschäftigt, welche gleichsam den *ganzen Menschen* in uns wieder herstellt" (5, 971). Hier ist bereits das spätere ästhetische Bildungsprogramm antizipiert, allerdings auch seine idealistische Überspanntheit. Denn die Kunst soll nun leisten, was die Wirklichkeit dem Menschen versagt, nämlich ihn aus der Einseitigkeit und Entfremdung erlösen. Dies wird nur verständlich, wenn man Schillers Begründung der Arbeitsteilung versteht. Diese wird nämlich – wie wir schon sahen – weniger in ihrer ökonomischen und sozialen Entwicklung begründet, sondern geschichtsphilosophisch durch die Entzweiung von Natur und Geist erklärt. Er reduziert das Problem auf den Dualismus von Sinnlichkeit und Vernunft, Stoff- und Formtrieb, um daraus die ästhetische Synthese des Spieltriebs entwickeln zu können. Ohne auf dessen systematische Ableitung näher einzugehen, läßt sich soviel feststellen, daß Schillers Theorie des Spiels auf eine ästhetische Überwindung der Welt der Bedürfnisse und der Arbeit hinausläuft. Von so zentraler Bedeutung für den Menschen scheint ihm der Spieltrieb zu sein, daß er sogar die Bestimmung des Menschen von ihm ableitet: „Der Mensch spielt nur, wo er in voller Bedeutung des Wortes Mensch ist, und *er ist nur da ganz Mensch, wo er spielt*" (5, 618). Obwohl Schiller die Bedeutung der Arbeitsteilung für die Entwicklung der Menschheit als geschichtsphilosophische Notwendigkeit hinnimmt, meint er die harmonische Totalität des Individuums nur im zweckfreien Spiel, also der Negation der Arbeit, retten zu können. Damit gibt er der ästhetischen Praxis die Funktion einer momentanen Aufhebung der Entfremdung und der ästhetischen Erziehung eine universelle Aufgabe im Kulturprozeß. Aufgabe der Kunst ist es, „*der Menschheit ihren möglichst vollständigen Ausdruck zu geben*" (5, 717) und durch ästhetische Bildung den Vernunftstaat vorzubereiten. Die Kunst hört damit auf, bloß der Repräsentation, dem Luxus oder Zeitvertreib zu dienen; ihre befreiende Wirkung weist auf einen utopischen Zustand jenseits der bürgerlichen Leistungsgesellschaft. Nicht umsonst nennt Marcuse Schillers Ästhetik „one of the most advanced positions of thought", ja er glaubt, daß sich die Arbeit in Spiel verwandeln werde, wenn die materiellen Bedürfnisse erst einmal befriedigt sind.

Soweit Schillers vorauseilendes Ideal, das den aktuellen Widerspruch zwischen gesellschaftlicher Wirklichkeit und humanistischer Forderung, Arbeitsteilung und Totalitätsvorstellung nur um so deutlicher offenbart. Fragt man nach den Möglichkeiten seiner Verwirklichung, so stellt sich heraus, daß jenes erstrebte Kulturideal des ästhetischen Zustandes bloß eine regulative Idee ist. Schiller nimmt nämlich an, es sei „in einigen auserlesenen Zirkeln", die zum Vorbild und zur Keimzelle für die ganze Menschheit werden könnten, schon verwirklicht (5, 669). An anderer Stelle charakterisiert er jenen Personenkreis noch genauer: Es müsse „eine Klasse von Menschen sein, welche, ohne zu arbeiten, tätig ist". Denn nur eine derart begünstigte Klasse „kann das schöne Ganze menschlicher Natur, welches durch jede Arbeit augenblicklich und durch ein arbeitendes Leben anhaltend zerstört wird, bewahren" (5, 768). Sie allein kann bestimmen, welche Art von Kunst der Erholung dient, das heißt wie das schöne Ganze der menschlichen Natur nach erschöpfender Arbeit wiederhergestellt werden kann. Die Kunst wird damit zu einem Prärogativ einer geistesaristokratischen Elite, welche sich um die Bedürfnisse und Notwendigkeiten des alltäglichen Lebens nicht mehr zu sorgen braucht und im Grunde nur noch um jene harmonische Ganzheit bemüht ist, nach der die arbeitenden Klassen sich sehnen. Wie jene Klassen, trotz „anspannender und erschöpfender Arbeit", das Kulturideal jemals erreichen können, bleibt im Grunde offen. Das ist die Grenze des Idealismus, der den Widerspruch zwischen gesellschaftlicher Wirklichkeit und humanistischem Ideal nur durch den Sprung in eine Utopie überwinden kann.

Schillers Hoffnung geht also dahin, daß die Menschheit durch Schönheit zur Freiheit finde und daß das exemplarische Beispiel „auserlesener Zirkel" allgemein werden könne. Auch wenn Goethe jenem ästhetischen Erziehungsprogramm nicht in allen Einzelheiten folgte, so gab es zwischen beiden doch wesentliche Übereinstimmungen, die sich während ihrer Zusammenarbeit in Weimar noch vertieften. So schien auch Goethe das Tätigsein, ohne zu arbeiten, die notwendige Voraussetzung zur Ausbildung einer harmonischen Persönlichkeit. Auch er hoffte, daß sich die Klassenschranken zwischen Adel und Bürgertum in „auserlesenen Zirkeln" von Gebildeten exemplarisch überwinden lassen, wie das Ende von *Wilhelm Meisters Lehrjahren* andeutet, wenngleich auch bei ihm die arbeitenden unteren Klassen nicht ins Bild kommen. Und noch in einer anderen, für unser Thema wichtigen Beurteilung der gesellschaftlichen Wirklichkeit stimmen sie überein: „Der Bürgerliche *arbeitet* und der Adelige *repräsentiert*", und das sei ein Unterschied der Erziehung, heißt es bei Schiller in einer Fußnote der Abhandlung *Über die notwendigen Grenzen beim Gebrauch schöner Formen* (5, 685). Dieses Zitat stimmt fast wörtlich mit dem Inhalt jenes Briefes überein, in dem Wilhelm seinem Schwager Werner gegenüber seinen Entschluß rechtfertigt, Schauspieler zu werden. Diese Stelle nehmen wir zum Anlaß, nach Goethes Arbeitsbegriff in *Wilhelm Meisters Lehrjahren* zu fragen. Nachdem wir gesehen haben, daß Schiller

Kunst und Arbeit wie Adel und Bürgertum kontrastiert, wollen wir näher untersuchen, wie jene Beziehung im repräsentativen Roman der Klassik poetisch dargestellt wird.

„Daß ich Dir's mit einem Worte sage: mich selbst, ganz wie ich da bin, auszubilden", ist Wilhelms Absicht. Die Frage ist für den „jungen, zärtlichen, unbefiederten Kaufmannssohn" nur, welchen Weg er einschlagen kann und wie seine Bildung aussehen soll. „Wäre ich ein Edelmann, so wäre unser Streit bald abgetan", heißt es in jenem Brief, „da ich aber nur ein Bürger bin, so muß ich einen eigenen Weg nehmen" (7, 290). Für Wilhelm gibt es zu dieser Zeit und besonders in Deutschland noch objektive Schranken, die seinem Wunsch nach einer harmonischen Bildung im Wege stehen, die „Verfassung der Gesellschaft" und die damit verknüpfte Arbeitsteilung. Ständegegensatz und die bürgerliche Beschränkung weiß Wilhelm seinem Schwager beredt darzustellen: „In Deutschland ist nur dem Edelmann eine gewisse allgemeine, wenn ich so sagen darf, personelle Ausbildung möglich. Ein Bürger kann sich Verdienste erwerben und zur höchsten Not seinen Geist ausbilden; seine Persönlichkeit geht aber verloren" (290). Das mag überraschen oder gar befremden, haben wir uns doch daran gewöhnt, unter Bildung etwas Verinnerlichtes und Geistiges zu verstehen. Doch gerade darauf hat es Wilhelm nicht abgesehen, und sie neidet er dem Adel keineswegs. Der gesellschaftliche Widerspruch, wie Wilhelm ihn erfährt, liegt auf anderer Ebene, nämlich zwischen öffentlicher und privater Person: „Wenn der Edelmann durch die Darstellung seiner Person alles gibt, so gibt der Bürger durch seine Persönlichkeit nichts und soll nichts geben. [. . .] Jener soll tun und wirken, dieser soll leisten und schaffen; er soll einzelne Fähigkeiten ausbilden, um brauchbar zu werden, und es wird schon vorausgesetzt, daß in seinem Wesen keine Harmonie sei noch sein dürfe, weil er, um sich auf *eine* Weise brauchbar zu machen, alles übrige vernachlässigen muß" (291). Bei einem Bürger frage man auch nicht danach: „Was bist du?, sondern nur: Was hast du? welche Einsicht, welche Kenntnis, welche Fähigkeit, wieviel Vermögen?" (291) Mit einem Wort: „Der Edelmann ist, was er repräsentiert, der Bürger, was er produziert."[3] Der Bürger Wilhelm, der dies alles klar erkennt, lehnt sich jedoch nicht gegen die unproduktive adelige Lebensweise auf, sondern ist von ihr fasziniert, möchte sie auf eine ihm mögliche Art nachahmen. Kritisiert wird dagegen die bürgerliche Arbeitswelt Werners, von der er sich lossagt.

Deren Enge und Einseitigkeit, die sich auf Kapital*bildung* beschränkt, wird durch das vorausgehende „Glaubensbekenntnis" von Werner recht deutlich. Der produktive, bürgerliche Stand gerät dadurch in ein ziemlich ungünstiges Licht. Werners „ökonomische Wahrheiten" lauten etwa: „Seine Geschäfte verrichtet, Geld geschafft, sich mit den Seinigen lustig gemacht, und um die übrige Welt sich nicht mehr bekümmert, als insofern man sie nutzen kann" (287). Seiner „Lust zu sparen und zu erwerben" liegt nichts ferner als repräsentativer Luxus, mit dem der Adel öffentlich seine Geltung zur Schau stellt: „Nur nichts Überflüssiges im Hause", seien es Möbel, Gemälde, Gerätschaften, Garderobe oder Kutsche. Derlei wäre „alter Kram von Besitztum". Wie ließe sich auch bei „einem totem Kapital nur irgendeine Freude denken?" (287) Daher wird das große Haus der verstorbenen Meisters verkauft wie schon früher die Gemäldesammlung, um den Kapitalerlös für Bodenspekulationen zu verwenden. Alles wird dem Prinzip der Kapitalakkumulation untergeordnet, ihm geht es wirklich um „nichts als Geld" (ebd.).

Angesichts dieser Beschränkung des Bürgertum auf die Geschäfts- und Privatsphäre, auf Kapitalbildung und Genuß, verspürt Wilhelm „gerade zu jener harmonischen Ausbildung meiner Natur, die mir meine Geburt versagt, eine unwiderstehliche Neigung" (291). Da ihn die bürgerliche Existenz einengt und in seinem Bestreben, eine „öffentliche Person" zu werden, behindert, versucht er, sich wenigstens eine aristokratische Bildung anzueignen. Wie weit seine Vorstellungen mit den festgelegten Normen des europäischen Adelsideals übereinstimmen, wurde mehrfach ausführlich dargestellt. Diese Bildung zielt letztlich auf geziemende Selbstdarstellung und Verwirklichung in der guten Gesellschaft des Hofes. (Was Goethe in Weimar selbst erst mühsam lernen mußte und woran er Werther scheitern läßt.) Zu dieser adeligen Welt des gesellschaftlichen Scheins, die sich auf Grundbesitz und Adelsprivilegien als reale Macht stützte, paßte nichts weniger als Arbeit, Gelderwerb oder Kapitalbildung. Selbst wenn der Adel durch Grundrente und Manufaktur Geld einnimmt, so dient es doch nur der Hofhaltung und Repräsentation, also in bürgerlichen Augen einem unproduktiven Luxus. Für den auf Ritterakademien erzogenen Adeligen lag bürgerliches Erwerbs- und Nutzdenken weit unter seinem Standesethos: Ehre war ihm wichtiger als Geld, Grundbesitz wichtiger als Kapital, Luxus wichtiger als Sparsamkeit. Da Wilhelm den realen Abstand zwischen den Ständen schon schmerzlich erfahren hat (3. Buch) und sich als repräsentierender Bürger nicht lächerlich machen will, veredelt er sich durch Nachahmung und wählt den „Öffentlichkeitsersatz der Bühne".[4] Nur auf der Bühne, so meint er, kann er die öffentliche Geltung finden, welche ihm im wirklichen Leben versagt ist: „Auf den Brettern *erscheint* der gebildete Mensch so gut persönlich in seinem Glanz als in den oberen Klassen" (292).

So wichtig die Einsichten auch sind, die uns Wilhelms Brief über die Situation des bürgerlichen Intellektuellen in Deutschland vermittelt, so ist sein Entschluß, auf dem Theater zu suchen, was ihm die Wirklichkeit versagt, innerhalb des Romans eine bewußte Selbsttäuschung und Illusion. Daher sollte man aufgrund dieses Briefes auch nicht vorschnell von einer Aristokratisierung des Bürgers Wilhelm Meister reden. Denn wie sich die theatralische Sendung für Wilhelms Bildung vom Ende her als Umweg, wenn nicht gar als Irrweg erweist, so ist auch das vorübergehend angestrebte aristokratische Bildungsideal nicht des Romans letzte Weisheit. Jenes Ideal ist, auch wenn es bis ins 19. Jahrhundert lebendig bleibt, historisch schon überholt. Das deutet sich schon in Wilhelms Anspruch auf individuelle Selbstverwirklichung an und in einer Formulierung seines Briefes, wonach er „Geist und Geschmack" ausbilden wolle, um nicht nur gesellschaftliche Person, sondern auch gebildete Persönlichkeit zu sein. Außerdem kann sich Wilhelm den Luxus einer solchen Bildung nur als privilegierter Bürgerssohn leisten. „Sein Entschluß zum Theater zu gehen", bemerkt Janz zu Recht, „ist der Entschluß des Rentiers, der sich die Neigung zu sozialer Unbestimmtheit leisten kann, da er seines Vermögens sicher ist".[5] Schließlich täuscht sich Wilhelm auch über den Repräsentationsersatz einer Bühne, deren Publikum sich bereits verändert. Er „verfehlt gleichsam die bürgerliche Öffentlichkeit, zu deren Podium das Theater inzwischen geworden ist."[6] Wilhelms Kritik an der frühkapitalistischen Lebensweise Werners vom Standpunkt des Bohemien oder Möchtegern-Aristokraten, so stellt sich heraus, ist nur vorläufig und selbst der Kritik bedürftig.

So sympathisch das Surrogat des Theaters und so faszinierend die Welt des Rokokoadels auch sein mag, sie kann sich auf die Dauer nicht gegenüber der wachsenden Kapitalkraft des Bürgertums und dem egalitären Utilitarismus des Geldes behaupten. Das deutet sich schon früh in Werners Brief an, der von der Hoffnung spricht, „ein großes Gut, das in Sequestration liegt, zu erkaufen" (288). Am Ende geht es gerade um dieses verschuldete Rittergut, und Werner erscheint als Geschäftspartner des Adels der Turmgesellschaft nochmals auf der Bildfläche. Nicht sympathischer als vordem, dafür um so einflußreicher. Goethe läßt in der Darstellung Werners keine Zweifel daran, wie beschränkt und einseitig ihm der Spekulationsgeist des Bürgertums erscheint. Dennoch ist er weitblickend genug, den Frühkapitalismus in seiner historischen Bedeutung objektiv darzustellen.

Wie schon die Kooperation zwischen Lothario und Werner auf den steigenden Einfluß des Bürgertums hinweist, so repräsentiert Lothario jene Adelsfraktion, welche sich diesen neuen Tendenzen anpaßt. „Was den Adel der Turmgesellschaft vom alten Adel unterscheidet", bemerkt Janz, „ist nicht zuletzt der Verzicht auf feudale Repräsentation nach dem Muster von Versailles zugunsten der agrarischen Nutzung des Grundbesitzes."[7] Lothario gehört zu jenem Reformadel, wie er sich historisch in Preußen langsam durchsetzte, der überflüssig gewordene, adelige Privilegien abbauen will, um einer produktiven Nutzung des Agrarbesitzes Platz zu machen. Seine Reformvorstellungen liegen ganz auf der Linie der französischen Physiokraten, deren Schriften damals in Deutschland diskutiert wurden. Wegen dieser realistischen Wendung des Romanendes wurde Goethe besonders von Romantikern getadelt, die sich mit einer Auflösung der Poesie in Ökonomie nicht abfinden wollten. Grund genug, sich jene Verbürgerlichung des Adels unter dem Einfluß physiokratischer Ideen im Roman näher anzusehen und zu fragen, wie durch jene Wendung auch Wilhelms Bildung abgerundet wird.

Nach der Auffassung der Physiokraten beruht aller Reichtum auf Grundbesitz und Landwirtschaft, dieser sollte als Privateigentum allen Bürgern zugänglich sein, jene galt als einzig produktive Arbeit, da sie einen Mehrwert schafft, die Grundrente. Diese entsteht aus der positiven Bilanz zwischen den in der landwirtschaftlichen Produktion verbrauchten und geernteten Werten. Damit rückt die Mehrwert schaffende Arbeit ins Zentrum des ökonomischen Systems. Die produktive Arbeit der Bauern, Pächter und Grundeigentümer (Landadel) wurde künftig von den unproduktiven Klassen der Stadtadeligen, Geistlichen, Gelehrten, ja sogar der Kaufleute und Bankiers unterschieden. Landwirtschaftliche Arbeit sollte von jeder Beschränkung durch feudale Vorrechte oder staatliche Einschränkungen befreit werden, damit sie sich frei entfalten könne. Der Staat sollte nur das Recht auf Eigentum, dessen Sicherheit und die wirtschaftliche Freizügigkeit schützen, was indirekt auf einen Abbau feudaler Vorrechte und eine ökonomische Auflösung des Feudalismus hinauslief: Die Unteilbarkeit des Erbbesitzes, Grundsteuerfreiheit und Ausschließung der Bürger vom Kauf von Landbesitz verstießen, so argumentierte man, gegen die „natürliche Ordnung".

Lotharios unternommene oder geplante Reformen nun liegen eindeutig auf der von den Physiokraten vorgezeichneten Linie. Was Goethe ihn über den „Lehens-Hokuspokus" sagen läßt (507f.), erschien schon Schiller als Ketzerei gegen die feudalistischen Grundsätze. Vor allem sollte die Steuerfreiheit der großen Lehnsgüter abgeschafft werden und die antiquierte Gefolgschaft „gegen eine billige regelmäßige Abgabe" (507) erlassen werden. Desgleichen die Primogeniturordnung, wonach der feudale Grundbesitz ungeteilt an den Erstgeborenen vererbt werden muß. Der Grundbesitzer soll frei über sein Eigentum verfügen, es teilen und auch an Bürger verkaufen können. Jeder Stand, das wird vorausgesetzt, solle ein Recht auf Grundbesitz haben. Die Gleichstellung aller Grundbesitzer, ob adelig oder bürgerlich, soll sich auch in der Besteuerung niederschlagen, indem alle Stände dem Staat ihren schuldigen Teil zahlen. Dafür müsse der Staat die Rechtmäßigkeit und Freizügigkeit des Grundbesitzes schützen. De facto wäre das eine Auflösung des Staates als Lehensverband und eine Verbürgerlichung des Staates durch die egalitäre Macht des Geldes. Allerdings rüttelt die Forderung nach Freizügigkeit, also auch freier Tätigkeit, an der Leibeigenschaft, die bezeichnenderweise nicht völlig aufgehoben werden soll; Lothario will sie lockern und so auch den leibeigenen Bauern etwas zukommen lassen. Von der Aufhebung der adeligen Vorrechte und der Kapitalisierung des Grundbesitzes verspricht sich Lothario eine „lebhafte freie Tätigkeit" und höhere Einkünfte, mit denen er „weniger willkürlich umgehen" will als andere Adelige, die immer noch mehr Wert auf höfische Repräsentation als auf agrarischen Mehrwert legen. Daß die Turmgesellschaft ihren Reformbemühungen zum Trotz das Gespenst der Revolution fürchtet, zeigen jene Vorkehrungen zur Streuung und Sicherung ihres Besitzes in verschiedenen Ländern (563). Bruford bezeichnet die Turmgesellschaft aufgrund dieser Vorkehrungen ironisch „as a kind of insurance company for landowners against the risk of revolution".[8] Schließlich sind auch die Mesalliancen zwischen Adeligen und Bürgerlichen am Ende der *Lehrjahre* ein sinnfälliges Zeichen, wie Goethe sich den Ausgleich zwischen Adel und Bürgertum vorstellte. Durch den freiwilligen Verzicht des Adels auf seine Privilegien ließe sich eine Harmonisierung der Klassengegensätze erreichen und einer Revolution vorbeugen. Schiller sah gerade in diesem Ende das „rein Menschliche" hervortreten, das „Geburt und Stand in ihrer völligen Nullität" zeige, wenngleich er auch befürchtete, daß die Inferiorität des Bürgers in der Turmgesellschaft bestehen bleibe.

Der Bildungsweg Wilhelms mündet also keineswegs in einer „Wallfahrt zum Adelsdiplom", wie Novalis spottet, sondern in einer Selbstverwirklichung des Bürgers Wilhelm in einer adeligen Umgebung, ohne daß er seine Bürgerlichkeit aufzugeben braucht. Indem Wilhelm Mitglied dieser adeligen Sozietät wird, deren physiokratische Tendenzen eine Verbürgerlichung der Gesellschaft vorbereiten, umfaßt seine Bildung auch Arbeit, als eine freie Tätigkeit in einer Gemeinschaft zur planmäßigen Verbesserung des Lebens. Allerdings gehört zur Voraussetzung dieser Bildung auch Vermögen und der damit erworbene Besitz, so daß sich schon in diesem Bildungsideal Besitz und Bildung gegenseitig bedingen. Vom aristokratischen Bildungsideal, das Wilhelm auf dem Theater zu verwirklichen suchte, unterscheidet sich die bürgerliche Bildung dadurch, daß zur Selbstverwirklichung des Menschen nun auch die Arbeit gehört. Die „zahlreichen arbeitenden Klassen", von denen Schiller sprach und die sich durch ihrer Hände Arbeit mühsam ihre Lebensmittel erwerben, kommen auch in Goethes *Lehrjahren* nicht ins Bild. Aufgrund der historischen Situation sind Goethe und Schiller besonders an einem friedlichen Ausgleich zwischen Adel und Bürgertum und an einer Verbürgerlichung des Staates interessiert.

Obwohl sich schon in den *Lehrjahren* Wilhelms Hinwendung zur Arbeit und zu nützlicher Tätigkeit abzeichnet, wird beides wegen der damit verbundenen Spezialisierung und Einschränkung des Individuums, wie sie an der Figur Werners deutlich wird, noch weitgehend negativ beurteilt. Das ändert sich einschneidend in der Fortsetzung des Ganzen, in dem ab 1821 erscheinenden Roman *Wilhelm Meisters Wanderjahre*.

Dieses umfangreiche und neben dem zweiten Teil des *Faust* bedeutendste Spätwerk Goethes enthält in seiner vielfältigen Verwobenheit die Quintessenz der Altersweisheit des Weimarer Klassikers. Der Roman besteht aus äußerst heterogenen Elementen, welche episodisch-additiv geordnet sind und sich vor allem in der Rahmenhandlung auf einen Integrationspunkt beziehen: den Entwurf eines durch Arbeit und Nützlichkeit vermittelten Verhältnisses von Individuum und Gesellschaft. Dieses wird in verschiedenen Teilen des Romans vorbildlich dargestellt. So in der pädagogischen Provinz, in der Wilhelms Sohn Felix erzogen wird; in den ökonomisch betriebenen Ländereien des Oheims; in den Plänen der Handwerker, die in Amerika eine Zunftkolonie gründen wollen, und schließlich in der Beschreibung der Baumwollspinner und Weber. Wie sehr Arbeit und Nützlichkeit in den Mittelpunkt des Romans rücken, zeigt sich am Schicksal vieler Figuren, die einen Beruf ergreifen und sich so in die Gemeinschaft der Tätigen einreihen: Wilhelm wird Wundarzt, Philine Schneiderin und Lydie Näherin. Mittelbar spiegelt sich diese Tatsache auch in der Struktur des Romans. Der Aufteilung in eine Rahmenhandlung, in der utilitaristisches Arbeitsethos dominiert, und in relativ selbständige Novellen, in denen überwiegend Privates wie Liebe, Ehe und Freundschaft vorherrscht, entspricht die in der bürgerlichen Gesellschaft sich ausbildende Trennung von Arbeits- und Privatsphäre. Goethe läßt keinen Zweifel daran, welchen Bereich er für bedeutender hält. Diejenigen Figuren der Novellen, welche im Verlauf der Handlung die nötige Reife erreichen, werden in die von Arbeit und Nützlichkeit bestimmte Rahmenhandlung aufgenommen, wie Susanne und Hilarie.

Es ist jedoch höchst verwunderlich, daß bei einer solchen Bedeutung der Arbeit nirgendwo in den *Wanderjahren* arbeitende Menschen dargestellt werden, sieht man einmal von jenem mehr symbolischen Aderlaß ab, den Wilhelm als Wundarzt an seinem Sohn Felix vornimmt. Doch gibt es eine bedeutende Ausnahme, die Beschreibung der Baumwollspinner und Weber, welche Lenardo in den Schweizer Alpen aufsucht, um den Gerüchten einer Hungersnot nachzugehen und dabei Notleidende für das Auswanderungsunternehmen zu gewinnen. Ein großer Teil dieses Berichts stammt ursprünglich nicht von Goethe, sondern aus der Feder Johann Heinrich Meyers, der auf Goethes Wunsch im Frühjahr 1810 eine genaue Beschreibung der Schweizer Hausindustrie anfertigte. Wie aus einem Brief an Göttling (vom 17. 1. 1829) hervorgeht, hat Goethe auf die Integration dieses Berichts große „Sorgfalt und Mühe" verwendet. Er hat ihn sich künstlerisch zu eigen gemacht. Das läßt sich erzähltechnisch nachweisen, denn zwischen der Figurenperspektive Lenardos, aus dessen Tagebucheintragungen wir im Roman von der Hausindustrie erfahren, und der Erzählerperspektive scheint es keine Diskrepanz zu geben. Der Text gibt weder stilistische noch inhaltliche Anhaltspunkte dafür, daß sich der Erzähler von Lenardo distanziert. Vielmehr deutet der bruchlose Übergang vom subjektiven Ich-Erzähler zum objektiven Erzähler in den beiden Kapiteln von Lenardos Tagebuch auf eine Übereinstimmung zwischen Figur und Erzähler.

 Das Bild, das Lenardo von der Hausindustrie zeichnet, scheint uns daher für eine Analyse der Goetheschen Vorstellungen über das Verhältnis von Mensch und Arbeit besonders aufschlußreich zu sein. Obwohl Lenardo gegenüber dem Leben der Baumwollspinner und -weber gewisse Vorbehalte hat, weil es ihm als beengend erscheint, („. . . nur eine Wirkung in die Ferne will mir nicht gleichermaßen deutlich scheinen") und ihm mehr „Heiterkeit und Freiheit" vorschwebt (8, 351), wird ihre Lebensweise durchaus als vorbildlich angesehen. In den Häusern der Weber sind Arbeit und Individuum, Individuum und Familie, Familie und die größere Gemeinschaft der Nachbarn harmonisch verbunden. Die Trennung von Arbeit und Privatsphäre, welche der Struktur des Romans zugrunde liegt, ist in Lenardos Idealbild noch nicht erfolgt. Die Notwendigkeit der Arbeit, das von der Arbeit bestimmte, zweckmäßige Verhalten der Arbeiterinnen wird von diesen nicht als Zwang empfunden, weil angeblich die Persönlichkeit jeder einzelnen Arbeiterin der Natur bestimmter Arbeitsvorgänge entspricht. Jede tut das Ihre nach ihren individuellen Fähigkeiten. („Dergleichen verschiedene Charaktere, verschiedenen Arbeiten zugetan, erblickte ich mehrere in einer Stube," 342). Der Lohn der Arbeit stimmt scheinbar mit den Bedürfnissen überein. Bei guter Arbeit erhalten die Weberinnen sogar einen Überschuß an Gewebe, das extra bezahlt wird, „oder sie hebt sich's zu Halstüchern, Schürzen usw. auf" (350). Die Arbeiterinnen sind nach der Beschreibung Lenardos nicht nur bescheiden, sondern zudem noch anmutig. Ihre Anmut steht keinesfalls im Gegensatz zur Arbeit, wie man eventuell vermuten könnte; vielmehr wird sie durch die Arbeit so stark gefördert, daß die „schönsten Damen" sich nichts vergeben würden, wenn sie auch einmal arbeiteten.

> Die Richtung besonders der letzten Spinnweise gewährt einen sehr malerischen Kontrast, so daß unsere schönsten Damen an wahrem Reiz und Anmuth zu verlieren nicht fürchten dürften, wenn sie einmal anstatt der Guitarre das Spinnrad handhaben wollten (8, 342).

Die Anmut der Arbeiterinnen wird durch ihre Frömmigkeit ergänzt. („Zwischendurch ließ sich wohl auch Gesang hören, meistens Ambrosius Lobwassers vierstimmige Psalmen," 350). Deren Strenge wird jedoch durch die Heiterkeit der Mädchen gemildert („dann bricht wohl auch ein fröhlich schallendes Gelächter der Mädchen aus, wenn Vetter Jakob einen witzigen Einfall hat," 350).

Die Spinnerinnen und Weberinnen arbeiten nicht allein, sie werden von Kindern, Großvätern, an den Winterabenden auch von Brüdern und Liebhabern unterstützt. Das Gemeinschaftliche der Arbeit unterstreicht die Harmonie ihres Lebenszusammenhangs. Kurz, ein „häuslicher Zustand, auf Frömmigkeit gegründet, durch Fleiß und Ordnung belebt und erhalten, [. . .] im glücklichsten Verhältnis der Pflichten zu den Fähigkeiten und Kräften" (351), wie Lenardo, Wilhelm zitierend, seine Eindrücke über die Hausindustrie der Spinner und Weber zusammenfaßt.

Es würde im Rahmen dieses Aufsatzes zu weit führen, die Schilderung Lenardos mit realistischen zeitgenössischen Darstellungen der Hausindustrie zu vergleichen. Es genügt hier festzustellen, daß sie offensichtlich idealisierenden Charakter hat. Die Tagebucheintragungen Lenardos entsprechen genau dem, was nach Goethe eine Idylle ausmacht:[9]

> Alle kunstreichen idyllischen Darstellungen erwerben sich deshalb die größte Gunst, weil menschlich natürliche, ewig wiederkehrende, erfreuliche Lebenszustände einfach wahrhaft vorgetragen werden, freilich abgesondert von allem Lästigen, Unreinen, Widerwärtigen, worin wir sie auf Erden gehüllt sehen.

Doch ist gerade dieser von der Wirklichkeit abstrahierende, idealisierende Charakter der Tagebucheintragungen Lenardos bisher übersehen worden. Hier seien nur Max Wundts Buch über Goethes *Wilhelm Meister* sowie die Anfang der siebziger Jahre erschienene Dissertation von Anneliese Klingenberg über die *Wanderjahre* erwähnt.[10] Selbst wenn, wie in diesen beiden Arbeiten, auf das historisch Überlebte der Hausindustrie hingewiesen wird, geht man nicht so weit, die in sich ruhende, organische Einheit von Mensch und Arbeit, wie sie in der Darstellung Lenardos zum Ausdruck kommt, in Frage zu stellen. Das Goethesche Ideal wird einfach als Realität angesehen.

Allerdings ist dieser Irrtum in Goethes Text selbst vorbereitet. Eine nähere Untersuchung der Erzählperspektive Lenardos soll verdeutlichen, worauf er beruht und wie die organische Einheit der Hausindustrie als subjektive Sichtweise Lenardos zustande kommt.

Die Bestimmtheit des Erzähltons, die objektivierende Darstellung von Sinneseindrücken („die letzte Spinnweise *gewährt* einen malerischen Kontrast", „zwischendurch *ließ sich* wohl auch Gesang *hören*," 350), erwecken trotz des Idyllencharakters der Beschreibung beim unbefangenen Leser den Eindruck, als hätte man es mit einer objektiv existierenden, organischen Einheit zu tun. Doch an einigen Stellen tritt der Ich-Erzähler Lenardo in den Vordergrund („*Ich fand* überhaupt etwas Geschäftiges, [. . .] Friedliches in dem ganzen Zustand einer solchen Weberstube," 349). Diese stilistische Änderung macht auf die Möglichkeit aufmerksam, daß die organische Einheit der Weberstube nur in der Einbildungskraft des Erzählers existiert.

Dieser Eindruck wird bestärkt, erwägt man den Blickwinkel Lenardos und die Art seiner Beschreibung etwas genauer. Er sieht das Geschehen in der Weberstube von außen, vom Standpunkt eines unbeteiligten Zuschauers her. Das ermöglicht es ihm, die Vorgänge in den Häusern der Spinner und Weber vom Gesichtspunkt der Ästhetik zu sehen. Nur so läßt sich erklären, daß der Arbeitsgang des Spinnens aus seinem Funktionszusammenhang gerissen, in Details aufgelöst und dann in einen vollkommen anderen Rahmen, den eines ästhetischen Gebildes, gepreßt wird. So wird von der Arbeit der Baumwollspinnerinnen innerhalb der Idylle nur berichtet, daß sie „schöne Bewegungen" hervorrufe und eine „schlanke Gestalt", eine „zierliche Wendung des Körpers" und eine „runde Fülle der Arme" (342) zur Geltung bringe. Darum kann auch die Bewegung der Webstühle und das Gehen der Spinn- und Spulräder in Lenardos Darstellung ästhetischen Vorgängen in der Weberstube, wie zum Beispiel dem Singen von Psalmen oder dem Lachen der Mädchen, gleichgesetzt werden. Als hätte Arbeit nur die Funktion, der Weberstube etwas „Friedliches und Belebtes" zu verleihen.

Nur wenn man diese ästhetische Sicht der Arbeit voraussetzt, läßt sich verstehen, warum die Schöne-Gute, die den Spinnerinnen und Weberinnen als Verlegerin vorsteht, das aufkommende Maschinenwesen mit solcher Vehemenz ablehnt. Es stellt nicht nur ihre eigene ökonomische Existenz und die Hausindustrie insgesamt in Frage, sondern schärft auch den Blick für das, was in den Weberstuben eigentlich vor sich geht. Die Konkurrenz des Maschinenwesens macht einsichtig, daß die Flinkheit einer Baumwollspinnerin nicht nur ein ästhetischer Wert ist, sondern daß diese Flinkheit quantitativ in der Menge gesponnenen Garns gemessen werden kann, daß der Reiz ihrer Bewegungen für die Produktion unerheblich ist und daß schließlich die Nützlichkeit der Arbeiterinnen nicht in der Schönheit, sondern in der Leistung ihrer runden Arme liegt. Durch den Einbruch neuer Produktionsverhältnisse und durch die offensichtliche Eigengesetzlichkeit ihrer Entwicklung, welche sich außerhalb und unabhängig von Schönheit und Moral vollzieht, wird auch der Schleier der Kalokagathie, des zweckfreien Schönen und Guten zerrissen, der mit der Ästhetisierung des Arbeitsprozesses in der Beschreibung Lenardos über die Hütten der Baumwollspinnereien und Weberinnen gelegt wurde. Hinter dem Schleier des schönen Scheins wird nun das Zweckmäßige der Ökonomie sichtbar.

Daß sich Schönheit und innere Harmonie der Arbeitenden kaum

mit einem auf immer höhere Produktionsziffern zielenden Arbeitsprozeß vereinbaren, zeigt sich im Goetheschen Text auch auf der
Ebene des Stils. Immer dann, wenn Lenardo Arbeit und Arbeitsre-
sultate tatsächlich beschreibt, wird von den Arbeiterinnen abstra-
hiert, und sein Erzählton tendiert zur trockenen Sachlichkeit eines
technischen Handbuchs. („Ich betrachte nun sorgfältig das Aufwin-
den. Zu diesem Zweck läßt man die Gänge des Zettels nach der Ordnung durch einen großen Kamm laufen," 348).

Obwohl Goethe Arbeit und nützliche Tätigkeit in den *Wanderjahren* zum Mittelpunkt seines Menschenbildes machte, gelingt es
ihm nicht, den eigentlichen Arbeitsprozeß stilistisch in die Idylle zu
integrieren. Die Einheit von Schönheit und Arbeit wird bei den
Spinner- und Weberinnen nur durch einen Kunstgriff, eine Ästhetisierung möglich. Damit wird jedoch das Wesen des Arbeitsprozesses
negiert, und die Harmonie von Mensch und Arbeit, Schönheit und
Funktionalität der Arbeitenden stellt sich nur mit Hilfe der Einbildungskraft des Betrachters her.

Diese ästhetisierende Betrachtungsweise findet sich freilich nicht
zufällig im Roman Goethes. Sie steht im Einklang mit dem Schön-
heitsverständnis der Klassik. Für Kant, Schiller und Goethe war
Schönheit – trotz mancher Unterschiede – ein Produkt der Wechsel-
wirkung zwischen Subjekt und Objekt. Goethe schreibt daher in der
Campagne in Frankreich, daß das Schöne dann entstehe, „wenn wir
das gesetzmäßig Lebendige in seiner größten Tätigkeit und Voll-
kommenheit schauen, wodurch wir zur Reproduktion gereizt, uns
gleichfalls lebendig und in höchste Tätigkeit versetzt fühlen" (10,
338). Gerade auf diese Einheit subjektiver und objektiver Kompo-
nenten des Schönen zielt die Doppeldeutigkeit von Lenardos Erklärung: „Ich fand überhaupt etwas Geschäftiges, unwahrscheinlich
Belebtes, Friedliches in dem ganzen Zustand einer solchen Weberstube" (8, 349). Das Verb „finden" drückt auf der einen Seite subjek-
tives Empfinden aus („Ich fand es friedlich"), auf der anderen Seite
bezieht es sich auf etwas objektiv Vorhandenes (Er „fand" etwas
„Friedliches"). In den Augen des Autors Goethe kann es daher gar
kein Mangel sein, wenn sich die Schönheit der Hausindustrie-Idylle
in der Einbildungskraft manifestiert. Das ist ja gerade die Anforde-
rung, welche die Klassik an die Schönheit stellt.

Allerdings weicht Goethe in einem entscheidenden Punkt von den
Vorstellungen Schillers ab. Dessen Schönheitsbegriff setzt nämlich
voraus, daß tatsächlich ein schönes Objekt vorhanden ist, welches
in erster Linie durch Selbstbestimmung, Zweckfreiheit und innere

Harmonie gekennzeichnet ist. Es ist daher nur natürlich, wenn sich der Betrachter zu einem ästhetischen Objekt ästhetisch verhält. Dieses ästhetische Verhalten, das Spiel, hat als Ideal und Gegenbild zu den Notwendigkeiten und Zwängen der bürgerlichen Gesellschaft eine aktivierende Wirkung. Es erlaubt, die Wirklichkeit, wie sie ist, vom Standpunkt der Schönheit und Freiheit aus zu kritisieren. Ja, in Abwandlung eines Marcusezitats könnte man sogar sagen, es enthalte den kategorischen Imperativ: Die Wirklichkeit muß sich ändern.

Goethes Schönheitsbegriff dagegen bezieht alles „gesetzmäßig Lebendige" ein, das seinem Wesen nach vollkommen und tätig ist. Auf gesellschaftliche Verhältnisse angewandt, kann er so ohne weiteres für die Affirmation des Bestehenden gebraucht werden. Das zeigt sich deutlich an der Ambivalenz, mit der Goethe die Hausindustrie und das Maschinenwesen beurteilt. Solange die Hausindustrie als notwendig angesehen wird, kann sie als schön dargestellt werden, weil sie angeblich einen harmonischen Lebenszusammenhang der Arbeiterinnen gewährleistet. Das aufkommende Maschinenwesen hingegen wird als Bedrohung dieser Harmonie empfunden. Als jedoch immer deutlicher wird, daß sich das Maschinenwesen durchsetzen und der Hausindustrie den Garaus machen würde, braucht es nur den Vorwand, daß die Freunde selbst das Maschinenwesen einrichten würden, um die Stimmung im Roman radikal zu ändern. Das Maschinenwesen wird jetzt als etwas Positives gesehen, denn es wird als das Gesetzmäßige, das Notwendige begriffen. Kein Wort mehr davon, daß es den Lebenszusammenhang der Arbeiterinnen, nimmt man einmal an, daß er in der Hausindustrie tatsächlich erhalten war, mit Sicherheit zerstören wird.

Jedoch die Sprache ist verräterisch. In einem Nebensatz wird sichtbar, was mit dem Maschinenwesen eigentlich auf die Spinnerinnen und Weberinnen zukommt: „Die Bewohner des arbeitslustigen Tales *werden* auf andere, lebhaftere Weise *beschäftigt*" (8, 447). Nicht nur, daß sie keinen Einfluß auf die Art ihrer Arbeit haben, nun müssen sie auch noch schwerer arbeiten. Man beschäftigt sie in der entstehenden Industrie auf „lebhaftere Weise". Fast beiläufig entkleidet das unauffällige Verb „beschäftigen" die Arbeit allen ästhetischen und auch symbolischen Wertes, der ihr bei der Beschreibung der Hausindustrie noch zugeordnet wurde. Die Arbeit wird so als bloßes Mittel zum Leben, als Lebens*mittel* sichtbar.

Bloße Mittel waren Arbeit und Arbeiterinnen freilich schon in der von Lenardo gezeichneten Idylle. Allerdings dort in einem ästheti-

schen Zusammenhang. Lenardos Beschreibung legt den Schluß
nahe, daß er mehr an der ästhetischen Qualität des Ganzen interessiert ist als an den einzelnen Menschen, die sich in den Hütten der
Spinner und Weber befinden. Von denen nimmt er entweder nur bestimmte Teile ihrer selbst wahr („eine rechte Hand, die die Scheibe
dreht", „eine schöne Bewegung", „eine zierliche Wendung des
Körpers"), oder er schildert sie als Typen (der Großvater, die Nachbarn, junge Leute). Auf diese Weise entsteht ein ästhetisches Ganzes,
die Idylle, indem die einzelnen Teile in Hinsicht auf das Ganze ihren
Eigenwert und ihre Unabhängigkeit einbüßen.

Diese Sichtweise Goethes, die ein gegebenes und ästhetisch emp-
fundenes Ganzes gegenüber seinen Teilen überbewertet, kommt pa-
radigmatisch bei der Beschreibung der Hausindustrie zum Ausdruck. Sie ist typisch für die *Wanderjahre* und für seine
Altersanschauungen wohl repräsentativ. Das macht sich in seinem
Verständnis des Verhältnisses von Individuum und Gesellschaft bemerkbar. Genau wie Goethe die Hausindustrie und später das Maschinenwesen als gegeben und natürlich ansieht, beurteilt er die bürgerliche Gesellschaft insgesamt. So wird folgendes zustimmend über
Wilhelms Vater geäußert:

> Er sah die bürgerliche Gesellschaft, welcher Staatsform sie auch un-
> tergeordnet wäre, als einen Naturzustand an, der sein Gutes und sein
> Böses habe (8, 278).

Die Aufgabe des Individuums kann dann nur darin bestehen, sich
in diese natürlich existierende Ordnung einzupassen. Gerade darin
scheint trotz allem, was sich für Wilhelms Hinwendung zum Nützlichen in den *Wanderjahren* anführen ließe, die Bedeutung seines
neuen Bildungsziels zu liegen. Wolfgang Harich hat daher durchaus
recht, wenn er schreibt: „Wilhelms Übergang zur nützlichen Tätigkeit fällt unmittelbar mit seiner Anpassung zusammen."[11]

Der Prozeß des sich Einpassens ist im Roman mit der Spezialisierung und der Aufgabe all dessen verbunden, was für die Harmonie
der Gemeinschaft nicht von Nutzen ist. Allerdings wird das von
Goethe als notwendig empfunden und daher auch als gut und richtig
anerkannt. Es ist daher nur konsequent, wenn er lobt, was Schiller
in den *Ästhetischen Briefen* als das Grundübel, wenn auch als not-
wendiges Übel, der modernen Zeit bezeichnet hat: die Spezialisierung
und Zersplitterung des Individuums durch den Zwang der Arbeitsteilung im weitesten Sinne.

Es ist offensichtlich, daß von einer allgemeinen Bildung, von der

Entwicklung einer harmonischen Persönlichkeit, wie sie Wilhelm noch in den *Lehrjahren* anstrebte, keine Rede mehr sein kann. Montan, eine der Figuren im Roman, belehrt Wilhelm:

> Narrenpossen [...] sind eure allgemeine Bildung und alle Anstalten dazu. Daß ein Mensch etwas ganz entschieden verstehe, vorzüglich leiste, wie nicht leicht ein andrer in der Umgebung, darauf kommt es an (282).

Spezialisierung und praktische Nützlichkeit, gegen die sich Wilhelm anfangs so sträubte, werden nun zur erstrebenswerten Tugend. Die damit einhergehende Funktionalisierung und Beschränkung des Individuums stehen jedoch im Grunde gegen das Bildungskonzept der Klassik. Goethe begegnet diesem Widerspruch, indem er den Anspruch des Individuums auf Freiheit, Harmonie und Ausbildung aller Fähigkeiten, welcher diesem Bildungskonzept zugrunde lag, auf die gesamte Gesellschaft überträgt und das Ganze der Gesellschaft gegenüber den Teilen ästhetisch aufwertet.

Diese Sichtweise Goethes ist der Hegels strukturell verwandt. Was für Goethe das Natürliche der bürgerlichen Gesellschaft ist, bedeutet für Hegel die Notwendigkeit und Vernünftigkeit des Staates, dem sich die partikularen Interessen der Individuen unterzuordnen haben. Von der Freiheit des Individuums bleibt im besten Fall dessen Einsicht in die Notwendigkeit, im schlimmsten Fall eine „schwere und langwierige Zucht" durch den Staat. Das aber nur, wenn Hegels Postulat von der Übereinstimmung der individuellen Vernunft und der des Staates einmal nicht zutreffen sollte:[12]

> Aber im Staate bedarf es vieler Veranstaltungen, Erfindungen von zweckmäßigen Einrichtungen, und zwar von langen Kämpfen des Verstandes begleitet, bis er zum Bewußtsein bringt, was das Zweckmäßige sei, sowie Kämpfe mit dem partikularen Interesse und den Leidenschaften, einer schweren und langwierigen Zucht derselben, bis jene Vereinigung [des allgemeinen Interesses und der Privatinteressen] zustande gebracht ist.

Steht noch am Anfang der Überlegungen Goethes und auch Hegels der für die Periode der deutschen Klassik typische Versuch, die bloße Dualität von Subjekt und Objekt zu überwinden, um wenigstens theoretisch die Schöpferkraft des Individuums und dessen organisches Verhältnis zur Welt zu begründen, so bleibt als Resultat der Überlegungen das genaue Gegenteil. Die Betonung des gegebenen harmonischen Ganzen bei Goethe und der Totalität bei Hegel führt dazu, daß dem Individuum wenig Spielraum zugebilligt wird und daß daher der Einzelne an Bedeutung verliert.

Wie sehr die Bedeutung des Individuums gegenüber der Gesellschaft in den *Wanderjahren* sinkt, ist nicht nur an der Beschreibung
der Arbeiterinnen in der Hausindustrie abzulesen, sondern auch an
der Struktur des Romans. Während Wilhelm in den *Lehrjahren* noch
im Mittelpunkt des Romans stand, ist er in der Fortsetzung nur noch
einer von vielen. Das mag künstlerischer Vorsatz sein, verweist aber
im gewissen Sinne auch schon auf die Problematik der Verdinglichung des Individuums, auf seinen Warencharakter, der sich nur
dann einstellen kann, wenn man den Wert des Individuums an seiner
Nützlichkeit, an dem Wert seiner Arbeit für Zwecke außerhalb seiner selbst mißt. Wenn sich der Wert Wilhelms an der Nützlichkeit
seiner Arbeit ablesen läßt, dann wird er als Individuum austauschbar
und, wenn sich ein besserer Arzt einstellen sollte, potentiell überflüssig. Vielleicht schwang auch dieser Gedanke mit, als Goethe seinem Roman *Wilhelm Meisters Wanderjahre,* in dem er sich bemühte,
das Verhältnis von Mensch, Arbeit und Schönheit als weitgehend
harmonisch zu sehen, den Untertitel *Die Entsagenden* gab.

Anmerkungen

Zitiert wird nach folgenden Ausgaben: Friedrich Schiller, *Sämtliche Werke.*
Hrsg. von G. Fricke u. H. G. Göpfert (München,[3] 1963) Bd. 5. *Goethes
Werke.* Hrsg. von Erich Trunz u. a. (Hamburg,[6] 1964), Bde. 7 u. 8.

1 Eine Ausnahme bildet Heinz Schlaffer, Liebe und Arbeit. Goethes
  ,Bräutigam'. In: H. S., *Der Bürger als Held* (Frankfurt, 1973).
2 Nach Werner Conze ,,Arbeit". In: *Geschichtliche Grundbegriffe. Historisches Lexikon zur politisch-sozialen Sprache in Deutschland* (Stuttgart,
  1971 ff.), Bd. I, 169.
3 Jürgen Habermas, *Strukturwandel der Öffentlichkeit* (Neuwied,[3] 1968),
  S. 26 f.
4 Ebd.
5 Rolf Peter Janz, Zum sozialen Gehalt der ,Lehrjahre'. In: *Literaturwissenschaft und Geschichtsphilosophie. Festschrift für Wilhelm Emrich*
  (Westberlin, 1975), 329.
6 Habermas, S. 27.
7 Janz, S. 333.

8 W. H. Bruford, Goethe's ,Wilhelm Meister' as a Picture and a Criticism of Society. In: *Publications of the English Goethe Society*, N. S. 9 (1933), S. 20 ff.

9 Johann Wolfgang Goethe, *Gedenkausgabe der Werke, Briefe und Gespräche*. Hrsg. v. Ernst Beutler (Zürich, 1948), Bd. 12, 893.

10 Max Wundt, *Goethes ,Wilhelm Meister' und die Entwicklung des modernen Lebensideals* (Berlin, 1913) und Anneliese Klingenberg, *Goethes Roman ,Wilhelm Meisters Wanderjahre'* (Berlin/DDR, 1972).

11 Wolfgang Harich, *Jean Pauls Revolutionsdichtung* (Hamburg, 1974), S. 483.

12 Georg Wilhelm Friedrich Hegel, *Werke* (Frankfurt, 1970), Bd. 12, 39.

Peter Uwe Hohendahl

Soziale Rolle und individuelle Freiheit

Zur Kritik des bürgerlichen Arbeitsbegriffs in Fontanes Gesellschaftsromanen

I

Wo literarische Werke und abstrakte Begriffe, in unserem Fall die Kategorie Arbeit, aufeinander bezogen werden, wo also der Begriff zum Ausgangspunkt der kritischen Untersuchung wird, erinnert die Situation immer ein wenig an den bekannten Witz, in dem der betrunkene Zecher spät nachts seinen Schlüssel unter der Laterne sucht. Auf die Frage, ob er ihn denn unter der Laterne verloren habe, lautet seine Antwort: Nein, aber hier ist es heller. Daß der Begriff der Arbeit nicht nur in der Nationalökonomie, sondern auch in der Philosophie des deutschen Idealismus eine zentrale Stelle einnimmt, ist ein Gemeinplatz. Hegels *Rechtsphilosophie* bestimmt im § 196 die Vermittlung von partikulären Bedürfnissen der Menschen und ebenso partikulären Mitteln durch die Arbeit, „welche das von der Natur unmittelbar gelieferte Material für diese vielfachen Zwecke durch die mannigfaltigsten Prozesse spezifiziert".[1] Insofern als die Mitglieder der bürgerlichen Gesellschaft zum Zwecke der Befriedigung ihrer eigenen subjektiven Bedürfnisse voneinander abhängig sind, entsteht im Prozeß der Arbeit und der Arbeitsteilung etwas qualitativ Neues, nämlich der Umschlag der subjektiven Selbstsucht in „den Beitrag zur Befriedigung der Bedürfnisse aller anderen", dergestalt daß die Produktion für die übrigen Mitglieder der Gesellschaft ist.[2] Diese dialektische Bewegung, so schließt Hegel im § 199, begründet die Notwendigkeit des gesellschaftlichen Verhältnisses, das in der allseitigen Abhängigkeit aller liegt.

Es fehlt uns also nicht das Licht der Laterne, aber wie steht es mit dem Schlüssel? Auf den ersten Blick will es scheinen, als ob Theodor Fontanes Romane, die sich zweifellos mit der bürgerlichen Gesellschaft in der Epoche des Hochkapitalismus beschäftigen, hinter Hegels Einsicht zurückgefallen seien. Seine Gesellschaftsromane, so argumentierte 1964 Peter Demetz, stellen eine Welt ohne Arbeit dar:

„Man kassiert Renten, Mitgiften, Erbschaften, oder empfängt die Abrechnungen des Gutsinspektors; die schöne Arbeitslosigkeit ist weder von Streik noch von Baisse bedroht."[3] Durchaus konsequent möchte Demetz dann auch Fontanes Werk als frührealistisch einstufen, da in ihm die bürgerliche Welt des Handels und der Industrie nicht ernst genommen wird: „Fontane also, ähnlich wie die Schriftsteller des siebzehnten und achtzehnten Jahrhunderts, glaubt noch nicht an die artistische Würde der Arbeitswelt, wie sie das neunzehnte Jahrhundert so hartnäckig rühmte und zum Gegenstand epischer Studien erhob: Nichts liegt Fontane ferner, als im Sinne Julian Schmidts ,das deutsche Volk bei der Arbeit' zu suchen oder gar, wie es Gustav Freytag in *Soll und Haben* (1855) getan, die Tüchtigkeit der arischen Großhandelsfirma Schröter und Co. im Konflikt mit der jüdischen Konkurrenz zu heroisieren."[4] Der Vergleich ist gut gewählt, denn in der Tat konnte sich Fontane, als er Freytags Roman rezensierte, nicht mit dessen Antisemitismus noch mit der Heroisierung der bürgerlichen Arbeitswelt auf Kosten des Adels befreunden. Doch ist Fontanes Skepsis gegenüber der Arbeit nicht darauf zurückzuführen, daß er sich der Bedeutung von Arbeit in der bürgerlichen Gesellschaft verschließt und sich daher im Anschluß an ältere literarische Muster mit der Darstellung der guten Gesellschaft bescheidet. Gegen diese Vermutung spricht einmal, in welchem Maße diese gute Gesellschaft, also die Restbestände eines feudalen Lebensstils, in den Romanen problematisiert wird, und dagegen spricht nicht minder, wie Werner Hoffmeister neuerdings mit Recht geltend gemacht hat,[5] ein kritisches Interesse an der bürgerlichen, ja selbst kleinbürgerlichen Lebenswelt. *Mathilde Möhring* ist nicht, wie die bürgerliche Fontane-Kritik uns nahelegte, ein verunglückter Torso, sondern Teil einer umfassenden Gesellschaftsanalyse, der gleichberechtigt neben *Frau Jenny Treibel* und den *Poggenpuhls* steht. Richtig ist freilich, daß Fontane nicht gewillt war, die Selbstlegitimation des deutschen Bürgertums durch die Kategorie der Arbeit zu popularisieren. Die Gründe erläutert Fontane in seiner Besprechung von *Soll und Haben*. Sosehr er den Roman bewundert und literarisch überschätzt, so begreift er doch den Unterschied zwischen dem mittelalterlichen Bürgertum, das im Bereich der Stadt seine politische Herrschaft konstituierte, und dem modernen, postabsolutistischen Bürgertum, dem in Deutschland die Beteiligung am Politischen weitgehend versagt ist. „Unsere Mitbeteiligung am Regiment ist gering oder ist null, wir regieren nicht mehr, wir werden regiert. Daraus entsteht eine Beschränktheit in den großen Dingen des Lebens, ein Angewiesensein auf den engsten Beruf, das durch dilettantische Versuche auf allen Gebieten sich rächt."[6] Dieser gegen Freytag vorgebrachte Einwand, den Fontane dann widerlegen möchte, reflektiert aus der Perspektive des Nachmärz den politischen Charakter der Kategorie Arbeit. Während für das mittelalterliche Stadtbürgertum Arbeit und Herrschaft aus einer Wurzel hervorgehen, bleiben für die deutsche Bourgeoisie Ökonomie und Politik getrennt. Arbeit ist zu etwas Privatem geworden, aus dem politische Herrschaft nicht abzuleiten ist. Diese wird, wie Fontanes Einwand unterstreicht, durch den Staat ausgeübt. Und hier ist der Bürger Untertan. Wie sehr auch der frühe Fontane versucht, die Verherrlichung der privaten bürgerlichen Tugenden gegen den Einwand der Banalität zu verteidigen, so kann er doch den kategorialen Unterschied zwischen privatem und öffentlichem Bereich, zwischen Arbeit und Herrschaft nicht leugnen. Insofern der neuzeitliche Staat die politische Herrschaft monopolisieren konnte (in Preußen als Verwaltungsstaat), wird die Ökonomie, der Bereich der Arbeit, entpolitisiert. Dies ist die Sachlage, die Fontane kennt, dann aber nicht auf Freytag anwenden will. Fontane preist die menschlichen Qualitäten, die im Roman realisiert werden: Glaube, Sitte, Vaterlandsliebe, Freiheit und Loyalität.[7] Es entgeht ihm 1855 noch der ideologische Charakter dieser Werte, die als private Tugenden eingesetzt werden, wo der Bürger politisch unmündiger Untertan ist.

II

Zwischen diesem zwiespältigen Versuch einer Würdigung und Fontanes großen Gesellschaftsromanen liegen dreißig Jahre. Man darf diese Romane als eine Kritik des Freytagschen Modells auffassen. Man kann mit Demetz geltend machen, daß in Fontanes Romanwelten „Beruf, geregelte Tätigkeiten, alltägliche Verrichtungen [. . .] notwendig in die Enge [führen], in eine bedauernswerte Verengung, in die häßliche Verbildung des menschlichen Charakters."[8] Freilich ist Fontanes Abneigung gegen die Würde der Arbeitswelt weniger durch klassizistische Verspätung zu erklären als durch die Einsicht in den Charakter einer Gesellschaft, in der autoritäre und kapitalistische Züge sich in denkbar ungünstiger Weise vermischten. Die kapitalistische Industrialisierung in Verbindung mit halbabsolutistischen politischen Institutionen gab der von Hegel konstatierten allseitigen Abhängigkeit in Preußen ihren unfreien, repressiven Charakter. Der

Einzelne ist durch Schranken der Klassenzugehörigkeit, des Vermögens und der Bildung so determiniert, daß seine Identität mit der zugeschriebenen sozialen Rolle meist zusammenfällt. Unter diesem Gesichtspunkt erweist sich sogar der Unterschied zwischen der guten Gesellschaft und der Welt der kleinen Leute als sekundär. Denn bei Fontane sind die Grafen und Baroninnen den gesellschaftlichen Zwängen nicht weniger ausgesetzt als die Handwerker und Wäscherinnen. Instettens Spielraum, sofern er sich in seinem Milieu behaupten will, ist nicht größer als der der Witwe Pittelkow, die das Verhältnis mit dem Grafen Haldern gleichsam über sich ergehen läßt, weil sie ökonomisch keine andere Wahl hat. Fontanes ästhetische Sympathie für die Welt der oberen Zehntausend sollte uns nicht zu dem Schluß verleiten, er habe ausschließlich in diesem Milieu Vorbilder humaner Vollendung gesucht oder Möglichkeiten der Selbstverwirklichung erblickt. Auch die damit verbundene Ansicht, Fontane habe der bürgerlichen Lebenswelt nichts abgewinnen können, verzeichnet den Sachverhalt. Romane wie *Stine, Irrungen, Wirrungen* und vor allem *Mathilde Möhring* zeigen exemplarisch, daß Fontane durchaus in der Lage ist, die Welt der kleinen Leute ernst darzustellen, und gerade ohne die Verklärung, die das bedrängte Kleinbürgertum von seinem Porträt erwartete.

Die Welt der kleinen Leute in Fontanes Romanen ist nicht weniger differenziert als die des preußischen Adels. Da jeder Fall immer wieder ein besonderer ist, fällt es schwer, soziologische Kategorien in blanker Selbstverständlichkeit anzuwenden. Denn es ist nicht die schlichte Zugehörigkeit der Gestalten zu einer Klasse oder sozialen Gruppe, für die das Interesse des Lesers in Anspruch genommen wird, sondern die Verflochtenheit in einen gesellschaftlichen Zusammenhang, der jedes Gefühl, jede Willensäußerung, das moralische Urteil, das Lebensziel usw. prägt. Der Anspruch der Gesellschaft stellt sich in sehr verschiedener Weise als ökonomische Notwendigkeit, als konventionelle Moral, als soziale Tradition dar, aber jeweils so, daß die besonderen Bedingungen, denen sich eine Figur ausgesetzt sieht, auf ein identisches soziales Ganzes zurückweisen. Dieses dialektische Ineinandergreifen kommt bei Fontane gerade dort zum Ausdruck, wo die getrennten Klassen sich berühren. Wenn Lene Nimptsch in *Irrungen, Wirrungen* nicht den Mann heiratet, den sie liebt, so erklärt sich diese Situation aus dem ökonomischen Zwang, dem Botho von Rienäcker ausgesetzt ist. Um seinen gesellschaftlichen Status zu behaupten, muß er eine reiche standesgemäße Frau heiraten. Aber nicht nur für Botho, sondern auch für

Lene ist die Vorstellung, ihr Glück könnte in der Ehe von Dauer sein, nicht möglich. Die Gewalt der Verhältnisse ist so stark, daß bei ihr der Gedanke an eine Heirat nicht einmal aufkommt. Fontanes Menschen haben die Zwänge und Beschränkungen längst verinnerlicht. Die Identität des urteilenden und handelnden Subjekts ist niemals schlicht gegeben, sondern, wie Kurt Wölfel gezeigt hat,[9] immer schon mitbestimmt durch das, was Hegel als die „allgemeine Abhängigkeit" definiert. Das Subjekt hat auf die Institutionen und Konventionen, wie sie im Urteil der anderen sich niederschlagen, Rücksicht zu nehmen. Diese Entfremdung kann so weit gehen, daß das Individuum auf die Behauptung seiner Subjektivität verzichtet und sich in der sozialen Rolle auflöst. Jenny Treibel wäre ein solcher Fall, wo das Individuum vermeint, seine Subjektivität zu bewahren, während es in Wirklichkeit nur noch Reflex sozialer Faktoren ist. Noch deutlicher ist der Verlust der Reflexion, das Einswerden des Subjekts mit der sozialen Rolle, bei Mathilde Möhring. Sie sieht sich selbst wesentlich von außen. Die Frage, wer sie ist, beantwortet sie demgemäß in bezug auf ihren sichtbaren sozialen Status. So läßt Fontane einen Charakter entstehen, der vollkommen zweckrational handelt, selbst seine Gefühle kaltblütig einsetzt, um den sozialen Aufstieg zu erreichen. Auf die einfühlende Sympathie des Lesers wird hier keine Rücksicht genommen. Diese Rücksichtslosigkeit hat der Rezeption des Werkes geschadet. Da die Fontanegemeinde sich mit dieser Figur nicht identifizieren konnte, wurde dem Roman vergolten, daß die gesellschaftliche Welt, welche er präsentiert, an ästhetischen Reizen arm ist.

Fontane ist sich des Zusammenhanges von Arbeit, Einkommen und sozialem Status im konkreten Fall durchaus bewußt. Daß er es, ungeachtet seines schriftstellerischen Ruhmes, nie zu einem wirklich behaglichen Einkommen gebracht hat, hat ihn bis ins Alter bedrückt und gegenüber seiner Frau mit Schuldgefühlen erfüllt. Ihm blieb nicht verborgen, daß seine Verleger von seiner schriftstellerischen Arbeit mehr profitierten als er. Fontane hat sich mit dieser Ausbeutung abgefunden und die ökonomische Beschränkung wenn nicht als Tugend gepriesen, so doch als einen möglichen und brauchbaren Lebensstil ausgegeben. In einem Brief an seine Tochter vom 13. Mai 1883 verteidigt Fontane die darbende Pflichterfüllung gegen die Ansprüche der Empfängerin und ihre Unzufriedenheit mit der häufigen schlechten Laune der Mutter: „Nur mit dem Siege der Pflicht über die Neigung, nur dem Verzichtenkönnen, nur der Erkenntnis und dem Handeln danach [. . .], dieser, ich darf uns beiden das Zeugnis ausstellen, klugen und gewissenhaften Innehaltung bestimmter Normen verdanken wir es, daß wir ehrlich gelebt, unser Haus ordentlich bestellt und unsre Kinder anständig erzogen haben. Mamas Verdienste nach dieser Seite hin sind sehr groß; ich habe es mir sauer werden lassen, aber das Haushalten, das Auskommen mit dem mühvoll und spärlich Erworbenen ist schwerer und namentlich auch niederdrückender als das Erwerben selbst."[10] Dies ist die Stimme des bürgerlichen Hausvaters, der, kaum traut man es Fontane zu, das Sich-nach-der-Decke-Strecken als Sieg der Pflicht über die Neigung kantisch heroisiert. Fontane erfährt seine bürgerliche Existenz als eine ökonomische Zwangslage, in der die Selbstbehauptung Anpassungen und Einschränkungen fordert. Wie andere Briefe zeigen, ist er sich im klaren, daß er für diesen Lebenskampf nicht die optimalen Voraussetzungen mitbrachte (ohne Adel, keine Universitätsausbildung), und bewältigt diese ungünstige Situation durch eine Ethik der Selbstbeschränkung, die den schmerzhaften Anprall der Versagungen verringert. Der Zusammenhang von Arbeit und Glück, auf dem die Tochter in ihrem Brief wahrscheinlich insistierte (siehe Corinna in *Frau Jenny Treibel*), wird unterdrückt. Wie Fontane auch seinem Sohn Theodor verdeutlichen möchte, ist das Glück durch Arbeit nicht zu erwerben. Das Glück realisiert sich vielmehr in der Betrachtung, in der Freude an den Dingen, ohne daß man sie besitzen muß: Es „gilt doch vom Glück im ganzen dasselbe wie vom Gold: es liegt auf der Straße, und *der* hat's, der's zu finden und aufzuheben versteht".[11] Von einer anderen Seite nähert sich Fontanes Brief vom 13. März 1888 an seine Tochter der Frage. Hier unterstreicht der Schriftsteller skeptisch die Wertlosigkeit, ja Bedenklichkeit ökonomischer und gesellschaftlicher Erfolge und läßt neben der Natur nur noch Kunst und Wissenschaft gelten: „Wir haben nur das bißchen Kunst und Wissenschaft, das uns, in ehrlicher Arbeit, über uns erhebt und haben als Bestes – die Natur."[12] Denn in diesen Bereichen, die für Fontane von der sozialen Praxis abgehoben sind, kann der Mensch sich noch verwirklichen; freilich nur solange, als er auf den ökonomischen Erfolg seiner Arbeit nicht sieht. So entsteht zwischen dem Schriftsteller und dem Bürger Fontane ein Hiat. Während Fontane als *homo oeconomicus* mit dem vollen Wert seiner Arbeit nicht rechnen darf, den Mechanismen des literarischen Marktes ausgesetzt ist und dies auch als logisch anerkennt, darf der Künstler Fontane sich in seiner Arbeit realisieren und diese Tätigkeit auch als sein Glück begreifen, indem er beim Schreiben davon absieht, daß er auch für den literarischen Markt produziert.

III

Bisher wurde die Dialektik von Gesellschaft und Individuum skizziert, aber nicht gezeigt, in welcher Weise die Kategorie der Arbeit für diesen Zusammenhang wesentlich ist. Wie verstehen wir das von der Fontane-Forschung mehrfach beobachtete Verdrängen von produktiver Arbeit? Das Phänomen ist unschwer nachzuweisen. Der Fabrikant Treibel wird nicht bei der Arbeit gezeigt: wir lernen weder sein Kontor kennen noch die Fabrik mit ihren Arbeitern und Angestellten. Es genügt Fontane offenbar, daß Treibel wohlhabend ist und sich den Luxus einer aufwendigen Lebensform leisten kann. Während der gesellschaftliche Status des Kommerzienrates durch die Figurenkonstellation höchst subtil entfaltet wird, bleibt der ökonomische Hintergrund blaß und abstrakt. Das Gleiche gilt für die preußischen Gutsbesitzer und Offiziere. Über das Verhältnis von Gutsherr und Arbeiter, über die tägliche Routine des militärischen Dienstes in der Kaserne gehen die Romane schweigend hinweg. Dürfen wir aus diesen Beobachtungen schließen, daß Arbeit für Fontanes Romane unwesentlich ist, daß Fontane sie mit einem negativen Vorzeichen versah, weil sie mit der Welt der kleinen Leute verknüpft ist? Eine eindeutige Antwort auf diese Frage ist nicht möglich, weil sie zwei Aspekte enthält – einmal die Frage nach der Bedeutung von Arbeit, zum anderen die Frage nach ihrem Wert. Der Zusammenhang dieser beiden Aspekte ist hypothetisch folgendermaßen zu formulieren: Die negative Einstellung zur Arbeit in Fontanes Werk, die sich nicht selten als Verdrängung äußert, verweist auf die Bedeutung dieser Kategorie für Fontanes fiktionale Welten. Das angebliche Verschwinden der Arbeit folgt den gesellschaftlichen Prozessen. Nicht die Tätigkeit der Produktion kommt in den Blick, sondern ihr Ergebnis, und dieses wiederum nicht durch das Produkt, sondern durch die gesellschaftliche Konsequenz. Der Roman *Frau Jenny Treibel* schildert das soziale und kulturelle Verhalten der Bourgeoisie und nicht die Farbherstellung. Gleichermaßen werden nicht landwirtschaftliche Tätigkeiten in *Effi Briest* oder im *Stechlin* präsentiert, sondern die Lebenswelt des preußischen Adels. Die in dieser fiktionalen Lebenswelt geleistete Arbeit ist so weit verdinglicht, daß sie gänzlich unsichtbar geworden ist. Das heißt freilich nicht, daß sie bedeutungslos ist. Gerade als eine abstrakte, unpersönliche Voraussetzung nimmt sie oft zwingende Gewalt an. In *Irrungen, Wirrungen* stellt sich die Entscheidung für Botho von Rienäcker so dar, daß er zwischen Lene und Käthe von Sellenthin zu wählen hat. Um seine Familie und sich selbst vor dem wirtschaftlichen Untergang zu retten, entschließt er sich, die reiche aber ungeliebte Käthe zu heiraten. Es ist die Fontanesche Entscheidung zwischen Pflicht und Neigung, die mit Kants Imperativ, wie Wölfel mit Recht angemerkt hat,[13] nichts mehr zu tun hat. Was Botho sich bei seinen Überlegungen nicht verdeutlicht, ist die Tatsache, daß seine Wahl ein unauflösbares Problem nur deshalb ist, weil die ökonomische Situation seiner Klasse infolge der Agrarkrise ungünstig ist. Verdinglichte Arbeit berührt das Schicksal der Figuren, ohne daß sie diese abstrakten Zusammenhänge noch durchschauen können.

Diejenigen Romane, die der guten Gesellschaft gewidmet sind, konzentrieren sich, um eine Unterscheidung von Jürgen Habermas einzuführen, auf den Bereich des kommunikativen Handelns, während der Bereich des zweckrationalen Handelns in den Hintergrund tritt. Unter kommunikativem Handeln versteht Habermas symbolisch vermittelte Aktion: „Sie richtet sich nach obligatorisch *geltenden Normen*, die reziproke Verhaltenserwartungen definieren und von mindestens zwei handelnden Subjekten verstanden und anerkannt werden müssen."[14] Wer sich in Fontanes Romanwelten nicht so verhält, wie es die Gesellschaft erwartet, löst Sanktionen aus, die den Einzelnen als schmerzhaften Zwang betreffen. Darin unterscheidet sich die Oberklasse nicht von den kleinen Leuten. Dort freilich, wo Fontane die Welt der kleinen Leute präsentiert, wird die andere Seite gesellschaftlicher Organisation, das zweckrationale Handeln, sichtbar. Die Arbeit rückt den Menschen hier auf den Leib. Da sie ein Vermögen nicht besitzen, sind sie darauf angewiesen zu arbeiten. Diese ökonomische Notwendigkeit wird als ein Schicksal angenommen, das mit Haltung zu bestehen ist.

Diese Einstellung unterscheidet sich signifikant vom Frührealismus; und man braucht hier nicht nur an Freytags *Soll und Haben* zu denken. Auch in Gottfried Kellers Novellen hat Arbeit einen entschieden positiveren Charakter. In der Novelle *Die drei gerechten Kammacher* präsentiert Keller drei scheinbar mustergültige Handwerker, die so arbeitswillig und bedürfnislos sind, daß sie, zum Äußersten getrieben, sogar ohne Entgelt arbeiten wollen. Was es freilich mit diesen Männern auf sich hat, erläutert sogleich der erste Absatz der Geschichte: Solche Gerechtigkeit, „welche niemandem zuleid lebt, aber auch niemandem zu Gefallen, wohl arbeiten und erwerben, aber nichts ausgeben will und an der Arbeitstreue nur

einen Nutzen, aber keine Freude findet."[15] Als exemplarische Erzählung folgt dann die Geschichte der drei Kammacher, die nur ans
Sparen denken, um schließlich das Geschäft des Meisters erwerben
zu können. Ihre Menschlichkeit ist eingeschrumpft auf den Zusammenhang von Arbeit und Geld. Weder haben sie Freunde noch
kümmern sie sich um Frauen. Bezeichnenderweise kommt ihr ge-
meinsames Interesse an Züs Bünzli erst zum Vorschein, als deren
bescheidenes Vermögen zu einem Faktor ihrer Kalkulationen wird.
Dem Gemeinwesen, in dem sie leben, stehen sie fremd gegenüber.
Wohl nicht zufällig sind sie zugewanderte Reichsdeutsche, die den
beschränkten politischen Horizont eines unterdrückten Landes verinnerlicht haben. Für Gottfried Keller ist Tätigkeit ein wesentlicher
Bestandteil des bürgerlichen Lebens – aber eben nur ein Teil. Sobald
sie sich verselbständigt und als ökonomische Produktion von der
sozialen Praxis ablöst, sobald also kommunikatives und instrumen-
tales Handeln auseinanderfallen, unterliegt sie der moralisch-politi-
schen Kritik. Dieser Zusammenhang wird exemplarisch im *Fähnlein
der sieben Aufrechten* entfaltet, wo die Lebenswelt der Handwerker
noch einmal in ihrer vorkapitalistischen Struktur gezeigt wird.[15a]
Für die sieben Handwerker, die sich als „Aufrechte" zusammenge-
schlossen haben, ist körperliche Arbeit die Grundlage ihres Lebens.
Nicht nur in dem prosaischen Sinn, daß sie auf diese Weise ihren Lebensunterhalt verdienen. Sie sind stolz auf das, was sie schaffen. In
ihren Produkten können sie sich verwirklichen. Am Profit sind sie,
mit Ausnahme von Frymann, nur so weit interessiert, als er für die
eigenen Bedürfnisse notwendig ist. In ihrem Kreis macht es daher
keinen Unterschied, ob man reich ist wie Frymann oder arm wie der
Schneider Hediger. Denn bewertet werden die Menschen danach,
wie sie ihren praktischen, das heißt auch politischen Aufgaben gerecht werden. Und in dieser Hinsicht erweist sich Hediger trotz seiner Vermögenslosigkeit als gleichwertig, da er seine bürgerlichen
Pflichten so gut erfüllt wie seine Freunde. Dieser politische Aspekt
ist für die semantische Struktur des Textes ausschlaggebend. Die sieben Aufrechten sind eben nicht nur tüchtige Handwerker, sondern
gleichzeitig wehrhafte Republikaner, das heißt radikale Demokraten, die für die politische Emanzipation der Schweiz gestritten haben. Für sie gehören handwerkliche Arbeit, moralisch-bürgerliche
Rechtschaffenheit und politische Freiheit unauflöslich zusammen.
Bei Keller ist diese Lebenswelt gefährdet, sobald ihr das Fundament
der handwerklichen oder bäuerlichen Arbeit fehlt. An zwei Figuren
werden die gesellschaftlichen Wandlungen vorgeführt: auf der einen

Seite Hedigers Sohn Karl, auf der anderen der Bauspekulant Ruckstuhl. Karl übt nicht mehr einen handwerklichen Beruf aus, er ist vielmehr bei der Regierung als Schreiber angestellt. Dem alten Meister erscheint die „Federfuchserei" als eine bedenkliche Neuerung, aus der unmoralische Ansprüche erwachsen müssen. Hediger erklärt im Gespräch mit den Freunden: „Ich kann euch versichern, ich erschrecke jedesmal, wenn einer [seiner Söhne] mit einer feineren Zigarre mir ins Haus kommt! Wird er nicht dem Luxus und der Genußsucht anheimfallen? denke ich. Sehe ich eine der jungen Frauen mit einem neuen Kleid einherziehen, so fürchte ich, sie stürze den Mann in üble Umstände und Schulden."[16] Diese jakobinische Luxuskritik wird in der Novelle gründlich widerlegt. Hedigers Festhalten an altbürgerlicher Ehrbarkeit, die den Genuß als feudales Laster perhorresziert, erweist sich als lebensfremd, denn der eigene Sohn besitzt, wie sich auf dem Schützenfest herausstellt, die gleichen bürgerlich-politischen Tugenden wie der Vater. Durch seine Rede wie durch seine Meisterschaft als Schütze beweist er seine Vollgültigkeit als Citoyen. Mehr noch: durch List entlarvt er den Rivalen Ruckstuhl, der sich, gefördert durch Meister Frymann, eine vorteilhafte Ehe mit Hermine Frymann ausgemalt hatte. Kellers Charakteristik dieses Gegenspielers unterstreicht den Zusammenhang von Arbeit und Rechtschaffenheit: „Seines Zeichens ein Buchbinder, arbeitete er seit geraumer Zeit keinen Streich mehr und lebte aus den in die Höhe geschraubten Mietzinsen alter Häuser, die er mit Geschick und ohne Kapital zu kaufen wußte."[17] Mit diesem Spekulationsgeist tritt ein fremdes, korrumpierendes Element in Kellers Welt. Ruckstuhl nutzt die Veränderungen des Marktes zu seinem Vorteil aus. Nicht daß er andere Menschen für sich arbeiten läßt und den Mehrwert dieser Arbeit für sich abschöpft, macht ihn bei Keller so fragwürdig, sondern daß er den Wert der Arbeit nicht mehr begreift, daß er folglich auch in der sozialen Praxis, als Ehemann und Familienvater unzuverlässig ist. Karl Hediger baut seinen Plan auf das Geltungsbedürfnis seines Opponenten und entlarvt dessen Hohlheit, indem er ihn zum exzessiven Genuß verleitet. Wenn am Schluß der Novelle, nach dem bewährten Schema der Komödie, das getrennte Liebespaar über die feindlichen Widerstände triumphiert, bedeutet dies, daß der republikanische Rigorismus mit der neuen, gewandelten Lebenssituation versöhnt wird. Diese harmonische Synthese, durch die *Das Fähnlein der sieben Aufrechten* zu einer patriotischen Musternovelle wurde, war freilich eine Verklärung, welcher die reale Geschichte nicht folgen sollte. Hedigers Warnung vor dem kapitalistischen Reichtum, sein Lob des beschränkten Wohlstandes („Glücklicherweise gibt es bei uns keine ungeheuer reichen Leute, der Wohlstand ist ziemlich verteilt"[18]) wird nicht kritisch widerlegt, sondern nur durch die emphatische Verteidigung der demokratischen Gesinnung in Karls Festrede zum Schweigen gebracht.

In Kellers letztem Roman, dem *Martin Salander* (1886), wird die Konstellation erneut aufgegriffen, freilich nicht mehr harmonisch aufgelöst. Wiederum ist es der Gegensatz von Arbeit und Scheintätigkeit, Ehrlichkeit und Korruption, politischem Engagement und ideologischem Opportunismus, der die Entwicklung der Handlung bestimmt. An die Stelle des dümmlichen, noch leicht zu überlistenden Ruckstuhl sind die Brüder Weidelich getreten, denen es fast mühelos gelingt, die Gesellschaft zu täuschen, ja selbst den erfahrenen Martin Salander durch ihre formale Bildung zu beeindrucken. Noch einmal greift Keller zum Mittel des Kontrasts: auf der einen Seite die alte Generation, die ihr Vermögen durch ehrliche Arbeit erworben hat und von dort her ihren Anspruch auf politische Beteiligung ableiten kann, auf der anderen Seite die junge, die den Boden unter den Füßen verloren hat. Isidor und Julian Weidelich entscheiden sich gegen den handwerklichen Beruf ihres Vaters, mit dem dieser zu bescheidenem Wohlstand gekommen ist. Von einer ehrgeizigen Mutter gefördert, erwerben sie eine höhere Schulbildung, die ihnen den Zugang zu öffentlichen Ämtern eröffnet. Doch statt dem öffentlichen Wohl zu dienen, unterschlagen und betrügen sie. Es geht Keller nicht darum, diesen Lebensweg realistisch-psychologisch zu entfalten; gemeint sind diese Charaktere als Kontrastfiguren zu Martin Salander und seiner Familie, Figuren, an der die Gefahren der Schweizer Gründerzeit dargestellt werden. Denn Salander ist selbst schon Teil dieser neuen Gesellschaft, in der handwerkliche Tätigkeit nicht mehr geachtet wird. An die Stelle der manuellen Arbeit, die auch immer das Interesse am bearbeiteten Gegenstand einschließt, ist das abstrakte Geschäft getreten. Es entstehen undurchsichtige Verhältnisse, wo zwischen dem ehrlichen Geschäftsmann und dem Betrüger nicht mehr leicht zu unterscheiden ist. Die Differenz zwischen Salander und Wohlwend zum Beispiel beruht mehr auf der moralischen Gesinnung als auf der Tätigkeit selbst. Es ist der Gegensatz von angemessenem Profit auf der einen Seite und bedenklichen Transaktionen auf der anderen. Bezeichnenderweise bleibt Kellers Darstellung von Salanders Geschäften in der Schweiz und Brasilien vage. Das kritische Interesse des Romans gilt nicht so sehr der Arbeit selbst als der moralischen Bewältigung einer veränderten

Lebenssituation, deren Struktur nicht mehr durchschaut wird. Insofern als der von Keller stipulierte Zusammenhang von Arbeit, Moral und politischer Praxis sich unter dem entwickelten Kapitalismus gelöst hat, insofern als die liberale Öffentlichkeit, auf die die frühere Novelle noch vertraute, nicht mehr problemlos funktioniert (Kritik des Parlamentarismus im *Martin Salander*), verengt sich die Kritik auf die Moral als den Bereich, in dem das Individuum noch autonom zu sein scheint. In Arnold Salander stellt Keller den jungkonservativen Sohn dar, der auf die Verirrungen der Zeit mit einem Programm solider Selbstbeschränkung antwortet: „Wollen wir in der Tat kleine Nabobs werden, die entweder ihr Leben ändern oder den weit über ihre Bedürfnisse reichenden Mammon ängstlich vergraben müssen und in beiden Fällen vor sich selbst lächerlich sind? Zudem bist Du ja Politiker und Volksmann, ich bin meines Zeichens Geschichtsfreund und Jurist; es steht also uns beiden besser an, wenn wir in schlicht bürgerlichen Verhältnissen und Gewohnheiten bleiben, wie du es bis jetzt so musterhaft getan hast."[19] So entsteht am Schluß der Eindruck, als ob es im Belieben des Einzelnen stehe, das Geschäft zu erweitern oder nicht: Durch Bescheidung sollen die Auswüchse der Gründerzeit überwunden werden.

IV

Eine vergleichbare Konstellation und Lösung ist bei Fontane bereits undenkbar. Kellers Kritik des Kapitalismus bemerkt die professionelle Spezialisierung und das Abstraktwerden der Verhältnisse, doch hält sie an der moralischen Autonomie des Individuums fest. Das gilt auch noch für den *Martin Salander*, in dem die Lösung der früheren Novelle skeptisch zurückgenommen wird. Der Charakter der Kellerschen Gestalten zeigt sich daran, ob sie den Verlockungen der neuen Produktionsverhältnisse widerstehen oder nicht. Die gesellschaftliche Determination geht auch im *Martin Salander* nicht so weit, daß die Möglichkeit der Entscheidung entfällt, daß das Individuum seine Situation in der Gesellschaft als unausweichlichen Zwang erfährt. Insofern ist Arbeit auch in Kellers spätem Roman immer mehr als Mittel der Selbsterhaltung. Selbst in ihrer abstrakten kapitalistischen Gestalt bleibt sie die Voraussetzung einer freien politischen Gemeinschaft. Wenn Fontane die kleinbürgerliche Welt als einen Lebensraum darstellt, ist von dieser moralischen Autonomie nicht mehr die Rede. Das Beispiel des 1891 entstandenen Romans

Mathilde Möhring (veröffentlicht 1906) ist in unserem Zusammenhang besonders aufschlußreich, weil hier das kleinbürgerliche Milieu im Mittelpunkt steht, während die gute Gesellschaft, der sich die Heldin nähern möchte, nur gestreift wird. Werner Hoffmeister hat als erster nachgewiesen,[20] mit welchen subtilen Mitteln Fontane den sozialen Kosmos dieser Welt aufbaut, wie das, was auf den ersten Blick als eine Menge von identischen Teilen erscheint, sorgfältig gegliedert ist. Die gesellschaftliche Stufenleiter, auf der die entschlossene Heldin ihre Ansprüche mit Energie und Geschick vertritt, reicht von der Putzfrau bis zum aristokratischen Landrat. Ähnlich wie Kellers gerechte Kammacher ist Mathilde ausschließlich mit ihren privaten Interessen beschäftigt und zögert nicht weniger als die Handwerksgesellen, andere Menschen zu diesem Zweck zu manipulieren. Doch während Keller bereits im ersten Ansatz der Novelle dem Leser verdeutlicht, wie er die Geschichte verstanden wissen will, ist Fontanes Intention weniger sinnfällig. Auch die neuere Kritik hat keinesfalls zu einem Konsens der Auffassung geführt. Während Hans-Heinrich Reuter[21] und Hoffmeister trotz mancher Differenzen in der Deutung der gesellschaftlichen Situation gemeinsam die Emanzipation der Heldin hervorheben, diese also als eine wesentlich positive Figur betrachten, begreift Günther Mahal Mathilde Möhrings sozialen Aufstieg als eine distanzierte Studie Fontanes, die jede Sympathie mit der Heldin bewußt ausschließt.[22] Mahal argumentiert, daß die Emanzipation erkauft wird „um den Preis einer Verkürzung des Humanen".[23] In der Auseinandersetzung mit Reuter besteht Mahal darauf, daß Mathilde Möhring als Modell weiblicher und gesellschaftlicher Emanzipation unbrauchbar sei. Auf die Ursachen dieser widersprüchlichen Deutungen werde ich später zurückkommen.

Wie bei den meisten Spätwerken Fontanes reduziert sich die Geschichte auf ein Minimum. Mathilde Möhring, die Tochter eines verstorbenen Buchhalters, verlobt sich mit dem Jurastudenten Hugo Großmann, der in der bescheidenen Wohnung ihrer Mutter in der Georgenstraße in Berlin ein Zimmer gemietet hatte. Mathilde begreift die Anwesenheit des verbummelten Studenten aus gutbürgerlichem Haus als ihre Gelegenheit, um aus dem beschränkten kleinbürgerlichen Milieu herauszukommen. Zielstrebig bringt sie den trägen Verlobten durch das juristische Examen und verschafft ihm eine Stellung als Bürgermeister im westpreußischen Woldenstein. Der Erfolg ist von kurzer Dauer. Als der Ehemann an einer Lungenentzündung stirbt, kehrt sie nach Berlin zurück und wird Lehrerin.

Über ihre berufliche Arbeit heißt es: „Sie ging mutig ans Werk, hatte frischere Farben als früher und war gekleidet wie an dem Tage, wo sie von Woldenstein wieder in Berlin eintraf. [. . .] Das seitens der Schuldeputation in sie gesetzte Vertrauen hat sie gerechtfertigt."[24]

Alle bisherigen Deutungen des Romans gehen davon aus, daß die einzelnen Teile sich zu einem organischen Ganzen runden. Mir scheint, daß diese nie hinterfragte Voraussetzung dafür verantwortlich ist, daß ein Konsensus über die Botschaft des Romans nicht erreicht werden konnte. Die verschiedenen Interpretationen haben jeweils ihr Moment an Wahrheit, insofern sie bestimmte Aspekte des Textes in den Vordergrund rücken und dann die determinierende Bedeutung eben jener Aspekte unterstellen. Dagegen wäre die Möglichkeit zu erproben, inwieweit durch die Verknüpfung verschiedener Motive und Themen ein widersprüchlicher Text entstand, dem Fontane möglicherweise aus diesem Grund die Veröffentlichung verweigerte. Die Komposition des Romans beruht auf einer Reihe von Gegensätzen, aus deren Relation zueinander sich allererst die Struktur des Ganzen ergibt. Die strukturierenden Gegensatzpaare sind aus anderen Romanen Fontanes vertraut: die gesellschaftliche wie charakterliche Mesalliance, die Opposition von Tüchtigkeit und Lebensschwäche, der Kontrast des kleinbürgerlichen und des elitären Milieus, und schließlich der Gegensatz von Leistungsethik und ästhetischer Muße. Im wesentlichen verteilen sich die gegensätzlichen Elemente auf die beiden Hauptfiguren. Sosehr Mathilde Möhring im Zentrum des Romans steht, so darf Hugo Großmann als kontrastierende Gestalt nicht unterschätzt werden. Thematisch vertritt er die Seite des Lebens, die, wie Reuter mit Recht hervorgehoben hat,[25] für Fontane biographisch nicht unwichtig war. Seine Lebensuntüchtigkeit, die sich im Denken wie im Handeln nur allzu sehr zeigt, geht Hand in Hand mit ästhetisch-literarischen Neigungen. Statt für das Examen zu pauken, liest er Schillers Dramen und vertieft sich in englische Romane. Diese ästhetischen Interessen, die Hugo mit dem ausgeflippten Studenten Rybinski und seiner Bohemewelt verbinden, weisen auf einen Bereich, dem Mathilde ablehnend gegenübersteht. Für sie ist diese Lektüre eine nutzlose Beschäftigung, die erst dann einen Zweck erhält, wenn sie die Form gesellschaftsfähiger und den sozialen Status hebender Bildung annimmt. In diesem Sinn steuert sie nach der Verlobung Hugos gefährlichen Neigungen, bis die berufliche Karriere gesichert ist.

Von allen weiblichen Gestalten Fontanes ist Mathilde Möhring zweifellos die bürgerlichste – in ihrer Bürgerlichkeit konsequenter als Jenny Treibel, die sich als poetisches Gemüt mißversteht und erst angesichts der konkreten Bedrohung ihre ökonomischen Interessen hartnäckig und erfolgreich verteidigt. Mathilde kann sich in ihrem kleinbürgerlichen Milieu als *filia hospitalis* nicht einmal den Luxus des Poetischen erlauben. Für ihre Form der Rationalität ist das Leben eine Kalkulation, in der man zu den richtigen Ergebnissen gelangt, wenn man die Fakten richtig einsetzt und die entsprechenden Schlüsse aus ihnen zieht. Man muß die Logik der Gesellschaft kennen und sie sich zu eigen machen. Mathilde ist pragmatisch und berechnend, kennt ihre Ziele und weiß die entsprechenden Mittel richtig zu wählen: bürgerliche Rationalität im Kleinformat, aber nicht ohne eine gewisse Größe in der Konsequenz. Ihre Berliner Lebenswelt mag eng sein, doch genügt dieser kleine Ausschnitt, um das Ganze zu verstehen. Auch unter veränderten Bedingungen, in Woldenstein als Gattin des Bürgermeisters, kann sie ihren Erfolg fortsetzen, weil sie die Bedürfnisse und Schwächen der Mitmenschen richtig einzuschätzen versteht – die Eitelkeit des Landrats, die ökonomischen Interessen der Kaufleute, das komplizierte Verhältnis der Konfessionen usw. Mathilde setzt sich durch, weil sie durchschaut, wie die sie umgebende Gesellschaft funktioniert, und weil sie (die nicht zu vergessende andere Seite) diese Ordnung auch für sich anerkennt. Zu Beginn des 17. Kapitels gibt der Erzähler folgenden Kommentar: „Zu Thildens besondren Eigenschaften gehörte von Jugend auf die Gabe des Sichanpassens, des Sichhineinfindens in die jedesmal gegebene Lage."[26] So kann sie den Rückschlag nach dem plötzlichen Tod Hugos ohne emotionale Schwierigkeiten verarbeiten und sich auf den *status quo ante* wieder einstellen. Aus dieser Fähigkeit der sozialen Disziplinierung erwächst ihr die Kraft, einen neuen Beruf zu wählen und sich in ihm durchzusetzen. Was sie von Jenny Treibel trennt, ist nicht nur der unterschiedliche soziale Status. Im Gegensatz zur Kommerzienrätin begreift sie nüchtern ihren eigenen Sozialcharakter und seinen Zusammenhang mit dem Milieu, in dem sie aufwuchs. Ihre Selbsteinschätzung lautet: „Von Natur bin ich geradeso wie Mutter, sie berechnet immer, was es kostet, und ich rechne mir den Vorteil aus."[27] Wenn in einer antagonistischen Klassengesellschaft die eigene Existenz permanent gefährdet ist, bleibt für das Schöne, Gute und Wahre nicht viel Raum. So weiß Mathilde Möhring genau, wer sie ist, aber sie kennt ihr Selbst nicht. Im Falle von Jenny Treibel besteht ein Widerspruch zwischen dem eigenen Anspruch auf humane Bildung und dem tatsächlichen Handeln, das ökonomisch motiviert ist. Sie durchschaut ihre eigenen Motive nicht. Mathilde hingegen kennt ihre eigenen Motive, wie sie die Motive und Interessen der anderen durchschaut. Ihr Scharfblick erreicht freilich dort seine Grenze, wo die Totalität der Gesellschaft in den Blick kommt. Sie kann sich eine andere Gesellschaftsordnung nicht einmal vorstellen; die vorgefundene Realität ist für sie Realität schlechthin. Daher bezieht sich auch ihr Wille aufzusteigen immer nur auf die gegebene Gesellschaftsordnung, deren Normen sie für sich anerkennt. So wie sie die anderen beurteilt, weiß sie sich ständig beobachtet und beurteilt. Dem Urteil der Umwelt kann sie sich nicht entziehen, den sozialen Mechanismus der intersubjektiven Kontrolle nicht hinterfragen. Täte sie es, verlöre sie die pragmatische Sicherheit im Umgang mit der sozialen Wirklichkeit. So bleibt sie sich bei allem Scharfsinn auch wieder ganz fremd. Der Zugang zur eigenen Subjektivität ist ihr verstellt durch die von außen auferlegte soziale Rolle.

In der Sprache des Dialogs verrät sich diese Entfremdung vor allem. Dort wo Mathilde die Rolle der Dame aus guter Familie spielt, gebraucht sie die dazu passenden Formeln, die zu ihrem rechnenden Ich nicht passen wollen. So in der Unterhaltung mit der Mutter, die ihr nahelegt, nach dem Tod des Gatten den Mädchennamen wieder anzunehmen: „Was denkst du dir nur? Ich bin kein Fräulein und habe meinen Stolz als Frau und Witwe, wenn ich auch kein Pfand seiner Liebe unterm Herzen trage."[28] Oder in der Unterhaltung mit dem Landrat: „Ich darf sagen, daß die Reden des Fürsten [Bismarcks] erst das aus mir gemacht haben, was ich bin. Es ist so oft von Blut und Eisen gesprochen worden. Aber von seinen Reden möchte ich für mich persönlich sagen dürfen: Eisenquelle, Stahlbad. Ich fühlte mich immer wie erfrischt."[29] Solche Sprechblasen verweisen in der Tat schon auf Sternheims Figuren aus dem „bürgerlichen Heldenleben".

Die bürgerliche Lebenswelt Mathilde Möhrings und Hugo Großmanns ist eine Welt des Müssens: Normen und Konventionen schreiben das Verhalten vor. Während Mathilde diese Forderungen verinnerlicht hat, kann sich Hugo wenigstens andere, reizvollere Möglichkeiten vorstellen. Er leidet an dem Widerspruch zwischen der bürgerlichen Anständigkeit, der er entstammt und auf die hin er studiert, und der Welt der Literatur, in der das Leben so viel interessanter ist. Gerade gegen den Kernbereich bürgerlichen Denkens, gegen die Rechtfertigung des Lebens durch Arbeit, hegt er eine natürliche Abneigung. Wenn er sich mit Mathilde verlobt, ruft er die verkörperte bürgerliche Ideologie zu Hilfe, um sich auf den rechten Weg bringen zu lassen: „Es ist ein merkwürdiges Mädchen [...] nicht eigentlich schön, wenn man sie nicht zufällig im Profil sieht, aber klug und tapfer, ich möchte sagen, ein echtes deutsches Mädchen, charaktervoll, ein Wesen, das jeden glücklich machen muß, und von einer großen Innerlichkeit, geistig und moralisch. Ein Juwel."[30] Dieser Monolog hat eine doppelte Funktion. Er zeigt durch seine sprachlichen Klischees, daß Hugo für bare Münze nimmt, was Mathilde ihm vorgespielt hat, und er enthält die Legitimation einer Verbindung, die Hugos wirklichen Neigungen nicht entspricht, denn diese ziehen ihn mehr zum Theater und zur „Tochter der Luft" als zum „echten deutschen Mädchen", das heißt der bürgerlichen Hausfrau. Durch die gesellschaftliche Mesalliance ruft er sich zur moralischen Ordnung zurück und unterwirft sich in der Person der Verlobten dem bürgerlichen Arbeitsethos. Mathilde erinnert ihn, der die Muße liebt, an die gesellschaftlichen Zwänge: „Ich bin auch für Sichputzen und für Vergnügen. Aber mit Arbeit muß es anfangen. Daß wir arme Leute sind, weißt du, und daß du nicht reich bist, weißt du auch. Zweimal null macht null."[31] Um sich als Verlobter und künftiger Ehemann auszuweisen, hat Hugo zunächst das Examen zu bestehen: „Verlobt sind wir, das heißt also, wir wollen doch mal heiraten und in eine christliche Ehe eintreten. Darum muß ich bitten. Komme mir nicht so mit bloß drüberhin. Dafür bin ich nicht. Alles muß sein Vergnügen haben, aber auch seinen Ernst."[32] Die gesellschaftliche Logik dieser Rede ist offenbar: Um sich zu erhalten, muß der Arme oder Vermögenslose seine Arbeitskraft verkaufen. Diese ökonomischen Gesetze sind in Mathildes Plänen freilich nur die Voraussetzung für den gesellschaftlichen Aufstieg. Es kommt Mathilde gar nicht so sehr auf die Arbeit oder das materielle Produkt an. Die juristische Ausbildung Hugos interessiert sie nicht als Vorbedingung für die Herstellung einer gerechten Gesellschaft, sondern als formale Voraussetzung für ein Amt, welches ökonomische Sicherheit verspricht und den sozialen Status anhebt. Die in der modernen Gesellschaft eingetretene Arbeitsteilung wird als selbstverständlich betrachtet. Dazu gehört auch die Diffamierung körperlicher Arbeit. Zu ihr ist verurteilt, wem Bildung oder Vermögen fehlt. Bei der Darstellung der alten Runtschen, der Putzfrau, die selbst von den Kleinbürgern noch ausgebeutet wird, verzichtet Fontane in diesem Roman auf die poetische Verklärung, die er sonst, etwa in den *Poggenpuhls*, für die Dienstboten bereit hält. Kein menschliches Band hält hier Herrschaft und Diener zusammen; es handelt sich ausschließlich um Arbeit und Lohn. In dem Gespräch zwischen Mathilde und ihrer Mutter über die Anstellung der Putzfrau wird sogleich ausgemacht, daß man sie entlassen wird, wenn ein Bedarf nicht mehr besteht.

Für diese Versachlichung der Beziehungen sind zweifellos nicht der Autor und seine Figuren verantwortlich, wie sehr auch die Fontane-Gemeinde *Mathilde Möhring* als eine Art Verirrung behandelt hat. Der Roman gibt den Blick frei auf eine Gesellschaft, in der jeder zusehen muß, wie er durchkommt. Dies ist Hoffmeister einzuräumen, der in Mathilde den *underdog* sieht. Doch Mathildes Aufstieg durch Disziplin, Anpassung und ein gutes Maß an kleinbürgerlicher Repression ist nicht sofort mit Emanzipation gleichzusetzen. Denn auch auf den höheren Sprossen der Gesellschaft wäre Mathilde die angepaßte Repräsentantin des Systems geblieben, hätte seine Vorurteile reproduziert und seine Ideologie verbreitet. Aus ihr hätte eine zweite Jenny Treibel werden können: die Bourgeoise, die vergessen möchte, daß sie aus kleinen Verhältnissen kam. Hätte Fontane die Handlung in diesem Sinne fortgesetzt, wäre eine Satire entstanden. Das Ende des Romans weist freilich in eine andere Richtung. Und hier beginnen die Deutungsschwierigkeiten, von denen anfangs die Rede war. Der gesellschaftliche Aufstieg bricht mit dem Tode Hugos ab. Dieser Tod wird im Roman konsequent motiviert. Hugo zieht sich bei Repräsentationsverpflichtungen eine Erkältung zu; er wie Mathilde wissen, daß er sich schonen müßte. Doch aus Geltungsbedürfnis und Eitelkeit beteiligen sie sich an einer Schlittenpartie, auf der die Krankheit zum Ausbruch kommt. Mathilde begeht einen Fehler und verliert ihren Einsatz. Die Folgen sind Witwenschaft, Verlust der sozialen Stellung und Rückkehr nach Berlin – voraussehbare Folgen. Unter dem Eindruck dieser Niederlage entschließt sich Mathilde, Lehrerin zu werden. Dem Entschluß geht ein Moment der Selbstreflexion voraus: „Ich habe mich ihm [Hugo] immer überlegen geglaubt. Es war nicht so. [. . .] Von den andren, zu denen Hugo gehörte, hat man doch mehr, und ich will versuchen, daß ich ein bißchen davon wegkriege.“[33] Diese knappe und nicht eben genaue Selbstkritik verbindet den Schluß mit der Hauptgeschichte. Mathilde erscheint in einem neuen Licht. Das pädagogische Studium und die Arbeit als Lehrerin haben, wenn ich recht sehe, eine veränderte Qualität. Sie enthalten ein Moment an Emanzipation, das vorher gefehlt hat. Mathilde verzichtet nämlich diesmal darauf, sich zu arrangieren und andere zu finessieren; vielmehr bestimmt sie durch die eigene Arbeit, der ein hohes Sozialpre-

92

stige nicht zugeschrieben werden kann (der Einwand der Mutter) ihr Schicksal. Die Ambiguität des Romans, auf die Walter Müller-Seidel mit Recht aufmerksam gemacht hat,[34] findet hier ihre Erklärung. Vom Ende her liest sich der Roman als die Geschichte einer Selbstbefreiung, der die früheren Stufen wie die Verlobung mit Hugo und die Rolle als Frau Bürgermeister in Woldenstein unterzuordnen sind. Liegt das Schwergewicht der Lektüre auf dem Hauptteil, wird man den Roman mit Günther Mahal[35] als die Geschichte einer verunglückten Karriere lesen.

Beide Lesearten übersehen meines Erachtens die Veränderung nach dem 16. Kapitel, die sich bei Mathilde in einer neuen Einstellung zur Arbeit ausdrückt. Während vorher Arbeit wesentlich als Zwang begriffen wird, überwiegt am Schluß das Moment der Selbstverwirklichung: die Heldin gewinnt durch den Beruf ihre Identität. Zwischen dem Hauptteil (Kap. 1–15) und dem Schluß liegt ein Hiat, der durch die Reflexion der Heldin über ihre Erfahrungen nur notdürftig verdeckt wird. Anders gesprochen: Der Übergang von einem statischen Gesellschaftsbild, in dem Arbeit wesentlich spezialisierte, dem Individuum auferlegte Mühe ist, zu einem offen-dynamischen, in dem sich nicht nur Mobilität innerhalb eines konstanten Systems abspielt, sondern zugleich ein qualitativer Wandel möglich ist, wird im Text nicht begründet. Ob Fontane diesen Bruch gespürt hat und deshalb den Text nicht veröffentlichte, bleibt freilich eine Spekulation.

V

Die geschilderte Konstellation wiederholt sich in Fontanes späteren Romanen: zum Beispiel Corinna Schmidts Versuch, der etwas ärmlichen Welt des Bildungsbürgertums zu entrinnen und sich in der Bourgeoisie zu etablieren, oder Sophie von Poggenpuhls Anstrengung, die finanzielle Misere der Familie zu verringern. Es sind Versuche, den vorgefundenen Platz in der Gesellschaft zu verbessern oder abzusichern. Corinna wird die Erfüllung ihrer Wünsche nicht gewährt, weil diese sich als falsch und hohl erweisen. Und in den *Poggenpuhls* schützt am Schluß das Legat der Tante und Schwägerin die adelige Familie gegen den Abstieg, so daß die Bedeutung der Arbeit wieder in den Hintergrund tritt. Beide Romane thematisieren gesellschaftlichen Wandel, ohne den Konsequenzen nachzugehen. Der Schluß restituiert jeweils den *status quo ante*. Unsere Fragestellung erlaubt uns, dieses Zögern bei Fontane zu erläutern. Die Frage läßt sich so formulieren: Mit welchen Strategien ist das Neue, das jenseits der vorgefundenen Gesellschaft liegt, episch aufweisen, ohne in die abstrakte Utopie zu verfallen? Weder der Adel noch die Bourgeoisie kamen für Fontane als Träger der Veränderung noch in Frage. In seinen späten Briefen erwähnt Fontane dagegen wiederholt den vierten Stand.[36] Die Romane differenzieren diesen Begriff und entfalten ihn als die Lebenswelt der kleinen Leute, den sozialen Bereich zwischen Kleinbürgertum und Plebejern. Mathilde Möhring, die Witwe Pittelkow in *Stine*, Lene Nimptsch in *Irrungen, Wirrungen* sind beispielhafte Gestalten, die hier zu nennen wären. Das Anziehende dieser Welt wird in den Romanen mehrfach beschworen. Am schlüssigsten wohl von Botho von Rienäcker, wenn er über Lene sagt: „Jeder Mensch ist seiner Natur nach auf bestimmte, mitunter sehr, sehr kleine Dinge gestellt, Dinge, die, trotzdem sie klein sind, für ihn das Leben oder doch des Lebens Bestes bedeuten. Und dies Beste heißt mir Einfachheit, Wahrheit, Natürlichkeit. Das alles hat Lene; damit hat sie mir's angetan, da liegt der Zauber, aus dem mich zu lösen, mir jetzt so schwer fällt."[37] Diese Reflexion verbindet sich dann mit dem Bild der Maschinenwerkstatt, vor der die Arbeiter mit ihren Familien das Mittagsbrot verzehren. In diesem friedlichen Bild sieht Rienäcker verwirklicht, was ihm als Ideal vorschwebt: „Mit einem Anflug von Neid sah er auf die Gruppe glücklicher Menschen",[38] so kommentiert der Erzähler. Die Welt der kleinen Leute wird hier als Glück beschworen, weil sie eine Ordnung darzustellen scheint, in der Individuum und Tätigkeit übereinstimmen. „Arbeit und täglich Brot und Ordnung",[39] dies ist die Formel, die Botho sich vorhält, um seinen eigenen Zustand kritisch zu überdenken. Während der Aristokrat sich gesellschaftlichen Zwängen ausgesetzt sieht, vor denen er kapituliert, scheint das Volk in der Arbeit seinen Frieden zu finden. Botho beneidet den Arbeiter, der sich ohne weiteres durch seine Tätigkeit legitimieren kann, während er selbst ohne gesellschaftliche Privilegien verloren ist. Auf die Frage, was er leisten kann, antwortet er sich: „Ich kann ein Pferd stallmeistern, einen Kapaun tranchieren und ein Jeu machen. Das ist alles, und so hab ich denn die Wahl zwischen Kunstreiter, Oberkellner und Croupier."[40] Die feudale Perspektive trügt noch in der Selbstkritik. Botho muß die Arbeitswelt ästhetisieren und idyllisch umgestalten, um das Gegenbild des humanen Glücks zu gewinnen. Diese Verzeichnung angesichts der Fabrikarbeiter bestimmt sogar noch sein Verhältnis zu Lene, deren Berufsalltag ihm fremd bleibt. Auch sie spricht nicht über Arbeit, weil sie die Beziehung gerade als Befreiung vom alltäglichen Druck erlebt. Im gemeinsamen Ausflug nach Hankels Ablage konstituiert sich für kurze Zeit ein besonderer Raum, wo die Liebenden, losgelöst von ihren sozialen Rollen, nur noch als Individuen miteinander verkehren. Dieser Moment gewährt Glück, Annäherung an die ideale Ordnung. Zu diesem Bereich gehört auch, so merkwürdig dies scheint, die Arbeit. Freilich ist genau zu bestimmen, in welcher Weise. Botho und Lene sind Zuschauer. Er macht sie beim Spaziergang darauf aufmerksam, wie auf der Werft gearbeitet wird, während Lene eine Magd am Steg beobachtet. Diese Passage sei vollständig zitiert, weil ihr zentrale Bedeutung zukommt: Lenes Interesse galt „einer hübschen Magd, die mitten auf dem Brettergange neben ihrem Küchen- und Kupfergeschirr kniete. Mit einer herzlichen Arbeitslust, die sich in jeder Bewegung ihrer Arme ausdrückte, scheuerte sie Kannen, Kessel und Kasserollen, und immer, wenn sie fertig war, ließ sie das plätschernde Wasser das blankgescheuerte Stück umspülen."[41]

Die Beschreibung erinnert an eine holländische Genreszene. Offenbar empfindet die Magd ihre Tätigkeit nicht als Mühe, sondern als Freude, so sehr, daß der praktische Zweck, die Reinigung des Geschirrs, gegenüber dem ästhetischen, der sinnlichen Freude an den blanken Gegenständen, zurücktritt. In diesem Bild komprimiert sich Arbeit ohne gesellschaftlichen Zwang, ein Tun, das seinen Zweck in sich selbst trägt. Indes ist es nur ein Bild, Lene und Botho bleiben passive Zuschauer. Und ob die Magd ihre Abhängigkeit als Glück empfindet, wissen wir nicht. In der ungestellten Situation manifestiert sich augenblicklich, wie es sein könnte, aber eben in Wirklichkeit keine Dauer hat. Sobald Lene an die realen Verhältnisse denkt, in der Menschen, obgleich sie sich lieben, einander nicht heiraten können, weil sie verschiedenen Klassen angehören, verlieren die „Ordnung" des einfachen Lebens und das Glück der Arbeit ihren idyllischen Charakter. In der Sprache von Marx' Pariser Manuskripten: „Seine [des Menschen] Arbeit ist daher nicht freiwillig, sondern gezwungen, *Zwangsarbeit*. Sie ist daher nicht die Befriedigung eines Bedürfnisses, sondern sie ist nur ein *Mittel*, um Bedürfnisse außer ihr zu befriedigen."[42] Die Arbeit hat sich vergegenständlicht, das heißt sie hat sich aufgespalten in eine Tätigkeit und ein Produkt als Ergebnis, das dann dem Arbeitenden als etwas Fremdes, ihm nicht mehr Zugehöriges entgegentritt. Der für Fontane wichtigste Aspekt der Verdinglichung ist die Rückwirkung auf den Arbeitenden selbst. Indem er seine Arbeitskraft auf dem Markt anbieten muß, wird er selbst zur Ware, gehört sich nicht mehr selbst und verliert schließlich, wie das Beispiel Mathilde Möhrings zeigte, seine Subjektivität. „Dies Verhältnis ist", wie Marx erläutert, „das Verhältnis des Arbeiters zu seiner eigenen Tätigkeit als einer fremden ihm nicht angehörigen, die Tätigkeit als Leiden, die Kraft als Ohnmacht."[43] So ist beim Anblick der Magd die Reaktion Lenes Trauer und Schmerz über die Versagungen, die aus ihrem konkreten Lebenszusammenhang notwendig hervorgehen, insofern er Teil der gesellschaftlichen Totalität ist. Die Ordnung, von der Rienäcker träumte, das einfache Leben, verwirklicht sich für Lene nur in einer verengten Gestalt: als Anständigkeit nämlich in der Ehe mit dem tüchtigen Fabrikmeister Gideon Franke. Die Worte, die Franke benutzt, um seine Verbindung mit Lene und sein Lebensziel zu beschreiben, klingen wie ein Echo von Bothos Worten: „Auf die Proppertät kommt es an und auf die Honnettität kommt es an, und auf die Reellität. Und auch im Ehestand."[44] Indessen meinen sie nicht mehr das Glück des einfachen Lebens, sondern ein Sichabfinden mit gesellschaftlicher Wirklichkeit. Aus der Vision der natürlichen Ordnung ist kleinbürgerliche Ehrenhaftigkeit geworden.

VI

Wir haben jetzt den Punkt erreicht, wo wir über die Bedeutung und Funktion von Arbeit in Fontanes Roman allgemeinere Aussagen machen können. Die anfangs erörterte These, daß Fontanes Romane am Thema Arbeit nicht interessiert seien, erwies sich als unhaltbar. Selbst dort, wo die Welt des Adels dargestellt wird, ist unser Thema nicht zu eliminieren, weil dort die Hauptfiguren entweder nicht arbeiten oder nicht bei der Arbeit gezeigt werden. Vielmehr ist zu sagen: Weil Fontanes Gesellschaftsromane den sozialen Charakter von Arbeit, das heißt den Zusammenhang von Produktivkräften, Produktionsverhältnissen und Sozialstruktur begriffen haben und im Detail nachweisen, versagen sie sich, das „Volk bei der Arbeit" zu zeigen, also so zu tun, als ob die Abbildung der Produktionsstätten als eines Stückes Natur über die menschlichen Verhältnisse etwas aussage. Schärfer als Keller hat Fontane bemerkt, wie der frühbürgerliche Stolz auf Arbeit, der noch bei Julian Schmidt zum Ausdruck kommt, ideologisch geworden ist. Selbstentfaltung und berufliche Tätigkeit sind getrennte Bereiche geworden. Während Keller auch im *Martin Salander* noch daran festhält, daß der mündige Bürger sich in der Arbeit verwirklichen kann und soll, sofern er nur gegen die Verlockungen des Kapitalismus moralisch gefeit ist, sind bei Fontane die Verhältnisse in der Regel stärker als das Subjekt. Nicht zufällig erregte Fontane gerade mit *Stine*, der „Hurengeschichte", in der wilhelminischen Gesellschaft Anstoß. Diese wollte nicht hören, daß für die Moral kein Raum bleibt, wenn die materielle Sicherheit fehlt. Die Witwe Pittelkow erwidert auf den Einwand der jüngeren Schwester, man könne von der eigenen Arbeit ehrbar leben: „Ach Jott, Arbeit. Bist du jung, Stine. Gewiß, Arbeiten ist gut, und wenn ich mir so die Ärmel aufkremple, ist mir eigentlich immer am wohlsten. Aber, du weißt ja, denn is man mal krank un elend, un Olga muß in die Schule. Wo soll man's denn hernehmen?"[45] Das Verhältnis zum Grafen Haldern beruht auf ökonomischem Zwang. Zwischen einer moralischen und einer unmoralischen Lösung hat sie gar nicht mehr die Wahl. Um sich zu behaupten, muß sie sachlich sein, das heißt sich zur Ware machen. An diesem für die Zeitgenossen so bedenklichen Beispiel wird die allgemeine Logik deutlich. Es zählt der finanzielle Erfolg, nicht das subjektive Interesse oder die moralische Entscheidung.

Fontanes Romane negieren nicht, wie man wohl unterstellen könnte, den humanen Wert von Arbeit, sie kritisieren vielmehr die Bedeutung der Arbeit in der zeitgenössischen Gesellschaft, indem sie die Folgen der Versachlichung sichtbar machen. Die Kritik der Arbeitswelt benutzt zwei Strategien. Um den Zusammenhang von Selbstverwirklichung und Arbeit zu retten, ästhetisiert Fontane manuelle Arbeit. Sie wird aus dem Zusammenhang des pragmatischen Erfolgshandelns herausgelöst und erhält auf diese Weise die Qualität eines Bildes. Der zweite Weg ist der einer Differenzierung menschlicher Tätigkeit zwischen zweckrationalem Handeln und symbolisch vermittelter Aktion oder, um es in der Sprache Fontanes auszudrücken, zwischen Beruf, Fach auf der einen Seite und Gespräch, Plauderei auf der anderen. Auf die Bedeutung des Gesprächs für die Komposition der Romane und die Charakterisierung der Figuren ist in der Fontaneforschung immer wieder hingewiesen worden. Der Ort des Gesprächs ist die Geselligkeit, also eine Sphäre, die von beruflicher Arbeit abgehoben ist. Nicht das praktische Ergebnis entscheidet über den Charakter des Sprechens, sondern Gesetze der Form, Höflichkeit und des Wohlgefallens. Das heißt nun nicht, daß die Rede weniger gesellschaftlich vermittelt ist als Arbeit. Bei Fontane ist humane Geselligkeit fast gleichbedeutend mit dialogischer Rede und daher der Konventionalisierung und Erstarrung nicht weniger ausgesetzt als die Gesellschaft. Im schlimmsten Fall besteht die Konversation aus Gedanken- und Wortklischees, wie sie Botho von Rienäcker im Kreise von Lene spielerisch vorführt, um zu zeigen, wie man in der guten Gesellschaft redet. Im idealen Fall ist die Unterhaltung das Medium der kritischen Reflexion, wie sie beispielsweise an den Höhepunkten des *Stechlin* vorgeführt wird. Es kann hier nicht unsere Aufgabe sein, den im *Stechlin* entfalteten Diskurs über progressive und konservative Lösungen der anstehenden gesellschaftlichen Fragen auch nur andeutungsweise zu explizieren.[46] Der Punkt, auf den es in unserem Zusammenhang ankommt, ist nicht so sehr der Inhalt als die Form. Gemeint ist die Bindung des revolutionären Gesprächs an den Salon der guten Gesellschaft. Die veränderte gesellschaftliche Praxis wird *nicht* in der Arbeitswelt vorbereitet. Die Emanzipation scheint nicht primär von der Veränderung der Produktionsverhältnisse auszugehen. Es geht nicht um die Steigerung der Produktivkräfte, die Fontane ja als die erste industrielle Revolution erlebt hatte. Fontanes nie ganz unterdrückte Vorliebe für den Adel deutet in eine andere Richtung. Bis zu einem gewissen Grade sympathisiert er mit der dem Feudalismus eigenen Mißachtung von Arbeit. Für die antike und mittelalterliche Tradition stand fest, daß man Arbeit den Sklaven und Metöken überlassen darf. Die seit der Renaissance sich anbahnende Umwertung, die steigende Schätzung von Arbeit als einer Quelle schöpferischer Tätigkeit, vermag die ältere Auffassung nicht ganz zu verdrängen. Für Fontane besteht die Anziehungskraft der adeligen Welt unter anderem darin, daß sie sich der bürgerlichen Arbeitsethik widersetzt. Wo Fontane in seinen Romanen einen vorkapitalistischen Zustand ästhetisch fingiert, schafft er einen Bereich, wo im Medium der Konservation sich gesellige Humanität verwirklichen kann. Daß dadurch zweckrationales Handeln verdrängt wird, bedeutet, daß die ökonomischen wie gesellschaftlichen Zwangsverhältnisse des Kapitalismus *nicht* heroisiert werden wie in der affirmativen bürgerlichen Literatur. Die Negation von Arbeit ist die Negation von Entfremdung durch Arbeit. Der Preis, den Fontane für diese Poetisierung des adeligen Milieus zu zahlen hat, ist die Verharmlosung seiner Herrschaftsstrukturen.

VII

Ich möchte abschließend noch einmal auf den Begriff der einfachen Lebensordnung zurückkommen. Diese Ordnungsvorstellung ist auf eine sehr Fontanesche Weise ambivalent. Wenn Botho in *Irrungen, Wirrungen* sich ein Leben mit Lene ausmalt, so meint er eine Existenz, in der Subjektivität und Arbeit noch miteinander verbunden sind. Der Gegensatz zu dieser Utopie ist die Künstlichkeit und Oberflächlichkeit der guten Gesellschaft, wie sie Käthe von Sellenthin verkörpert. Doch eben diese Lebensordnung erweist sich als prosaisch und repressiv, wo sie sich in der gegebenen Gesellschaft verwirklichen muß. Arbeit steht dann unter dem Vorzeichen des Leistungsprinzips und verlangt die Unterdrückung derjenigen Bedürfnisse, welche individuelles Glück ausmachen. Unter diesen Bedingungen artikulieren sich die Widersprüche in einer anderen Figurenkonstellation, wie sie beispielsweise *Effi Briest* aufweist. Während Instetten ganz auf Beruf, Pflicht, Anständigkeit eingestellt ist, bleiben Effi diese Kategorien eigentlich fremd. Sie ist nicht fähig, ihre Bedeutung einzusehen, und erblickt in ihnen nur Konventionen, denen sie sich fügt, weil sie sich der Autorität der Älteren unterwirft. Ihre eigenen Vorstellungen, sofern sie überhaupt sprachlich artikulierbar sind, weisen in eine andere Richtung. Sie umspielen einen Bereich, in dem es Gesetze, Verpflichtungen, Leistung durch Arbeit nicht gibt, einen Bereich, der durch Phantasie und Spiel bestimmt wird. Symbolische Motive wie der Flug, die Flocke usw. sind Chiffren für diese Sphäre, welche sich in die rationalisierte Gesellschaft nicht einfügen will. Demetz ist diesem Motivkomplex nachgegangen und hat auch auf seine Bedeutung in *Mathilde Möhring* aufmerksam gemacht. Während Hugo an die „Tochter der Luft", eine Trapezkünstlerin, denkt, plant Mathilde das juristische Examen. Und als er „die Prüfung endlich besteht, ist ja „die Tochter der Luft [. . .] wohl nicht mehr da", damit hat auch für ihn das Zeitalter der Prosa, des Berufs und der Zähmung in Familie und Staat begonnen.[47] Dem gleicht die Konstellation in *Effi Briest*: auf der einen Seite der strebsame, redliche, ein wenig pedantische Instetten, auf der anderen Seite die phantasievolle, spielerische Effi. Daß das Scheitern ihrer Ehe auf Spannungen und Widersprüche der Lebensordnung verweist, in die sie eingefügt sind, braucht kaum hervorgehoben zu werden. Dem von Instetten vertretenen Leistungsprinzip werden durch Versagungen und Triebverzicht Opfer gebracht, die es in sehr fragwürdigem Licht erscheinen lassen.

Theodor Fontanes veröffentlichte Romane zeigen keinen Ausweg aus dem Dilemma. Der Widerspruch zwischen der guten Lebensordnung, in der Arbeit Verwirklichung des Selbst erlaubt, und der

gesellschaftlichen Ordnung, in der sie Zwang und Repression bein-
haltet, bleibt unaufgelöst. Fontanes Sympathien als Mensch liegen
zweifellos auf der Seite der Phantasie, doch auch er kann in seinen
Briefen zum Anwalt des Realitätsprinzips werden. Wenn wir den
Ursprung dieses Widerspruchs aufdecken wollen, stoßen wir auf
den Zusammenhang von Arbeit und Produktivität. Der Fortschritt
moderner Industriegesellschaften beruht auf ihrer Fähigkeit, die
Produktivität systematisch zu steigern. Dieser Glaube an die Unschuld der Produktivkräfte, die Gewißheit, daß die Beherrschung
der Natur der Befreiung der Menschheit dienen müsse, ist in Fontanes Romanen bereits fragwürdig geworden. Selbstverwirklichung
durch Arbeit, dieses frühbürgerliche Ideal, hat sich ins Bild außerhalb der sozialen Praxis verflüchtigt oder wird zur subjektiven Utopie. Fontanes „unproduktive" weibliche Figuren wie Cécile und
Effi, die wenig Nützliches zur Gesellschaft beizutragen haben, verweisen durch ihre Existenz auf die Einseitigkeit und Fragwürdigkeit
jenes Wirklichkeitsbegriffs, auf den die Gesellschaft vertraut. Der
Zusammenhang von Arbeit, Moral und Politik, wie wir ihn bei Keller kennengelernt haben, ist in Fontanes Romanen zerbröckelt. Und
auch der *Stechlin*, das politische Testament, stellt ihn nicht wieder
her. Fontane nähert sich dort der sozialistischen Revolution durch
den Rekurs auf die alte, das heißt bürgerliche Humanität, die ins
junkerliche Milieu hineingeschmuggelt wird.[48] Aber eben ohne ihre
werktätige Komponente. Diese wird nur einmal aufgeboten, um die
Richtung der Befreiung zu kennzeichnen, eben in *Mathilde Möhring*. Und dort scheitert Fontane an der Aufgabe, aus dem individuellen Aufstiegswillen, aus dem Kampf um eine bessere Position
in der bestehenden Gesellschaft, humane Gerechtigkeit und Selbstverwirklichung abzuleiten.

Anmerkungen

1 Hegel, *Grundlinien der Philosophie des Rechts. Theorie Werkausgabe.*
   Hrsg. von Eva Moldenhauer und Karl Markus Michel, Bd. 7 (Frankfurt,
   1970), S. 351.
2 Ebd., S. 353.

3 Peter Demetz, *Formen des Realismus: Theodor Fontane* (München, 1960), S. 123.

4 Ebd., S. 126.

5 Werner Hoffmeister, Theodor Fontanes ‚Mathilde Möhring': Milieustudie oder Gesellschaftsroman? In: *ZfdPh* 92 (1973), Sonderheft, S. 126 bis 149.

6 Theodor Fontane, *Sämtliche Werke* (Nymphenburger Ausgabe) Bd. XXI, 1, S. 226. Nach dieser Ausgabe wird im folgenden, wenn nicht anders angegeben, mit Band- und Seitenangabe zitiert (z. B. V, 18).

7 XXI, 1, S. 227.

8 Demetz, *Formen des Realismus*, S. 126.

9 Kurt Wölfel, „Man ist nicht bloß ein einzelner Mensch." Zum Figurenentwurf in Fontanes Gesellschaftsromanen. In: *Theodor Fontane*. Hrsg. von Wolfgang Preisendanz (Darmstadt, 1973), S. 329–353 (ursprünglich in: *ZfdPh* 82, 1963, S. 152–171).

10 Theodor Fontane, *Von Dreißig bis Achtzig. Sein Leben in seinen Briefen*. Hrsg. von Hans-Heinrich Reuter (München, o. J.), S. 246.

11 Ebd., S. 293.

12 Ebd., S. 307.

13 Wölfel (Anm. 9), S. 332.

14 Jürgen Habermas, *Technik und Wissenschaft als ‚Ideologie'* (Frankfurt, 1968), S. 62.

15 Gottfried Keller, *Werke*. Hrsg. von Gustav Steiner (Zürcher Ausgabe), Bd. III, S. 210.

15[a] Zur neueren Diskussion über den gesellschaftlichen Gehalt der Novelle vgl. Werner Hahl, Realismus und Utopie in den fünfziger Jahren. Zu Gottfried Kellers „Fähnlein der sieben Aufrechten". In: *Literatur in der sozialen Bewegung*. Hrsg. von Alberto Martino (Tübingen, 1977), S. 327–354.

16 Keller, Bd. V, S. 272.

17 Ebd., S. 282.

18 Ebd., S. 278.

19 Ebd., Bd. VII, S. 335.

20 Vgl. Anm. 5.

21 Reuter, *Fontane*, Bd. 2 (München, 1972), S. 695–700.

22 Günther Mahal, Fontanes „Mathilde Möhring". In: *Euphorion* 69 (1975), S. 18–40.

23 Ebd., S. 30.

24 Theodor Fontane, *Mathilde Möhring*. Auf Grund der Handschrift herausgegeben von Gotthard Erler (München: Hanser Verlag, o. J.), S. 119.

25 Reuter, Bd. 2, S. 699.

26 *Mathilde Möhring*, S. 113.

27 Ebd., S. 112.

28 Ebd., S. 118.

29 Ebd., S. 97.

30 Ebd., S. 43.
31 Ebd., S. 68.
32 Ebd., S. 69.
33 Ebd., S. 112.
34 Walter Müller-Seidel, *Theodor Fontane. Soziale Romankunst in Deutschland* (Stuttgart, 1975), S. 329.
35 Vgl. Anm. 22.
36 Beispielhaft im Brief an James Morris vom 22. 2. 1896, *Fontane, Von Dreißig bis Achtzig*, S. 395 f.
37 III, 170.
38 III, 171.
39 III, 171.
40 III, 169.
41 III, 157.
42 *MEW*, Ergänzungsband, 1. Teil (Berlin, 1968), S. 514.
43 Ebd., S. 515.
44 III, 205.
45 III, 241.
46 Vgl. P. U. Hohendahl, Theodor Fontane und der Standesroman. Konvention und Tendenz im *Stechlin*. In: *Legitimationskrisen des deutschen Adels. 1200–1900* (Stuttgart, 1979), S. 263–283.
47 Demetz, *Formen des Realismus*, S. 212.
48 Dazu neuerdings Klaus R. Scherpe, Rettung der Totalität durch Konstruktion. Fontanes vierfacher Roman „Der Stechlin"; der Verfasser erlaubte mir freundlicherweise den Einblick in das Manuskript.

Frank Trommler

Die Nationalisierung der Arbeit

I

> Arbeiter sein – wir alle müssen's.
> Arbeiter sein – wir alle wissen's.
> Daß nur die Arbeit aus Not und Nacht
> Das deutsche Volk ans Licht gebracht,
> Daß nur ein rastloses Schaffen und Sinnen
> Uns eine Zukunft kann gewinnen
> Und daß nur der die Wahrheit bucht,
> Der unser Volk bei der Arbeit sucht.

Mit diesen Versen eröffnete 1910 ein selbsternannter ‚Deutscher Spielmann' seine Anthologie *Arbeiter*, eine „Auswahl aus dem Schatz deutscher Dichtung für Jugend und Volk".[1] Er kritisierte den Hochmut gegenüber der Arbeit, den es im Volk der Dichter und Denker immer noch gebe. Man müsse einsehen, daß sich das Schicksal dieses Volkes in der Arbeit entscheide. Allerdings ließ der Verseschmied offen, was sich da im einzelnen entscheide. Wichtiger war ihm der besondere Charakter dieser Arbeit: es war *deutsche* Arbeit.

Den älteren Zeitgenossen von heute, die noch in den Tagen des Dritten Reiches arbeiten lernten, dürften solche Verse und Ansichten vertraut klingen. Damals wurden viele Strophen über die Ehre der Arbeit gesprochen und gesungen, und Deutschlands erster Arbeiter, wie man Hitler gern nannte, adressierte die Deutschen ausdrücklich als das Volk der Arbeit. „Wir schämen uns nicht, arbeiten zu müssen", rief Hitler am 24. Oktober 1933 im Berliner Sportpalast vor Tausenden von Zuhörern aus. „Wir bejahen die Arbeit, wie unsere Väter sie schon bejaht haben." Und er setzte die aufschlußreiche Bemerkung hinzu: „Wenn eine volkstümliche Beteiligung des deutschen Volkes am Staate überhaupt möglich ist, so nur über die Arbeit. In diesem Sinne ist das Dritte Reich das Reich des deutschen Sozialismus, ein Staat der Arbeit und der Arbeiter."[2] Mit dieser Argumentation bediente sich Hitler geschickt vorhandener Denkweisen zum Aufbau seiner Macht. Denn zweifellos stimmten ihm viele zu, wenn er davon sprach, daß sich das deutsche Volk nur über die Arbeit ernsthaft mit dem Staat identifiziere. Lag es nicht nahe, das Dritte Reich als den ersten wirklichen („volkstümlichen") Staat dieses Volkes anzuerkennen, da er als erster der deutschen Arbeit in vielerlei Verlautbarungen die gebührende Ehre erwies?

Die Frage ist nicht bloß rhetorisch gemeint. Vorerst aber soll sie nur die Richtung erkennbar machen, in die das Thema der Nationalisierung der Arbeit in diesem Lande weist. Jene Zeilen des zitierten Gedichts – „daß nur der die Wahrheit bucht, der unser Volk bei der Arbeit sucht" – deuten sowohl ins 19. wie ins 20. Jahrhundert, einerseits auf das berühmte Motto Julian Schmidts, das Gustav Freytag 1855 seinem Roman der deutschen Arbeit *Soll und Haben* voranstellte („Der Roman soll das deutsche Volk da suchen, wo es in seiner Tüchtigkeit zu finden ist, nämlich bei seiner Arbeit"), andererseits aber eben auch auf die von den Nationalsozialisten aufgegriffene Anschauung, der Preis der Arbeit, ja die Arbeit selbst müsse als politische Tat für das Volk gewertet werden. Dabei geht es nicht um einen fragwürdigen Brückenschlag zwischen Gustav Freytag und Adolf Hitler, sondern um die Sichtbarmachung einer einflußreichen Denktradition, die sich seit dem 19. Jahrhundert in Literatur und Kunst niedergeschlagen hat und die zu bestimmten Zeiten, vor allem zwischen 1848 und 1871, zu Beginn des 20. Jahrhunderts und in den dreißiger Jahren, politisch ausgeschlachtet worden ist. Diese Denkweise richtete sich am Nationalen als Ausdruck gemeinsamer Lebens- und Arbeitserfahrung, nicht politisch-konstitutioneller Institutionen aus. Sie gewann in Deutschland besonderes Gewicht, da sich hier die nationale Identitätsfindung bekanntermaßen stärker über kulturelle als über politische Argumente entwickelte, ein Prozeß, der mit Bismarcks Reichsgründung keineswegs abbrach.

Allerdings sollte man sich nicht vorschnell auf das spezifisch Deutsche dieser Denkweise festlegen. Die zweite Hälfte des 19. Jahrhunderts war immerhin das Zeitalter der großen internationalen Weltausstellungen, auf denen die einzelnen Nationen die Erfolge ihrer jeweiligen ‚Arbeit' zur Schau stellten. Und wenn man weiter zurückgeht, stößt man auf eine nicht minder internationale Verwendung des Begriffs der ‚nationalen Arbeit'. Werner Conze hat gezeigt, daß die Ökonomisten – von den Physiokraten über Adam Smith bis zu Friedrich List – Arbeit stets, wenn auch nicht ausschließlich, auf Nationen bezogen, das heißt in der ‚National-Öconomie' oder im nationalen System der politischen Ökonomie begriffen.[3] In der Französischen Revolution wurde Arbeit weit darüber hinaus der politisch-revolutionären Nation zugeordnet und ein dem Wehrdienst zur Seite stehender Arbeitsdienst der Nation propagiert. Von Frankreich wirkte der Begriff ‚Nationale Arbeit‘ nach Deutschland herüber und wurde 1848 von den Demokraten im Frankfurter Parlament nachdrücklich für staats-sozialistische Reformen in Anspruch genommen. In der harten Debatte verfochten die Demokraten das „heilige Recht auf Arbeit" gegenüber dem „berüchtigten Recht auf Arbeit" der Liberalen und bezeichneten die Arbeit als „das Höchste, das Heiligste im Staate", so daß alle „im Vaterlande" als in einer „Gesellschaft von Arbeitern" sollten leben können.[4] Von hier aus erscheint der Sprung zu späteren Vorstellungen von der arbeitenden Nation nicht allzu groß, vor allem wenn man die klassenversöhnende, zumeist antirevolutionäre Tendenz berücksichtigt. Bismarcks Sozialpolitik, die eine staatliche Verantwortung für die Arbeit anerkannte und auf eine Integration der Arbeiter in das Wilhelminische Reich abzielte, wurde von solchen Anschauungen der nationalen Arbeit mitgeprägt.

Erst wo die Ideologisierung der nationalen Arbeit in die Definition von Kultur und Nation einging, gewann die skizzierte Denkweise in Deutschland genauere Kontur. Dafür hat Wilhelm Heinrich Riehl die wichtigsten Gedanken formuliert, vornehmlich in dem Werk mit dem programmatischen Titel *Die deutsche Arbeit* (1861), aber auch in seiner vierbändigen *Naturgeschichte des Volkes als Grundlage einer deutschen Sozial-Politik* (1851–1869). Riehl erkannte den nationalökonomischen Arbeitsbegriff an, forderte aber, daß das deutsche Volk, das „sich selber zu einem immer reineren Ideale der Arbeit erzogen" habe, darüber hinausgehe und die nationale Arbeit als Basis eines neuen politischen und kulturellen Bewußtseins akzeptiere. „So soll beim wahren Vorschreiten der Kultur", schrieb er in *Die deutsche Arbeit*, „zuletzt *jeden* Arbeiter das Bewußtsein begeistern, daß er nicht bloß für sich und die Seinen, sondern zugleich auch *für die Nation* arbeitet, daß er mitwirkt, die Grundlagen unseres lebendigsten Lebens, unserer Volkspersönlichkeit, eigenartig zu gestalten. Erst wenn dieser Gedanke nicht bloß dem schöpferischen Mann, sondern auch dem Handarbeiter zündend durch die Seele leuchtet und ihn vorwärts treibt, wird man sagen können, daß sich die wachsende Selbsterkenntnis der Nationen dann auch vollgültig und leibhaftig darstelle in der bewußten, persönlichen nationalen Arbeit."[5]

Allerdings, was Riehl als Vorschreiten über den ‚bloß‘ nationalökonomischen Arbeitsbegriff betrachtete, bedeutete mit der Fixierung auf einen romantisierten Volksbegriff eher Einengung und Rückschritt. Unverkennbar sind die konservativ-kulturpessimistischen Elemente seiner Arbeitslehre, die er als „Arbeitsschule großen Stils" dem materialistischen Profitdenken der modernen Wirtschaft entgegenhielt. Riehls Feststellung, daß Arbeit, im nationalen Verband und zum Besten der Nation verrichtet, volle Befriedigung gewähre, bildete seine Antwort auf die Herausforderung durch die sozialistischen Ideen, eine Antwort, die bis weit ins 20. Jahrhundert hinein breites Echo gefunden hat. Bei Riehl ist die Verbindung von kulturrestaurativer Kritik der industriellen Moderne mit einem antirevolutionären, antisozialistischen Gesellschaftsentwurf bereits voll ausgeformt, die zum Inventar rechter Politik wurde, zumal mit dem Ersten Weltkrieg, als die nationale Integration der Arbeiter endlich Wirklichkeit geworden schien. Bei den Parolen, die Welt am deutschen Wesen genesen zu lassen, spielte der Hinweis auf die deutsche Arbeit seine gebührende Rolle.[6] Riehl geriet auch später nicht in Vergessenheit, als die Nationalsozialisten unter Berufung auf die kämpferische Gemeinschaft, die das deutsche Volk im August 1914 gebildet habe, ihren Staat als Werk- und Kampfgemeinschaft propagierten. Riehls Ansicht, daß es die nationale Arbeit sei, „durch die wir unsere Volkspersönlichkeit behaupten und fortbilden", ließ sich gut verwenden, ebenso wie sein Preis des Bauern, der Familie, der Handarbeit im Angesicht der modernen Technik und sein Gedanke, daß sich das Volk über alle Klassenschranken und Ideologien hinweg zu einer neuen Werkgemeinschaft läutern müsse.[7] Schließlich war auch schon das antijüdische Element im Begriff der nationalen Arbeit bei Riehl vorgebildet. Hitler entwickelte die Argumente für seinen Antisemitismus 1920 sogar direkt aus dem Arbeitsbegriff.[8] Die deutsche Arbeit bildete für ihn das Bollwerk gegen den jüdisch-materialistischen Geschäftsgeist.

Es fiele gewiß leicht, Riehl als einen der Urheber ideologischer Fehlentwicklung in Deutschland anzuklagen. Doch nützt es wenig, den Sack zu schlagen, wenn es um den deutschen Esel geht, der ihn mit Hingabe getragen hat. Im übrigen sollte man nicht übersehen, daß Riehl eben nicht nur bei der von Freytag und anderen bürgerlichen ‚Realisten' gepflegten „Poesie der Arbeit"[9] stehenblieb, die mit der Einengung des Begriffs der Nation auf das Bürgertum einherging. Riehl gab vielmehr Beschreibungen der Entfremdung durch die moderne Arbeit und bezog den – entfremdeten – Arbeiter, den vierten Stand, in sein Nationalkonzept ausdrücklich ein. Sein Satz „Die übrigen Stände stellen das gesellschaftlich organisierte Behagen dar, der vierte Stand das gesellschaftlich organisierte Mißbehagen"[10] signalisiert nicht nur Furcht vor dem vierten Stand, sondern auch

Beschäftigung mit dessen Arbeitserfahrungen und Konfliktpotential. Riehl ist ein Beispiel dafür, wie sich mit der Frontstellung gegen die aufkommende Arbeiterbewegung ein gesteigertes Interesse für deren spezifische Lebensformen verband. Wenn dann bürgerliche Wissenschaftler in den siebziger Jahren im ‚Verein für Sozialpolitik' wesentlich genauere empirische Untersuchungen der Lage der Arbeiter ankurbelten, so lagen die Antriebe nicht weit davon entfernt. Diese Konstellation läßt sich bis in 20. Jahrhundert hinein erkennen, als Forscher wie Max Weber, Alfred Weber, Werner Sombart, Heinrich Herkner den von der Entwicklung der Industrie bedingten Veränderungen im Leben der Arbeiter nachgingen und darüber wichtige Einsichten und Anregungen formulierten. Erwähnenswert ist in diesem Zusammenhang auch die kurzlebige national-soziale Partei Friedrich Naumanns, die um 1900 eine ‚Versöhnung' von Arbeiterschaft und Kaiserreich propagierte.

Überblickt man die Beschäftigung bürgerlicher Beobachter mit dem Thema Arbeit und Arbeiter, so fällt auf, daß sie zu Beginn des 20. Jahrhunderts, der Zeit einer imperialistischen Hochkonjunktur, nicht nur in Deutschland stark anwuchs. In der Auseinandersetzung mit Technisierung und Industrialisierung erhielt auch der Arbeiter einen neuen Stellenwert. Daß das mit einer Abnahme des Interesses am Sozialismus[11] einherging, ja fast damit gekoppelt war, wirkt nur im ersten Moment widersprüchlich. Doch gilt es zunächst zu klären, inwiefern diejenige Partei, die sich als der Anwalt der Arbeiterinteressen verstand, auf die neue Entwicklung Einfluß nahm. Immerhin war die Sozialdemokratie, zumal nach der Aufhebung des Sozialistengesetzes 1890, in der politischen Arena immer stärker und selbstbewußter aufgetreten, so daß man annehmen könnte, daß sie nicht nur während des Sozialistengesetzes die Imagination bürgerlicher Intellektueller – der Naturalisten – in ihre Richtung lenkte, sondern auch danach. Und immerhin hatten die Sozialdemokraten in die Verehrung von Arbeit, Fortschritt und Technik, die sich im 19. Jahrhundert entwickelte, enthusiastisch eingestimmt. Dem Parteiprogramm von Gotha 1875 stellten sie den Satz „Die Arbeit ist die Quelle alles Reichtums und aller Kultur" voran, der die Annahme nahelegt, sie hätten sich der neuen Beschäftigung mit der Arbeit interessiert zugewandt.

Jedoch war die SPD, wenn man von einigen Beiträgen in den revisionistischen *Sozialistischen Monatsheften* absieht, auf dem Felde dieser Diskussion nur indirekt vertreten. Sie konzentrierte sich auf die Organisationsarbeit, die auch nach Aufhebung des Sozialistengesetzes schwer behindert und verfolgt wurde,[12] und sah sich nach Eduard Bernsteins revisionistischem Vorstoß in eine kontinuierliche Debatte über das Ausmaß der Konfrontationspolitik mit dem Kapitalismus verwickelt. Die Parteitheoretiker Karl Kautsky und Franz Mehring stellten sich strikt gegen die ethisch-ästhetischen Strömungen, die nach 1900 anwuchsen und im Konflikt um den *Vorwärts* 1905 sowie in der sogenannten Sperber-Debatte 1910 an die Oberfläche traten. Damit blieb die Subkultur der SPD im wesentlichen in den Gleisen der von Lassalle, Liebknecht und Bebel geprägten Tradition.

In dieser Subkultur spielte die Darstellung des Arbeiters bei der Arbeit kaum eine Rolle. Was der sozialistische Romancier Robert Schweichel 1876 in der *Deutschen Romanzeitung* dem Satz Julian Schmidts, das Volk bei der Arbeit aufzusuchen, entgegenhielt, hatte Geltung behalten. Schweichel schrieb (wobei er übersah, daß Schmidt die Arbeiter ohnehin nicht einbezog): „Dieser von Julian Schmidt aufgestellte Satz ist durchaus unrichtig. Das Volk ist bei der Arbeit gar nicht das Volk, es ist Handwerkszeug, Maschine, und diese sind wahrlich keine Gegenstände für die Dichtkunst. Die Poesie hat das Volk dort aufzusuchen, wo es Mensch ist."[13] Abgesehen von manchen Liedern, die noch den alten Handwerkerstolz atmen, entstanden realitätsbezogene Darstellungen des Arbeiters am ehesten bei Anarchisten, die man von der SPD allerdings möglichst fernhielt. Als Jakob Audorf, der Dichter der berühmten *Arbeiter-Marseillaise*, im Gedicht *Vom Schlachtfeld der Arbeit* schilderte, wie ein Schienenarbeiter bei der Rettung eines Zuges sein Leben verliert, geschah das im pathetischen Stil von Schillers *Lied von der Glocke*. Das lassen schon die ersten Verse des Gedichts erkennen, wo es heißt:[14]

> Kaum will das erste, matte Tageslicht
> Mit seinem Strahl die Gegend rings erhellen,
> Da stehn sie schon bereit zu ihrer Pflicht,
> Der harten Arbeit rüstige Gesellen;
> Es gilt in Reih', geordnet Schicht auf Schicht,
> Heut' schwere Felsenquadern aufzustellen
> Am hohen Damm, wo unten auf den Schienen
> Die Dampfkraft keucht, dem Menschengeist zu dienen.

Das in der österreichischen Sozialdemokratie populäre *Lied der Arbeit* handelt nicht von der Arbeit, sondern vom revolutionären Drang des Proletariats. Josef Scheu, der Komponist des Liedes, sagte über den Gebrauch des Wortes ‚Arbeit': „Weil wir nicht von der internationalen Sozialdemokratie sprechen durften, sangen wir:

‚Hoch die Arbeit!‘“[15] Die hochgestimmte Vormärzmetaphorik und -allegorik blieb für die Parteilyrik wegweisend. Der optimistische Gesang, der in der Erwartung vom Sieg des Sozialismus gipfelte, belastete sich nicht mit Schilderungen aus dem Alltag.

Der Schluß drängt sich auf: Marx' Kritik am ersten Satz des Gothaer Programms traf durchaus auf verwandelte Einstellungen in der SPD. Marx hatte angemerkt: „Die Bürger haben sehr gute Gründe, der Arbeit *übernatürliche Schöpfungskraft* anzudichten; denn gerade aus der Naturbedingtheit der Arbeit folgt, daß der Mensch, der kein anderes Eigentum besitzt als seine Arbeitskraft, in allen Gesellschafts- und Kulturzuständen der Sklave der anderen Menschen sein muß, die sich zu Eigentümern der gegenständlichen Arbeitsbedingungen gemacht haben.“[16] Allerdings: wie ließ sich diese Kritik bei fortschreitender Industrialisierung mit der Technik- und Arbeitsgläubigkeit verbinden, die – ebenfalls auf marxistischer Grundlage – die SPD bestimmte? Wo verlief bei wachsender Bewunderung für die technischen Produkte die Grenze zwischen der verdienten Anerkennung der Arbeit und ihrer politischen Ideologisierung? Lag für den Arbeiter nicht, bei aller Kritik der Ausbeutungssituation, in der Anerkennung des Prestiges der Arbeit eine willkommene Würdigung? Kam diese Anerkennung nicht doch dem Unternehmer zugute? Mußte nicht mit dem internationalen Erfolg der deutschen Industrie auch im Arbeiter die Empfänglichkeit für das nationale Prestige wachsen?

Es sind Fragen, die auf das Dilemma aufmerksam machen, in dem sich die SPD befand, genauer: in dem sich der Arbeiter befand, ohne daß ihm die Partei Klärung vermittelte. Denn einerseits trug die Partei die Marxsche Kritik an der totalen Entfremdung des Arbeiters weiter, andererseits verkündete sie den Stolz über den Arbeiter als Träger des technisch-industriellen Fortschritts. Diese kontrastierenden Aspekte waren zwar von Marx selbst in komplizierten Überlegungen im *Kapital* aufeinander bezogen worden, doch ergaben sich daraus keine konkreten Schlüsse für die aktuelle Konfrontation. Vielmehr fand, wie Walter Benjamin angemerkt hat, die alte protestantische Werkmoral in säkularisierter Gestalt ihre Auferstehung. Benjamin kritisierte, daß man dabei nur die Fortschritte der Naturbeherrschung, nicht die Rückschritte der Gesellschaft wahrhaben wollte.[17] Tatsächlich versäumte es die Sozialdemokratie, der bürgerlichen Stilisierung der Arbeit im nationalen Bezugsrahmen ein kritisches Konzept entgegenzustellen. Das entsprach ihrem Desinteresse an einem anthropologisch und psychologisch reflektierten Bild des Arbeiters in seiner alltäglichen Arbeits- und Lebenswelt, das von Kritikern wie Otto Rühle lange vor dem Ersten Weltkrieg angegriffen wurde.[18] Das entsprach nicht zuletzt dem Bild einer ideologisch und politisch stagnierenden Partei, das ausländische Sozialisten, welche die deutsche Sozialdemokratie lange als Führungsmacht anerkannt hatten, zu Beginn des Jahrhunderts öffentlich konstatierten.

Es waren gewiß nur einzelne Arbeiterpoeten, die nach 1900 in Prosa und Gedicht eine andere, sinnlich-gefühlshafte Anschauung vom Proletariat, seiner Arbeit und seinen Hoffnungen, formulierten, doch gewannen sie vor 1914 bereits eine beträchtliche Wirkung. Der österreichische Sozialist Josef Luitpold Stern kommentierte die neue Generation von Arbeiterdichtern mit den Worten: „Die Älteren schöpfen aus der Idee, die Jüngeren aus der Welt. Die Älteren reden von ihren Gefühlen, die Jüngeren zeigen sie. Die Älteren sprechen vom Streik, die Jüngeren lassen die Streikenden sprechen."[19] Stern war einer der wenigen prominenten Parteimitglieder, die die neue Entwicklung als eine fruchtbare Herausforderung eingefahrener Denkweisen anerkannten. Häufig kam Unterstützung von außerhalb der Partei, wie im Falle der Lyriker Karl Bröger und Alfons Petzold. Die Aktivitäten des Pastors Paul Göhre, eines ehemaligen nationalsozialen Politikers, der verschiedene Arbeitermemoiren ermutigte und herausgab, standen am Rande der Parteiarbeit. Eine große Rolle spielte die christliche Arbeiterbewegung, die, etwa in Carl Sonnenscheins katholisch-sozialem Volksverein, Lyriker wie Heinrich Lersch förderte. Die jüngeren Poeten setzten das Klassengefühl nicht voraus, sondern suchten es aus Arbeitserfahrung und proletarischer Solidarität erst herzustellen. Das war ‚Literatur‘ und lag außerhalb der Sprachregelung der SPD. Jedoch: es signalisierte, daß es mit dieser Sprachregelung allein nicht getan war. Es signalisierte eine Änderung im Selbstgefühl auch sozialdemokratischer Arbeiter, zu schweigen von Arbeitern im Umfeld der christlichen Arbeiterbewegung. Als der Erste Weltkrieg ausbrach, wurde offenbar, daß der Wille zur nationalen Integration längst zu einer bestimmenden Kraft geworden war, die sich als stärker erwies als die immer wieder beschworene internationale Solidarität der Arbeiterklasse.

II

Nach den Andeutungen über die neue Bewertung der Arbeit um 1900 wird es Zeit, einiges davon beim Namen zu nennen. Die wichtigste Vorbedingung für die Wandlung bildete die neue Wertschät-

zung des Ästhetischen als wirklichkeitsformender Kraft. Bekanntermaßen war Nietzsches bahnbrechende Wirkung als Kritiker des
19. Jahrhunderts eng mit seiner Erhöhung von Kunst und Künstler-
tum verknüpft, eine Erhöhung, die dann in der Version des ‚Rem-
brandtdeutschen‘ Julius Langbehn ihre eigentlich populäre Ausprä-
gung fand. Wenn sich um 1900 eine ästhetisch begründete Wendung
gegen Positivismus, Naturalismus, Sozialismus und Wissenschafts-
glauben durchsetzte, so bestand Langbehns besonderer Anteil darin,
daß er die Erhöhung des Ästhetischen mit dem Postulat einer Auf-
frischung des nationalen Denkens koppelte. Langbehn lieferte viel-
gebrauchte Argumente für die Bemühung, der deutschen Nation
durch eine ästhetische Erneuerungsbewegung endlich die entsprechende Geltung vor sich selbst und in der Welt zu verschaffen. Denn
so machtvoll das von Bismarck zusammengefügte Reich seinen Weg
angetreten hatte, sowenig war es der Führung gelungen, die Zweifel
über seine Integrationsfähigkeit zu zerstören. Es mehrten sich die
Stimmen, die gegen die preußisch-feudale Gründung des Reiches
‚von oben‘ eine Neugründung ‚von unten‘, vom schaffenden Volk
her, propagierten.

Damit wird auch bereits das Ausmaß der ästhetischen Erneuerung
erkennbar. Sie wies über die Flucht einzelner Künstler und Schriftsteller ins L'art-pour-l'art-Denken weit hinaus, wie sie Stefan
George mit der Begründung der *Blätter für die Kunst* 1892 unter-
nahm. Ziel war der gesamte Bereich aktueller Lebenswirklichkeit,
wozu auch die Industrie gehörte, die immer stärker in den Vordergrund rückte. Vor allem im Hinblick auf die Industrialisierung entwickelten sich ästhetisch-kulturpessimistische Konzepte. Im Zentrum stand die Hoffnung, der Mechanisierung, Vermassung und
Anonymisierung des Lebens durch eine Rückkehr zu einfacheren
und natürlicheren Daseinsformen zu entgehen. Hier setzte der Auf-
schwung der Literatur über Bauerntum, Heimat und Scholle ein, in
der die kulturpessimistischen Strömungen auf der Rechten auch in
den folgenden Jahrzehnten Ausdruck fanden. Diese Entwicklung
beschränkte sich keineswegs auf Deutschland. Es sei nur an die
enorme Resonanz erinnert, die Tolstois Wandlung zum einfachen
Leben in vielen Ländern hatte, und man könnte von Maxim Gorki
bis zu Knut Hamsun eine beträchtliche Anzahl von Schriftstellern
nennen, deren internationaler Erfolg auf ebendieser Thematik beruhte. Schon diese Namen dürften allerdings belegen, daß ein Etikett
wie ‚Heimatliteratur‘ – mit all den damit verbundenen negativen As-

soziationen – nicht ausreicht, um dieser historischen Strömung gerecht zu werden. Sie war janusköpfig, nicht nur rückwärtsgewandt. Sie bezog, wenn auch zögernd, die qualmenden Schornsteine und gewaltigen Hochöfen ins Bild der Gegenwart ein. Sie inspirierte zugleich viele Bemühungen um eine Neueinschätzung von Industrie und Arbeit als Verkörperung der Moderne, deren Unumgänglichkeit man einsah, deren Funktionsformen man jedoch ins ,Menschliche' verändern zu können meinte. Wie schon im romantischen Antikapitalismus des 19. Jahrhunderts erhoffte man eine Überwindung der von Technik und Industrie hervorgebrachten Entfremdung des Einzelnen, erhoffte sie allerdings ohne Änderung der vorgegebenen Produktions- und Eigentumsverhältnisse. In der Abkehr vom positivistisch-wissenschaftlichen Denken der vorhergehenden Jahrzehnte näherte man sich dem Arbeiter mit ästhetisch-phänomenologischen Kategorien, stilisierte ihn zum Typus, zu einer Zentralgestalt, mit der die immer kompliziertere industrielle Wirklichkeit dem bürgerlichen Zeitgenossen erfaßbar bleiben sollte. Aufklärende und reaktionäre Tendenzen mischten sich in schwer zu entwirrender Form: einerseits wurde das psychologische und soziale Interesse auf die reale Arbeitswelt gelenkt, in welcher der Arbeiter seine Entfremdung erfährt, andererseits verwischte das Bemühen, das einfach Menschliche und zugleich Zeittypische am Arbeiter herauszustellen, dessen klassenbedingte Position. Man braucht bloß die heroischen Arbeitergestalten des Bildhauers Constantine Meunier anzuschauen, die von vielen Zeitgenossen als die gültige Aussage über den Arbeiter gepriesen wurden, um diese Mischung zu erkennen.

Geht man den Motivationen für diese Stilisierung des Arbeiters zu einem eigenen Typus nach, dessen Eigenart sich nicht von Lohntabellen oder der Analyse des ökonomischen Systems ablesen läßt, so wird die Verunsicherung auf bürgerlicher Seite schnell offenbar. In diesem Bild des Arbeiters, der noch am ursprünglichen Lebensrhythmus teilhat, manifestierte sich das Bedürfnis nach Rückgewinnung solch ursprünglicher Lebensformen. Sprach doch sogar ein Mann wie Fontane davon, daß ,,das, was die Arbeiter denken, sprechen und schreiben", das ,,Denken, Sprechen und Schreiben der altregierenden Klassen tatsächlich überholt" habe. Alles sei ,,viel echter, wahrer, lebensvoller".[20] Nie hätten Arbeiter oder proletarisierte Kleinbürger mit ihren formal höchst konventionellen Gedichten so viel Widerhall im Bürgertum finden können, wenn sich dort nicht das Bedürfnis nach ursprünglichen Lebensformen ausgebildet hätte, wenn nicht die Hoffnung auf erneute Berührung mit dem Volk den Boden bereitet hätte. So konnte der Arbeiter als zeitgemäßer Vertreter des Volkes erscheinen, als ‚Mann der Arbeit', als ‚Mann der neuen Zeit', als sei gerade er und nicht der Bürger von der modernen Entfremdung unbeschädigt geblieben. Damit hängt nicht zuletzt die ungeheure Wirkung zusammen, die Heinrich Lersch und Karl Bröger nach Ausbruch des Ersten Weltkrieges mit ihren Gedichten hatten: erst die Verse von Arbeitern bestätigten, daß wirklich das ganze Volk gemeinsam aufbrach, um das Vaterland zu verteidigen. Reichskanzler Bethmann Hollweg selbst zitierte 1917 im Reichstag Brögers Worte, daß sich in der größten Gefahr Deutschlands ärmster Sohn als sein getreuester erwies. Es ist bezeichnend, daß Bröger in seinem *Bekenntnis* und Lersch in *Soldatenabschied* nicht in die Haßtiraden einstimmten, die bürgerliche Intellektuelle von Ernst Lissauer bis Thomas Mann 1914 veröffentlichten, sondern das Opfer der Arbeiter für das Vaterland thematisierten und ihre Loyalität als Teil des Volkes bekannten. Die nationalen Elemente nährten sich aus der Hoffnung, daß damit der entscheidende Schritt zur Neugründung Deutschlands von unten, vom schaffenden (und kämpfenden) Volk her geleistet worden sei und daß nun die andere Seite nachzuziehen habe.

Über der Tatsache, daß die Nationalsozialisten diese Bekenntnisse später für ihr Zwecke ausschlachteten, hat man die hier angedeuteten Zusammenhänge mit der modernen Bewußtseinskrise verdrängt. Es besteht kein Zweifel darüber, daß nicht nur ältere, vorkapitalistische Vorstellungen ins Spiel kamen, wenn der muskelbepackte Arbeiter mit dem Hammer dem Bauern mit der Sense zur Seite gestellt wurde, vielmehr auch spezifisch antisozialistische Strategien. So machte Gertrud Bäumer, als sie 1906 das Thema ‚Dichtung und Maschinenzeitalter' abhandelte, aus ihrer Ablehnung der Arbeitermassen, das heißt des klassenbewußten Proletariats, als ästhetischem Thema kein Hehl. Sie pries das neue „Gefühl für das organisch Echte, bodenwüchsig Starke", konstatierte „eine neue Freude an den primitiven Arbeits- und Daseinsformen" und hob die von Paul Göhre herausgegebene Autobiographie des Arbeiters Carl Fischer als beispielhaft hervor.[21] Aber das Gefühl für das organisch Echte, bodenwüchsig Starke von Arbeits- und Daseinsformen beschränkte sich nicht auf Äußerungen von dieser Seite. Es vermittelte auch bürgerlichen Intellektuellen auf der Linken neue Identifikationsmöglichkeiten, ja wurde später zu einem Topos politischer Kraftentfaltung, als längst wieder klassenkämpferische Ziele im Vordergrund standen. Wie stark ästhetische Eindrücke politisches Engagement beförderten, hat die spätere Feuilletonredakteurin der kommunistischen *Roten Fahne*, Gertrud Alexander, dokumentiert, als sie aus der Zeit vor 1914 erinnerte, in einer Ausstellung von Meuniers Arbeiterskulpturen vollen Mut zu ihrem sozialistischen Bekenntnis gefaßt zu haben: Meuniers „monumentale Gestalten, die in dramatischen Reliefs und in Einzelfiguren den Bergmann als Helden der Arbeit zeigten, begeisterten mich. Sie brachten gerade in ihrem Realismus den Adel zum Ausdruck, den die Arbeit dem Menschen verleiht (heute würde ich sagen, daß Meunier mit ihm schon den sozialistischen Realismus vorausnahm)".[22] Womit Gertrud Alexander, wenn man den Ursprüngen der Heroisierung der Arbeit in den dreißiger Jahren nachgeht, gewiß nicht unrecht hat.

Schließlich aber sollten die Identifikationsmöglichkeiten, die sich aus solcher Stilisierung ergaben, für Arbeiter selbst nicht übersehen werden. Da einer der zentralen Vorwürfe seit jeher lautete, die Arbeit werde nicht genügend anerkannt (was sich eben nicht nur auf ihre finanzielle Kompensation bezog), vermochte die Thematisierung von Arbeit, Arbeiter und Arbeiterkultur auch im Proletariat – und natürlich besonders außerhalb der SPD – Eindruck zu machen. Heinrich Lersch sprach 1913 nicht wenigen aus dem Herzen, als er das proletarische Selbstgefühl von der Bedeutung der Arbeit her entwickelte:[23]

> Ich bin der Mann der Arbeit,
> Die unsre Zeit zusammenschweißt;
> Die Kraft, der Wille einer Welt,
> Die ein durchdringend Licht erhellt,
> Das große Ziele weist.

In solchen vor 1914 immer häufigeren Gedichten fehlten die in der sozialistischen Poesie geläufigen Allegorien. Die Arbeitssituation wurde samt Hochofen und Schornstein konkreter ins Bild gerückt, was keinen Verzicht auf politisches Pathos bedeuten mußte. Es entstand eine neue lyrische Terminologie vom Arbeiter, an der in den zwanziger Jahren auch kommunistische Autoren Anteil hatten. (Kurt Kläber und Hans Marchwitza beispielsweise heroisierten zunächst ihre Arbeitserfahrungen als Bergarbeiter.) Wenn vieles davon nach 1918 zu Unrecht mit dem Proletkult in Beziehung gesetzt wurde, so ist immerhin anzumerken, daß die im revolutionären Rußland von Alexander Bogdanow organisierte Proletkultbewegung ihre Ursprünge ebenfalls in den ästhetisch-psychologischen Um-

wertungen der Jahrhundertwende besaß. Kaum zu überschätzen ist
etwa die Rolle, die Karl Büchers Untersuchungen *Arbeit und
Rhythmus* (1896), in denen die Entstehung der Kultur eng mit dem
gemeinsamen Arbeitsgesang zusammengebracht wird, für Luna-
tscharski, Bogdanow und selbst für Plechanow spielten. Von der ver-
klärenden Neubewertung der Arbeit zieht sich eine direkte Linie zu
der vielkritisierten ‚Tektologie‘, mit der Bogdanow gemeinsame Arbeit und Kunstbetätigung aufeinander bezog und als Organisations-
mittel der Arbeiterklasse propagierte.

In jedem Falle wirkte der aus ästhetischen und sozialen, vorwärts-
und rückwärtsgewandten, statischen und aktivierenden Elementen
gemischte Begriff der Arbeit in vielerlei Richtungen. Die Gestalt-
werdung in der Figur des breitschultrigen Arbeiters stellt nur einen,
wenngleich zentralen Aspekt dar. Wie weit die ästhetisch basierte
Ideologisierung der Arbeit Ende des 19. Jahrhunderts ging, bezeu-
gen die Entwürfe zu Denkmälern der Arbeit, die von Constantine
Meunier, Jules Dalou und Auguste Rodin angefertigt und im Falle
Meuniers später auch verwirklicht wurden. Es zeigt den Wandel in
der Auffassung vom Denkmal ebenso wie von der Arbeit, wenn
Meuniers Idee von einem Denkmal der Arbeit als offizielles Projekt
der Pariser Weltausstellung 1900 gefördert wurde.[24] Daß dabei die
Vorstellung von der Integration des Arbeiters in die Gesellschaft
mitpropagiert wurde, versteht sich fast von selbst. Denn zweifellos
ließ sich die Perspektive des Klassenkampfes entschärfen, wenn man
die Auseinandersetzung des Arbeiters auf die Imponderabilien der
Technik anstatt auf die Ausbeutung im Produktionsprozeß bezog.
Und da eben zu dieser Zeit der Vormarsch von Technik und Industrie das Bild des Alltags, der Städte und Landschaften, so sichtbar
veränderte, konnte diese Perspektive auch kritischere Beobachter erfassen. Die knappste Formulierung fand sie in dem vielgebrauchten
Wort Wilhelm Ostwalds: „Nicht Kampf, sondern Arbeit!“ Reichte
der Begriff ‚Arbeit‘ nicht weit über die in der industriellen Expan-
sion wirksamen Antagonismen hinaus? Ließ er nicht die schöpferische Beteiligung des Individuums anklingen? Ausbeutung erschien
damit als Leiden, das jedoch in der gemeinsamen Beteiligung am
‚Werk‘ kompensiert und überwunden wurde.

Damit ist ein anderes entscheidendes Stichwort dieser Periode gefallen: ‚Werk‘, unübersetzbar in der Sinnverbindung von Arbeits-
produkt und Arbeitsstätte, ein unendlich viel gebrauchter Begriff,
der dem Bedürfnis nach aktiver Wirklichkeitsbewältigung Ausdruck
verlieh und am einprägsamsten die Ablösung antagonistisch-kriti-

scher Haltungen in der Arbeitssphäre durch eine synthetische Denkweise signalisierte. Hier kann nur auf die Fülle von Anwendungen dieses Terminus hingewiesen werden, vom Gebrauch in der Arbeitssphäre (Werk, Werkgemeinschaft, Werkverein etc.) bis zu dem in der Kunst, was dann 1907 mit der Gründung des Deutschen Werkbundes im schöpferischen Miteinander von Handwerk, Industrie, Kunstgewerbe, Design und Kunst zum Besten der Nation überbrückt werden sollte. Dazu erlangte der Begriff ‚Werk' auch in dem der Technik im allgemeinen feindlichen Expressionismus Prominenz, etwa bei Georg Kaiser, der im Gefolge von anarchistischen Gedankengängen in den *Bürgern von Calais* den Hafenbau als Werk für die Gemeinschaft glorifizierte, dann allerdings in den *Gas*-Dramen den Schrecken der totalen Mechanisierung der Arbeit projizierte, oder bei Ernst Toller, der in *Masse Mensch* in dem Ausruf der Heldin – „Das Werk! Welch heiliges Wort!" – die harmonisierende, versöhnende Kraft dieses Begriffes beschwor, ähnlich wie beim Ruf der Massenchöre: „Wann werden Liebe wir leben? Wann werden Werk wir wirken? Wann wird Erlösung uns?" – Einer vergleichbaren Einstellung gab vor dem Krieg die Bergson-Schule in Frankreich mit ihrer Idealisierung der Arbeit Ausdruck. Charles Péguy sprach von einer notwendigen ‚Restauration der Arbeit' und berief sich auf Georges Sorel, der in den *Réflexions sur la violence* 1908 die neue schöpferische Moral der Arbeit als gesellschaftlichen Antrieb herausstellte.

Der Begriff ‚Werk' hat sich literaturgeschichtlich am stärksten in der Verbindung mit den ‚Werkleuten auf Haus Nyland' eingeprägt, die 1912 eine neue Form der künstlerischen Werkgemeinschaft gründeten, bei der die Autoren ihre bürgerlichen Berufe beibehalten sollten. Die Grunder Josef Winckler, Wilhelm Vershofen und Jakob Kneip grenzten sich hierin nachdrücklich von den Expressionisten ab, denen sie Dekadenz, Elitismus und Subjektivismus vorwarfen. Für sich nahmen sie in Anspruch, die einzigen wirklich zeitgemäßen Dichter zu sein, indem sie – vor allem Winckler und Vershofen – die Industrie als poetischen Gegenstand behandelten. Daran ist insofern Richtiges, als Winckler in den in der Zeitschrift *Quadriga* gedruckten *Eisernen Sonetten* 1912 die monumentale Wucht der Schwerindustrie in bisher ungewohnt positiven Bildern verklärte und damit, denkt man an den gleichzeitigen Technikrausch der Futuristen in Italien, einer aktuellen Stimmung Ausdruck verlieh. Allerdings manifestierte sich hier wie bei den Futuristen eine kaum zu überbietende Arroganz den sozialen Problemen gegenüber, die mit Industrie und Technik einhergingen, so daß die Formel vom lyrischen Imperialismus nicht ungerecht erscheint. Winckler selbst schrieb in der *Quadriga*: „Wo bleibt die künstlerische Inkarnation des organisatorischen Selfmademans, des geld- und geistgewaltigen Unternehmers, des Großkaufmanns und Konstrukteurs? des gesteigerten Arbeitsmenschen?"[26] Für den ‚normalen' Arbeiter im Stahlwerk blieb demgegenüber nur folgende Ehrung übrig:[27]

> Wir ehrn auch dich – nach deiner Art:
> Ein Arbeiter im Stahlwerk fiel und schwand
> In glühend Erz, kein Odem kam heraus.
> Wir schmiedeten und gossen blank und hart
> Einen Block und drin mit Hirn und Hand
> Steht er als Eisenklotz vor meinem Haus.

Von solchem Zynismus ist hingegen bei Paul Zech, der zur gleichen Zeit wie Winckler das Industriethema aufgriff, nichts zu finden. Zech ließ in den Versen des Bandes *Das schwarze Revier* (1913) die Problematik des arbeitenden Proletariats erkennen. Er trat damit in die Fußstapfen des belgischen Lyrikers Emile Verhaeren, der schon Jahre zuvor die Arbeiterprobleme in seine großen Gedichte über die moderne Industriewelt eingebracht hatte.

Winckler hat selbst auf die Anregungen hingewiesen, die er vom Deutschen Werkbund erhielt. Unzweifelhaft stammen die wichtigsten Beiträge zur Neubewertung von ‚Werk' und ‚Arbeit' in Deutschland von den dieser Organisation zugehörigen Architekten, Designern und Kritikern. Die harmonisierenden, integrierenden Tendenzen der neuen Arbeitsideologie besaßen hier eine eindeutige Funktion: sie sollten die Zusammenarbeit von Künstlern, Handwerkern und industriellen Unternehmern erleichtern, was keineswegs immer erfolgreich geschah.[28] Bis zur Gründung des Bauhauses hielt sich die Idee einer handwerksmäßigen ‚Veredelung' der Industrie und ihrer Produkte, etwas, was von den Beteiligten zugleich als Beitrag zur Lösung der sozialen Frage, das heißt der Verbesserung der Arbeitsbedingungen, angesehen wurde. Dahinter stand der Glaube, es komme nur darauf an, die Arbeitsorientierung der Gegenwart endlich als das zentrale Kulturelement zu erfassen. So bezog Walter Gropius Arbeiterfrage, Monumentalisierung der Arbeit und Erneuerung der Kunst in einer Rede 1911 beispielhaft aufeinander. „Die soziale Frage", führte Gropius aus, „ist der eigentliche ethische Zentralpunkt unserer Tage geworden, das große Problem für die Allgemeinheit, dem sich auch die Kunst zuwenden muß, denn das Wort einer neuen Religiosität, das alle erfassen und einer neuen Kunst zur Richtschnur werden könnte, ist noch nicht ausgesprochen. Die Kunst braucht aber Glauben an große gemeinsame Ideen, damit Großes zustande kommt. Um einen tiefen Eindruck von einem Bauwerk zu empfinden, muß man an die Idee glauben, die es erstehen ließ. Heute haben wir Anzeichen, daß der großen technischen und wissenschaftlichen Epoche eine Zeit der Verinnerlichungen folgen wird, der Zivilisation eine Kultur. [...] Der Arbeit müssen Paläste errichtet werden, die dem Fabrikarbeiter, dem Sklaven der modernen Industriearbeit, nicht nur Licht, Luft und Reinlichkeit geben, sondern ihn noch etwas spüren lassen von der Würde der gemeinsamen großen Idee, die das Ganze treibt. Erst dann kann der einzelne Persönliches dem unpersönlichen Gedanken unterordnen, ohne die Freude am Mitschaffen großer gemeinsamer Werte zu verlieren, die früher dem Machtbereich des Individuums unerreichbar waren. Dieses Bewußtsein, im einzelnen Arbeiter geweckt, könnte vielleicht eine soziale Katastrophe, die bei der Gärung des heutigen Wirtschaftslebens ja täglich droht, vermeiden. Weitsichtige Organisatoren haben es längst erkannt, daß mit der Zufriedenheit des einzelnen Arbeiters aber auch der Arbeitsgeist wächst und folglich die Leistungsfähigkeit des Betriebes."[29]

Gropius machte aus seiner Orientierung am Industrieunternehmer kein Hehl. Auch bei ihm schlug die Sorge vor revolutionären Tendenzen durch, denen er durch gut gestaltete Arbeitsstätten sowie durch Identifikation mit einem großen Ganzen den Wind aus den Segeln zu nehmen hoffte. Von hier erscheint der Schritt zur nationalen ‚Füllung' des großen Ganzen naheliegend. In der Tat gewann die nationale Parole in den Jahren vor dem Ersten Weltkrieg immer stärkere Bedeutung. Sie bildete nicht nur ein Mittel, um kommerziell einflußreiche Bürgerschichten den formalen Innovationen des Werkbundes zu öffnen, sondern diente zunehmend als Integrationsformel zur Beschwichtigung der Arbeiter. Mehr noch: mit der Definition der Gegenwart als Zeitalter der industriellen Arbeit sahen nach Langbehn viele Beobachter die Möglichkeit für Deutschland, durch Hervorbringung eines modernen nationalen Stils die kulturelle Führung in der Welt zu übernehmen. Friedrich Naumann (*Deutsche Gewerbekunst, Der deutsche Stil*), Hermann Muthesius, Fritz Stahl, Peter Jessen und andere[30] ließen keinen Zweifel daran, daß mit den kulturellen Zielen ökonomische mitgemeint waren und eigentlich dominierten. Die anspruchsvolle Formel von der ‚Durchgeistigung der deutschen Arbeit', die der Werkbundtagung und dem

Jahrbuch 1912 gegeben wurde, hatte solide wirtschaftliche Interessen zur Basis. Mit imperialer Gebärde umriß Jessen 1911 die Aufgaben: „Die deutschen Geschmacksindustrien, wie einst die französischen und englischen, werden nur dann eine Weltmacht werden, wenn wir zu unserem technischen Geschick, unserem Unternehmungsgeist und unserer Wissenschaft auch einen eigenen reifen Nationalgeschmack einzusetzen haben, gegründet auf einer zeitgemäßen nationalen Kultur. Ohne die Kunst bleiben wir Stümper, mit ihr sind wir jedem Gegner gewachsen.“[31] Daß aus der imperialen Gebärde sehr schnell eine imperialistische werden konnte, braucht hier im einzelnen nicht ausgeführt zu werden.

Wie auf allen Gebieten wirkte der Erste Weltkrieg für die Nationalisierung der Arbeit als großer Katalysator. Er machte die nationale Stilisierung offiziell. Er veränderte bei vielen Deutschen die Einstellung zur industriellen Technik. Viele erlebten die Sphäre der Arbeit und Technik plötzlich innerhalb eines nationalen Sinnzusammenhanges. Was zuvor als Bereich der Entseelung und Mechanisierung erschienen war, gewann unter dem Vorzeichen nationaler Notwendigkeiten eine neue, positive Qualität. Zugleich ereignete sich aber auch das Entgegengesetzte. Unter dem Eindruck der barbarischen Verwendung der Technik in den Massenschlachten wurde der Krieg zum Katalysator eines nüchternen Denkens im technisch-industriellen Bereich. Es sei nicht vergessen, daß Gropius vor 1914 nicht in die Deklaration eines nationalen Stils einstimmte. Nach der Niederlage Deutschlands 1918 schien es nicht nur ihm an der Zeit, den internationalen Charakter der modernen Technik, Architektur und Formgebung herauszustellen. Das Bauhaus wurde zum Symbol dieses nüchternen, genauer: ernüchterten Denkens – und machte sich in Deutschland entsprechend unbeliebt. Denn die Geschichte der nationalen Stilisierung der Arbeit brach 1918 keineswegs ab. Mit der Niederlage der Nation sahen sich Bürger und Kleinbürger plötzlich wieder dem ‚nackten‘ Technizismus, Materialismus und Rationalismus gegenüber, den sie überwunden glaubten. Für viele wurde nicht nur das Bauhaus, sondern die ganze Weimarer Republik zur verabscheuungswürdigen Inkarnation dieser Elemente. Ihre Enttäuschung bildete den Nährboden für die Propaganda der Nationalsozialisten, der deutschen Arbeit die nationale Ehre zurückzugeben. Hier konnte Hitler erfolgreich die Vorstellung von der Kampf- und Werkgemeinschaft des Krieges beschwören und als Grundlage eines neuen deutschen Staates propagieren.

Demgegenüber blieben die Versuche im Umkreis der SPD, die

Weimarer Republik als eine Republik der deutschen Arbeit dem
Volk schmackhaft zu machen, dilettantisch und marginal. Die Bemühung, über die sozialdemokratischen Arbeiter und Angestellten
hinaus Loyalität für die erste deutsche Republik herzustellen, förderte wenig mehr als den Terminus ‚Volksgemeinschaft‘ zutage,
dessen sich dann die Nationalsozialisten bemächtigten. Der von der
Regierung Anfang 1919 verfaßte Aufruf an die deutschen Arbeiter,
Sozialismus ist Arbeit, zeugt von den Schwierigkeiten, einen sozialen
Staat ohne Sozialisierung zu errichten; auch hier wurde mit dem Arbeitsbegriff von den drängenden politischen Problemen abgelenkt.
Ähnliches geschah in den Publikationen Karl Brögers, der anfangs
vor allem bei der sozialdemokratischen Jugend Resonanz fand. In
Gedicht und Prosa formulierte Bröger die Hoffnungen auf eine
Neugründung Deutschlands vom schaffenden Volk her, konnte damit aber höchstens die Feiern, nicht den Alltag der SPD beeinflus-
sen. Nachdem der Glaube an die sozialistische Lehre durch den
Krieg schwer erschüttert worden war, lieferten er und andere Arbei-
terdichter in der Berufung auf Arbeit und Arbeiter Ersatzidentifika-
tionen, deren Bedeutung in der politisch aufgeheizten Atmosphäre
der Weimarer Republik allerdings nicht unterschätzt werden sollte.
Charakteristisch ist Brögers Ruf nach einem neuen Sinn der Arbeit,
der nicht „aus philosophischer Dialektik", sondern nur „aus dem
einfachen, unverbildeten Empfinden des Volkes" aufwachsen
könne.[32] Das formulierten die Nationalsozialisten später nicht anders. Doch sollte man, bevor man mit dem Finger auf Bröger weist,
nicht übersehen, daß das eben die NSDAP, nicht die SPD zum Programm erhöhte. Als Adolf Hitler am 10. Mai 1933 Brögers Worte
von Deutschlands ärmstem, aber getreuestem Sohn zitierte, hörte der
Autor die Ansprache als Häftling über den Lautsprecher im KZ Da-
chau. Bröger wurde erst Monate später freigelassen, als sich ausländische Besucher über die Anwesenheit eines Dichters wunderten,
dessen Lieder und Gedichte von der Parteipresse gelobt und zitiert
wurden.[33]

III

Damit rückt das eingangs skizzierte Vorgehen der Nationalsozialisten wieder ins Blickfeld, die Nationalisierung der Arbeit für ihre
machtpolitischen Ziele zu nutzen. Es wird deutlich, daß Hitler bei
der erwähnten Sportpalastrede von 1933 in der Tat mit der Bereit-

schaft der Zuhörer rechnen konnte, die öffentliche Idolisierung der Arbeit durch den neuen Staat mitzuvollziehen. Lange zuvor war die Berufung auf die deutsche Arbeit zum Kernsatz des Bestrebens geworden, den deutschen Staat jenseits von Kapitalismus und Parlamentarismus vom schaffenden Volk her neu zu begründen. Lange zuvor hatte sich neben die nationale Identifikation durch gemeinsame Kultur und Sprache die Identifikation durch gemeinsame Arbeit geschoben; bezeichnenderweise trug die Zeitschrift, die bis 1944 die Bindung der Auslandsdeutschen ans Reich propagierte, den Titel *Deutsche Arbeit*.[34] Hier erhielt Julian Schmidts berühmter Satz seine politische Umformung: das Deutschtum war nicht nur an seiner Arbeit erkennbar, es *war* die deutsche Arbeit.

Innerhalb dieses Traditionsbezuges konnte Hitler auch eine weitere Vorstellung popularisieren: daß zwischen rückwärtsgewandter Schollenromantik, mit der die Nationalsozialisten warben, und moderner Industrie und Technik, die für ihren Machtanspruch noch wichtiger waren, aber eine Gegenwelt darstellten, eine enge Beziehung bestand. Der Kontrast zwischen regressiven und progressiven Aspekten faschistischer Ideologie, der die Forscher seit jeher verwundert hat, ist weniger erstaunlich, wenn man die Ideologisierung der Arbeit berücksichtigt und sieht, wie mit der ästhetischen Arbeitsdefinition die antagonistischen Elemente der Modernisierung überdeckt wurden, so daß der Bauer am Pflug und der Arbeiter am Hochofen als gemeinsame Repräsentanten der arbeitenden Nation gelten konnten. Indem die Nationalsozialisten der nationalen Sinngebung technischer Produkte den Weg ebneten, verschleierten sie die Antagonismen der kapitalistischen Gesellschaft, und indem sie innerhalb technischer Formen traditionell-handwerkliche Muster begünstigten, trafen sie den Geschmack breiter Schichten. Damit wurde es möglich, daß der Bauer oder Angestellte, der nie ein Auto lenkte, Stolz über die Autobahn entwickelte. Hier trat ihm die moderne Technik im nationalen Sinnbezug überschaubar entgegen. Das ideale Bild war das vom riesengroßen, scharfkantigen Bogen der Autobahnbrücke, der den Limburger Dom im Hintergrund wie einen kostbaren Schatz einrahmt.

Hitlers Idolisierung der Arbeit wirkte aber auch im Ausland. War es den Deutschen nicht gelungen, in wenigen Jahren die Folgen der Weltwirtschaftskrise aus eigener Kraft zu beseitigen und ein neues Image als erfolgreich arbeitende Nation zu erwerben? Auch dabei konnten die Nationalsozialisten auf traditionelle Denkweisen (im Ausland gegenüber Deutschland) aufbauen, wobei sie nicht nur die

Aufrüstung eine Zeitlang verbargen, sondern sogar den Ruf erwarben, mit der Riesenorganisation ‚Kraft durch Freude‘ Avantgardisten einer modernen Freizeitkultur zu sein. Man braucht nur einmal die internationale Beteiligung an dem ‚Weltkongreß für Freizeit und Erholung‘ 1936 in Hamburg zu analysieren, um von dieser Ausstrahlung eine Ahnung zu bekommen.[35] Er bildet eine bisher weithin übersehene Ergänzung zur jugendlich-kraftvollen Selbstdarstellung Deutschlands auf der Olympiade 1936 und fügt sich – was ebenfalls zu wenig beachtet worden ist – nahtlos in die Arbeitsideologie der dreißiger Jahre ein, die sich von der Sowjetunion bis zu den USA in vielerlei Formen offiziell und heroisch manifestiert hat.

Der Rückblick auf die Zeit vor 1914 läßt einiges von den Denkformen erkennen, welche die Nationalsozialisten mobilisierten. Neuartig war demgegenüber die Unverfrorenheit, mit der sie Parolen und Symbole der Arbeiterbewegung stahlen, um ihrem Anhang, vorwiegend Bürgern, Kleinbürgern und sozial Entwurzelten, eine revolutionäre Weltanschauung vorzutäuschen. Neuartig war außerdem das von der Kriegserfahrung gespeiste und von Ernst Jünger systematisierte Bild vom Arbeitersoldaten als Machtträger der neuen Zeit. Auch dieses Bild ist eine ästhetische Projektion. Es macht die Stoßrichtung besonders anschaulich: Zerstörung des proletarischen Klassenbewußtseins und pseudorevolutionäre Selbstaufgabe des Bürgertums. Auf dem Terrain, das kurz zuvor noch vom Klassenkampf beherrscht worden war, sollte es künftig nur noch Arbeiter, arbeitende Volksgenossen, schaffendes Volk geben. David Schoenbaum hat die verschiedenen institutionellen Ausformungen dieser Ideologie sowie die Propaganda für den repräsentativen Status des Arbeiters aufgezeigt.[36] Es gehörte zur Konsequenz der Propagandapolitik, daß man nicht nur die Arbeiterdichtung ausschlachtete, sondern feststellte, daß sie als eigene Gattung in diesem Staat der Arbeit bald überflüssig sein werde. Wohin der pseudorevolutionäre Begriff der Arbeit trug, bezeugte kein Geringerer als Heidegger, der ihn existentiell verbrämte und – auf Jüngers Spuren – seine Studenten aufforderte, die akademische Isolation mit der einfacheren, härteren, gefährlicheren Lebensform des Arbeitsdienstes zu vertauschen. Das entlarvendste Zeugnis ist zweifellos jene unsägliche Aufschrift ‚Arbeit macht frei‘, unter der die Häftlinge ins Arbeits- und Todeslager Auschwitz einzogen.

Die brutale Kehrseite der Nationalisierung der Arbeit war schon kurz nach Hitlers Machtübernahme mit der Auslöschung der Organisation der Arbeiterbewegung und der Ermordung Tausender

Kommunisten und Sozialisten offenbar geworden. Der bombastischen Feier des 1. Mai 1933 als ‚Feiertag der nationalen Arbeit' folgte die endgültige Zerschlagung der Gewerkschaften. Wohl wandten sich zahlreiche Arbeiter, die lange arbeitslos oder von der Schwäche der Arbeiterorganisationen enttäuscht gewesen waren, hoffnungsvoll der neuen Bewegung zu, doch hielten die meisten eine skeptische Distanz. Timothy Mason hat aufgezeigt, welch große Rolle das skeptische Verhalten der Arbeiterschaft für die nationalsozialistische Innen- und Kriegspolitik gespielt hat und wie Hitler die ständige Gefährdung von dieser Seite – das Trauma einer neuen Novemberrevolution – zugab und einzudämmen suchte.[37] Hitler hat mit einer Vielzahl von Maßnahmen, die von der Verschönerungspolitik des Amtes ‚Schönheit der Arbeit' und der Freizeitpolitik der ‚Kraft durch Freude'-Organisation in der Deutschen Arbeitsfront bis zu den Verfolgungen durch die Gestapo reichen, die deutsche Arbeiterschaft zum Stillhalten gebracht. Es kam weder zu der vielbeschworenen Integration in die Volksgemeinschaft noch zu einem großen Aufstand.

Als Hitler abtrat, war die Parole der nationalen Arbeit verbraucht, verschlissen, ruiniert. Aber wie so viele deutsche Traditionen reicht sie weiter als der Nationalsozialismus. Das zeigte sich nach 1945, als die Trümmerhaufen in den Himmel wuchsen und die Deutschen an die größte Arbeit gingen, die sie je vorgefunden hatten. Wiederum zogen sie jahrelang ihre nationale Identität nicht aus der Politik, sondern aus der Arbeit. Am Ende der Wiederaufbauphase stand nicht der Stolz auf den neuen Staat, auf die funktionsfähige Demokratie, sondern auf das westdeutsche Wirtschaftswunder. Dabei rückten Begriffe wie ‚Leistung' und ‚Wirtschaft', die schon in den zwanziger Jahren eine modernere Einstellung angezeigt hatten, in den Vordergrund. Sie signalisierten den Weg von der manuellen Arbeit der Trümmerfrauen zu den hochtechnisierten Arbeitsvorgängen der modernen Industrie. Allerdings bedürfte es einer eigenen Studie, um die neue Entwicklung, zu der auch die Arbeitsidolisierung in der DDR gehört, genauer aufzuzeigen. Sie würde belegen, wie bedeutsam das skizzierte Denken für die nationale Identifikation immer noch ist, auch wenn mit Jugendrevolte und Freizeitgesellschaft andere Wertvorstellungen an Gewicht gewonnen haben.

Anmerkungen

1 *Arbeiter. Das deutsche Volk im Werktagsgewand und was seine Kraft schaffen und tragen kann.* Hrsg. von Ernst Weber (München,[2] 1910, ,Der deutsche Spielmann', Bd. IX), S. 5.

2 Zit. nach Friedrich Heiß, *Deutschland zwischen Nacht und Tag* (Berlin, 1934), S. 202.

3 Werner Conze, Arbeit. In: *Geschichtliche Grundbegriffe. Historisches Lexikon zur politisch-sozialen Sprache in Deutschland.* Hrsg. von Otto Brunner / W. Conze / Reinhart Koselleck, Bd. 1 (Stuttgart, 1972), S. 154–215 (bes. S. 208 ff.).

4 Zit. nach Conze, S. 209.

5 Wilhelm Heinrich Riehl, *Die deutsche Arbeit* (Stuttgart, 1861), S. 107 f.

6 Vgl. Felix Kuh, Neue Aufgaben der deutschen Arbeit. In: *Deutschlands Erneuerung* (1917), S. 524–536.

7 Vgl. Wilhelm Schneider, Die deutsche Arbeit. Gedanken aus dem Werke gleichen Namens von W. H. Riehl. In: *Deutsche Arbeit* 38 (1938), S. 177–179; Bruno Rauecker, Deutsche Arbeitskunde. In: *Volk im Werden* 2 (1937), S. 400–407.

8 Conze, S. 214.

9 Vgl. das Kapitel ,Arbeit' in Marie Luise Gansberg, *Der Prosa-Wortschatz des deutschen Realismus* (Bonn, 1965, S. 231–242) sowie das Vorwort zu: *Industrie und deutsche Literatur 1830–1918. Eine Anthologie.* Hrsg. von Keith Bullivant / Hugh Ridley (München, 1976).

10 W. H. Riehl, *Die Naturgeschichte des Volkes als Grundlage einer deutschen Sozial-Politik*, Bd. 2: *Die bürgerliche Gesellschaft* (Stuttgart, [9]1897), S. 283.

11 Stuart Hughes, *Consciousness and Society. The Reorientation of European Social Thought 1890–1930* (New York, 1961), S. 336 ff.

12 Einen materialreichen Überblick bietet Klaus Saul, *Staat, Industrie, Arbeiterbewegung im Kaiserreich* (Düsseldorf, 1974).

13 Zit. nach Erika Pick, *Robert Schweichel. Von den Schweizer Novellen zum Bauernkriegsroman. Untersuchungen zur Stoff- und Heldenwahl* (Diss. Humboldt-Univ., Berlin 1961), S. 128.

14 *Deutsche Arbeiter-Dichtung. Eine Auswahl. Lieder und Gedichte deutscher Proletarier,* Bd. 2 (Stuttgart, 1893), S. 25.

15 Zit. nach Margarete Nespital, *Das deutsche Proletariat in seinem Lied* (Diss. Rostock, 1932), S. 46.

16 Karl Marx, Randglossen zum Programm der Deutschen Arbeiterpartei. In: K. M., *Politische Schriften*, Bd. 2. Hrsg. von Hans-Joachim Lieber, (Stuttgart, 1960), S. 1017.

17 Walter Benjamin, Über den Begriff der Geschichte. In: W. B., *Gesammelte Schriften*, Bd. I, 2. Hrsg. von Rolf Tiedemann/ Hermann Schweppenhäuser (Frankfurt, 1974), S. 699.

18 Ausführlicher darüber meine Studie *Sozialistische Literatur in Deutschland* (Stuttgart, 1976), S. 253f.

19 Josef Luitpold Stern, Arbeiter und Dichter. In: *Der Kampf* 5 (1911/12), S. 185.

20 Fontane an James Morris (22. 2. 1896). In: *Briefe Theodor Fontanes*, 2. Sammlung, Bd. 2. Hrsg. von Otto Pniower / Paul Schlenther (Berlin, 1910), S. 380.

21 Gertrud Bäumer, Dichtung und Maschinenzeitalter. In: *Die Frau* 14 (1906/07), S. 358–365.

22 Gertrud Alexander, Politische und literarische Bildung – Grundlagen sozialistischer Journalistik. In: Klaus Puder, *Erinnerungen sozialistischer Journalisten. Anthologie* (Berlin, 1968), S. 144.

23 Zit. nach Wilhelm Häusgen, *Der Kesselschmied als Sänger im Kriege*. In: *Die Glocke* II,1 (1916), S. 189.

24 J. A. Schmoll gen. Eisenwerth, Denkmäler der Arbeit – Entwürfe und Planungen. In: *Denkmäler im 19. Jahrhundert. Deutung und Kritik.* Hrsg. von Hans-Ernst Mittig / Volker Plagemann (München, 1972), S. 267f. Vgl. auch Wolfgang von Löhneysen, Kunst und Kunstgeschmack von der Reichsgründung bis zur Jahrhundertwende. In: *Zeitgeist im Wandel. Das Wilhelminische Zeitalter.* Hrsg. von Hans Joachim Schoeps (Stuttgart, 1967), bes. S. 91ff.

25 Vgl. David Meakin, Decadence and the Devaluation of Work: The Revolt of Sorel, Péguy, and the German Expressionists. In: *European Studies Review* 1 (1971), S. 49–60.

26 Kunst und Industrie I. In: *Quadriga*, H. 2 (Herbst 1912), S. 83.

27 Eiserne Sonette, ebd., S. 282.

28 Vgl. Richard Hamann/Jost Hermand, *Stilkunst um 1900* (Berlin, 1967), ‚Die werkbetont-sachliche Phase‘, S. 506ff. und Joan Campbell, *The German Werkbund. The Politics of Reform in the Applied Arts* (Princeton, 1978), S. 33ff.

29 Walter Gropius, Monumentale Kunst und Industriebau. Zit. nach Helmut Weber, *Walter Gropius und das Faguswerk* (München, 1961), S. 27f. Vgl. auch Richard Hamanns Propagierung einer „neuen monumentalen deutschen Kunst" (Zur neuesten deutschen Kunst. In: *Die Hilfe* 22, Nr. 46, 1916, S. 756f.) und Walter Müller-Wulckows Resümee in: *Bauten der Arbeit und des Verkehrs* (3. Aufl.), 1929, Einleitung.

30 Vgl. das Kapitel ‚Ein deutscher Stil?‘ In: Sebastian Müller, *Kunst und Industrie. Ideologie und Organisation des Funktionalismus in der Architektur* (München, 1974), S. 77–84.

31 Peter Jessen, Der Werkbund und die Großmächte der deutschen Arbeit. In: *Die Durchgeistigung der deutschen Arbeit. Jahrbuch des Deutschen Werkbundes 1912* (Jena, 1912), S. 3.

32 Karl Bröger, *Vom neuen Sinn der Arbeit* (Jena, 1919), S. 7.

33 Gudrun Heinsen Becker, *Karl Bröger und die Arbeiterdichtung seiner Zeit* (Nürnberg, 1977), S. 29.

34 Unter ähnlichen Gesichtspunkten sei auf die Zeitschrift desselben Namens hingewiesen: *Deutsche Arbeit. Monatsschrift für die Bestrebungen der christlich-nationalen Arbeiterschaft* (1916–1933). Auf die Verklärung der Arbeit als gottgewolltes und darum ehr- und achtungswürdiges Prinzip in der katholischen Soziallehre sowie deren Berührung mit nationalen Vorstellungen kann hier nicht eingegangen werden.

35 *Bericht über den Weltkongreß für Freizeit und Erholung 23.–30.7. 1936 in Hamburg* (Hamburg, 1937).

36 David Schoenbaum, *Hitler's Social Revolution: Class and Status in Nazi Germany 1933–1939* (New York, 1966), bes. das Kap. ,The Third Reich and Labor'.

37 Timothy W. Mason, *Sozialpolitik im Dritten Reich. Arbeiterklasse und Volksgemeinschaft* (Opladen, 1977).

James D. Steakley

„Arbeit taugt nichts, zu der man gepfiffen wird."

Zur Literatur der wilhelminischen Anarchisten

Ihren bisher höchsten Pegelstand, jedenfalls in der BRD, erreichte die Flut anarchistischer Literatur im Jahre 1978. Anläßlich des 100. Geburtstags von Erich Mühsam hing in fast allen westdeutschen Buchläden (und auch in vielen Studentenbuden und Wohngemeinschaften) ein Plakat, auf dem Mühsam als KZ-Häftling zu sehen war. Dieses schaurige, ja morbide Memento trug sicher dazu bei, daß viele Neudrucke älterer anarchistischer Literatur wie auch neue Studien zur Geschichte dieser Bewegung herauskamen. Die Rehabilitierung dieser weitgehend vergessenen oder vernachlässigten Werke – von denen einige, wie Mühsams *Alle Wetter* von 1930, zum erstenmal im Druck erschienen – signalisiert das stetige Anwachsen jener anarchistischen Gruppen, die sich aus der antiautoritären Studentenbewegung der späten sechziger Jahre entwickelten. Während die K- oder ML-Gruppen, die ebenfalls aus dieser Bewegung hervorgingen, eine weitverbreitete Aufmerksamkeit auf sich zogen, wurde den Spontis innerhalb der westdeutschen Linken eine viel geringere Beachtung geschenkt. Von bösen Ausfällen der Tagespresse gegen das Westberliner TUNIX-Treffen im Januar 1978 einmal abgesehen, sah ,man' in solchen Aktionen weitgehend Ausbrüche studentischen Übermuts.

Das langsame, aber unübersehbare Wachstum der Sponti-Bewegung hängt vor allem mit dem gesteigerten Interesse an sogenannten ,alternativen' sozialistischen Traditionen zusammen. Was als Beschäftigung mit Reich, Marcuse und Bloch begann, sich dann auf die Werke von Korsch, des jungen Lukács, Gramscis und Pannekoeks erstreckte, griff schließlich auch auf die Schriften der Anarchisten über. Mit dieser weitverzweigten Genealogie des Anarchismus können wir uns hier natürlich nicht auseinandersetzen (so nötig es an sich wäre). Der Begriff ,Anarchismus' ist nämlich von altersher ein höchst ungenauer. Schließlich wurde er nicht nur von den Rechten in ihren Attacken gegen die Linken, sondern auch von den Linken, die sich der Idee des demokratischen Zentralismus verschrieben hatten, als Denunziationsvokabel gegen all jene Gruppen verwandt, welche man des Linksradikalismus beschuldigte. Kein Wunder daher, daß ‚Anarchismus' ein recht vages Konzept geworden ist. Jedenfalls wird dieser Begriff heute in einem viel weiteren Sinne gebraucht, als ihn Marx in seiner Kritik an Stirner, Proudhon und Bakunin oder Lenin in seiner Verdammung der ‚Kinderkrankheiten' der Zweiten Internationale verwandte.

Wenn man derlei terminologische Fallen vermeiden will, in welche die Rechten geradezu regelmäßig und die Linken zumindest von Zeit zu Zeit gestolpert sind, empfiehlt es sich, das Schlagwort ‚Anarchisten' nur auf jene Figuren anzuwenden, die sich selbst als solche bezeichneten. Gerade während der wilhelminischen Ära haben sich viele Anarchisten die größte Mühe gegeben, den Begriff ‚Anarchismus' im Sinne von „herrschaftsfrei" zu definieren, um sich damit von jenen finsterblickenden Bombenwerfern zu distanzieren, die in den siebziger und achtziger Jahren des 19. Jahrhunderts eine „Propaganda der Tat" befürworteten und auf Kaiser Wilhelm I. wie auf andere gekrönte Häupter spektakuläre Attentate verübten. Im Gegensatz zu solchen Aktionisten bevorzugten die Anarchisten lieber die Bezeichnung „freiheitlicher Sozialismus" für ihre Ideologie. Das gilt vor allem für jene Gruppen, mit denen wir uns hier beschäftigen wollen: also die Schriftsteller und nicht die Verfasser bestimmter Manifeste, Traktate und Pamphlete. Diese Autoren tendierten weitgehend zu zwei Richtungen innerhalb der anarchistischen Bewegung: zur kommunistischen oder – noch stärker – zur individualistischen. Und auf diese Gruppen wollen wir uns, obwohl wir anfangs auch auf Gegenwärtiges hinwiesen, in diesem Beitrag konzentrieren. Der sogenannte ‚Anarchismus' eines Böll, Bahro oder auch Baader soll daher aus dem Spiel bleiben.[1] Wir wollen lieber versuchen, jene unter den früheren Anarchisten herauszustellen, die den Aspekt ‚Arbeit' behandelt haben, und es einem späteren Aufsatz überlassen, sich mit ihren Nachfolgern in der BRD und der DDR zu beschäftigen.

Trotz einiger wichtiger Neuerscheinungen steckt die Erforschung der Geschichte der deutschen anarchistischen Bewegung noch immer in den Kinderschuhen. Zwei faktenreiche Studien haben sich ihr von verschiedenen Punkten aus genähert: die eine behandelt sie von den Anfängen bis etwa 1880, die andere von 1945 bis zur Gegenwart.[2] Zwischen diesen beiden Arbeiten wird durch eine detaillierte Bibliographie eine Brücke geschlagen, die den ganzen Zeitraum überspannt.[3] Außer diesen drei Großwerken sind eine Reihe kleine-

rer Arbeiten erschienen, die sich in drei Rubriken unterbringen lassen. Da wären einmal jene eher traditionellen, das heißt ideenge-
schichtlich orientierten Untersuchungen, die zu einer typologischen
Betrachtung der verschiedenen anarchistischen Theoretiker neigen.[4]
Nach ihrer Sicht folgt auf den individualistisch-solipsistischen Anarchismus eines Stirner der auf ‚wechselseitiger Übereinstimmung‘
basierende Anarchismus eines Proudhon, der kollektivistische Anarchismus eines Bakunin und der kommunistische Anarchismus eines Kropotkin. An diese typologische Reihe schließen sich manchmal noch zwei weitere Varianten an: der pazifistisch-tolstoyische
Anarchismus und der syndikalistische Anarchismus. Doch diese
beiden Ismen werden weitgehend als bloße Taktiken hingestellt, denen jeder wirkliche Tiefgang fehlt und die daher nur einen sekundä-
ren Status verdienen. Im Rahmen einer solchen, das heißt vornehmlich ideengeschichtlichen Sehweise wirkt die anarchistische
Bewegung letztlich wie eine interessante, aber verspätete Blüte des
bürgerlichen Liberalismus.

Ein zweiter Ausgang der Anarchismusforschung war die Beschäftigung mit der Geschichte ihrer Organisationsformen.[5] In ihrer an-
spruchsvollsten Form unterscheidet diese Richtung sechs verschiedene Phasen in der Entwicklung des deutschen Anarchismus. Die
erste wäre die Zeit von den Anfängen des Anarchismus in der Mitte
des 19. Jahrhunderts bis zur Ära der Sozialistengesetze, in der füh-
rende deutsche Anarchisten ins Exil ausweichen mußten. Als die
zweite Phase gilt die Opposition der „Jungen" innerhalb der SPD
und ihr Ausschluß aus der Partei im Jahre 1891. Die sich daraus ent-
wickelnde Alternativgruppe blieb zwar bis 1914 aktiv, spielte aber
nur eine untergeordnete Rolle. Die dritte Phase fällt mit jener syndi-
kalistischen Bewegung zusammen, die sich während der großen Debatte um den Generalstreik innerhalb der SPD herausbildete, sich
jedoch während des Ersten Weltkriegs wieder auflöste. Diese beiden
Richtungen standen weitgehend ‚im Schatten der Arbeiterbewegung‘. Die vierte anarchistische Gruppe entwickelte sich während
der Novemberrevolution von 1918 und vertrat fast ausschließlich
anarcho-syndikalistische Ideen. Diese Richtung erlebte ihren Höhepunkt in der unmittelbaren Nachkriegszeit und löste sich in der
sogenannten Stabilisierungsperiode der Weimarer Republik zwischen 1923 und 1929 in eine Reihe sich wechselseitig bekämpfender
Gruppen und Grüppchen auf. Die fünfte Phase fiele mit jenem Anarchismus zusammen, der nach 1933 im Exil oder in bestimmten
Widerstandszellen innerhalb des Dritten Reiches weiterzuexistieren

versuchte. Die Schlußphase wäre schließlich jener Anarchismus, welcher sich nach 1945 neu herausbildete. Während die ideengeschichtliche Betrachtung des Anarchismus die historische Wirklichkeit oft zugunsten der ‚Meistertheoretiker' vernachlässigt, unterliegt der organisationsgeschichtliche Ansatz oft der Gefahr, über einer ausschließlich positivistischen Faktengläubigkeit die dahinterstehenden Theorien aus dem Auge zu verlieren.

Ein dritter, wesentlich ernster zu nehmender Ansatz geht eher von sozio-historischen Gesichtspunkten aus, indem sie auch die klassenbedingten und regionalen Faktoren innerhalb der anarchistischen Bewegung ins Spiel zu bringen versucht.[6] Sie stellt meist jenen Handwerkeranarchismus an den Anfang, der sich – verursacht durch die rapide Industrialisierung und die damit verbundenen gesellschaftlichen Verschiebungen – zuerst in Wien und im Schweizer Jura entwickelte. Als zweite Form des Anarchismus betrachtet sie jenen agrarischen Anarchismus, der vor allem in Spanien, Italien und Rußland Fuß faßte. Keine dieser beiden Spielarten fand in Deutschland eine große Anhängerschaft. Eine dritte Variante wäre der Syndikalismus, der sich vornehmlich in hochindustrialisierten Ländern wie England, Frankreich, Deutschland und den Vereinigten Staaten ausbreitete. Als vierte Form, welche diese sozio-historische Typologie vervollständigt, wird im Rahmen dieser Sehweise meist der Intelligenzanarchismus angeführt. Er erwächst weitgehend aus einem kleinbürgerlichen Affekt gegen die sogenannte ‚Modernisierung' und hat vor allem in der anarchistischen Belletristik deutliche Spuren hinterlassen. Obwohl manchen dieser Schriftsteller schon eine beträchtliche Aufmerksamkeit geschenkt worden ist, hat man sich mit der anarchistischen Literatur noch nie so systematisch beschäftigt wie mit jenen Werken, welche die Basis für die drei erwähnten typologischen Modelle abgeben.[7]

So brauchbar und – in einzelnen Fällen – anregend diese verschiedenen Ansätze auch sein mögen, in der wissenschaftlichen Praxis haben sie oft zu einer Spezialisierung geführt, die zwar bestimmte Aspekte der anarchistischen Bewegung klar beleuchtet, andere jedoch völlig im Dunkeln läßt. Das Ergebnis solcher Sehweisen ist daher oft eine Einseitigkeit, die in ihrer Enge zu einer gewissen Scheuklappenmentalität neigt. Im folgenden soll deshalb der Versuch unternommen werden, einige dieser Ansätze synthetisch zusammenzufassen, und zwar anhand der Behandlung des Konzepts ‚Arbeit' in den Werken zweier Schriftsteller, die innerhalb der anarchistischen Literatur eine zentrale Rolle gespielt haben: John Henry Mackay und Erich Mühsam.

John Henry Mackay (1864–1933) verdankte seinen undeutschen Namen seiner schottisch-deutschen Herkunft, wuchs jedoch als Deutscher in Saarbrücken auf. Trotz der Bemühungen einer obskuren Mackay-Gesellschaft, die ihren Sitz in Freiburg hat, konnte Mackay nie den Status einer Kultfigur erringen, nach dem er sich so sehnte. Mackay war bis zur Inflation von 1923 finanziell unabhängig, ja geradezu vermögend, und verarmte erst in seinen letzten Jahren. Er brauchte daher nicht vom Verkauf seiner Bücher zu leben, die weitgehend in begrenzten Liebhaberausgaben erschienen, ja entwickelte einen deutlich versnobten Stolz auf ihre Exklusivität. Lediglich sein bekanntestes Prosawerk, der Roman *Die Anarchisten* (1891), erreichte eine deutschsprachige Auflage von 17 000 Exemplaren und wurde zudem in sieben andere Sprachen übersetzt. Die Handlung dieses Werks spielt im Herbst 1887 in London, bezieht aber in zwei Kapiteln auch gleichzeitige Ereignisse in den USA mit ein, vor allem die berühmt-berüchtigte Heumarkt-Revolte. Die Nachricht von der Hinrichtung der Anarchisten in Chicago bildet den emotionellen Höhepunkt des Romans, auf dem Mackays Protagonist seine gutbürgerlichen Umgangsformen ablegt und sich wie ein tödlich verwundetes Tier gebärdet.

Die *Anarchisten* tragen den merkwürdigen Untertitel „Kulturgemälde aus dem Ende des 19. Jahrhunderts". Mackay war vorsichtig genug, diesen aufdringlich didaktischen Tendenzroman nicht als ‚Roman' zu bezeichnen, um so die Rezensenten zu zwingen, ihn als ein Werk *sui generis* zu betrachten und dadurch eine Kritik seiner literarischen Mängel zu verhindern (wodurch sich Mackay indirekt der alten Trennung in reine Kunst und bloße Tendenzschriftstellerei unterwarf).[8] Die zeitgenössischen Kritiker ignorierten jedoch diesen Untertitel und priesen oder attackierten das Ganze als eine romanhafte Reportage. Im Roman selber wechseln Kapitel, in denen Milieu und Elend der Londoner Arbeitslosen dargestellt werden, mit solchen, die entweder in radikalen Klubs oder der Privatwohnung des Haupthelden Auban spielen, in denen lange, ja langweilige Debatten über die relativen Vorzüge des individuellen Anarchismus Stirnerscher oder des kommunistischen Anarchismus Kropotkinscher Provenienz inszeniert werden. Man hat herausgefunden, daß es sich bei dem Ganzen um einen Schlüsselroman handelt,[9] und Auban – Mackays Sprachrohr – trägt natürlich bei all diesen Debatten den Sieg davon.

Obwohl nebenbei erwähnt wird, daß Auban und Trupp (der kommunistische Anarchist dieses Romans) die Besitzer eines „Geschäfts" beziehungsweise einer „Fabrik" sind (217),[10] erfährt man nicht das geringste über ihre berufliche Tätigkeit. Beide treten stets als reine Freizeitmenschen auf: ob nun zu Hause, in den radikalen Klubs oder bei Spaziergängen durch die Slums des Londoner East-End. Doch auch die anderen Figuren dieses Romans arbeiten nicht. Die Sphäre der Produktion wird überhaupt – wie in allen anderen Werken Mackays – einfach ausgeschlossen. Mackay teilt in diesem Punkt die Arbeitgeberpose der hochmütigen Verachtung jener geistlosen körperlichen Arbeit, die den Proletarier zu einer „Arbeitsmaschine" reduziert, „die besorgt werden muß, damit sie ihren Dienst tun kann" (38). Und das gilt gleichermaßen für jene Männer, die bei Tage, wie für jene Prostituierten, die bei Nacht arbeiten. Was jedoch dem Ganzen an Beschreibungen konkreter Arbeitsverhältnisse fehlt, wird durch abstrakte Diskussionen über veränderte Arbeitskonzepte mehr als wettgemacht.

Das Ziel Auban-Mackays ist dabei „die Aufhebung der Ausbeutung des Menschen durch den Menschen" (171). Obwohl in diesem Zusammenhang der Begriff ‚Aufhebung' noch zu akzeptieren ist, herrscht oft eine schreckliche Begriffsverwirrung. So werden etwa die Arbeits- und Produktionsverhältnisse der neunziger Jahre weitgehend in einem Vokabular beschrieben, das an sich nur feudalistischen Zuständen angemessen ist. Die „Freiheit der Arbeit", wohlbemerkt nicht der Arbeiter, soll hier durch die Beseitigung jenes Staates erreicht werden, der die Kapitalisten mit weitreichenden Privilegien „belehnt", die es ihnen ermöglichen, die verknechtete Masse auszubeuten (172). Indem sich die kommunistisch inspirierte Arbeiterbewegung stärker auf den Kampf gegen die kapitalistischen Vasallen als auf den lehenvergebenden Staat konzentriere, wie es heißt, habe sie sich selbst zu einem „vergeblichen Kampf [gegen die] vom Kapital abhängige Arbeit" verdammt – einem „Kampf, in dem sie sich rettungslos selbst zerfleischt" (185f.). Diese Anspielung auf die Marx-Bakunin-Auseinandersetzung innerhalb der Ersten Internationale – auf die an anderer Stelle als auf den „Kampf zweier Löwen, die sich gegenseitig zerfleischen" (118), hingewiesen wird – ist nur ein Beispiel für Mackays antikommunistische, ja geradezu quietistische Einstellung der Forderung sozialer Veränderung gegenüber. Dementsprechend erklärt er bereits im Vorwort, daß die „wirtschaftliche Befreiung [. . .] allein eine Folge harmonischer Entwicklung im sozialen Organismus sein kann"(11).

Um einer eventuellen Kritik an seiner Sicht der damaligen Arbeiterbewegung zuvorzukommen, die Mackay gern mit einem „ruch-

losen Spiel politischer Gaukler" gleichsetzt (388), tröstet er seine
Leser immer wieder mit der Hoffnung auf den Sanktnimmerleinstag.
„Alles", heißt es einmal, „wird auch hier getan werden, wenn die
Zeit dazu gekommen ist: mit den rechten Männern werden sich auch
die rechten Wege, und dann auch die Mittel, sie zu beschreiten, fin-
den" (14). Die unmittelbaren Ziele dieses gewaltlosen Befreiungs-
kampfes werden geradezu litaneihaft durch das ganze Buch hindurch wiederholt: die Freigabe der „Bank", des „Kredits", des
„Marktes und des Weltmarktes", des „Grund und Bodens" (171f.).
Indem alle Privilegien, die sich aus Zinsen und Mieten ergeben, abgeschafft werden, soll auch das Kapital den gleichen Gesetzen von
Angebot und Nachfrage unterworfen werden wie die Arbeitskraft.
Nach Mackays Ansicht habe – nach Durchführung dieser Reformen
– jedermann die Chance, durch harte Arbeit und geschickte Akkumulation sein eigener kleiner Kapitalist zu werden. Als daher Auban
von einem Dialogpartner gefragt wird: „Sie nähern sich, wie mir
scheint, dem *laissez-faire, laissez-aller* der Verteidiger der freien
Konkurrenz", antwortet er: „Umgekehrt: die Manchestermänner
nähern sich uns" (172). Dieses Programm einer universalen Konkurrenz im Sinne des darwinistischen „Kampfes ‚Aller gegen Alle'"
(187) stellt den zutiefst reaktionären Versuch dar, eine *tabula rasa*
zu schaffen, indem Mackay vorgibt, zu einem egalitären Merkanti-
lismus zurückzukehren. Objektiv gesehen, manifestiert sich darin
jedoch eine spezifisch kleinbürgerliche Reaktion auf die fortschrei-
tende Monopolisierung der Produktionsmittel, die gerade in jenen
Jahren, als die *Anarchisten* geschrieben wurden, eine merkliche Ak-
zeleration durchmachte.

Mackays Buch stellt somit ein Amalgam Stirnerscher und Prou-
dhonscher Ideologeme dar, das auf jenes deutsche Bürgertum, das
sich zwischen den Fortschritten der SPD und dem meteorhaften
Aufstieg der industriellen Power-Elite mehr und mehr eingeklemmt
fühlte, einen gewissen Appeal haben mußte. Von Proudhon bezieht
diese Ideologie ihre Verteidigung des Privatbesitzes wie auch ihren
Angriff gegen die wirtschaftlichen Privilegien des Monopolkapitals.
Aber, wie Mackay immer wieder betont, ihr Hauptziel ist die Verklärung des Stirnerschen „Egoismus", die „Erkenntnis der eigenen
Interessen" (160) und zugleich die Befreiung vom „traurigen Zustand der gegenseitigen Abhängigkeit" verspricht (10). Diese Verbindung aus Individualismus und Mutualismus wird in Zukunft jedem, wie Mackay behauptet, durch gerechten Austausch des
Arbeitsertrages die gleichen Chancen bieten und damit allen, die ihre

finanziellen Angelegenheiten geschickt zu managen verstehen, eine Erweiterung ihres Vermögens erlauben. Daher lächelt Auban nur verschmitzt, als die anderen sich darüber erhitzen, ob in Zukunft die Schwerarbeiten von Menschen oder Maschinen ausgeführt werden; all das betrifft ihn offenbar gar nicht, da er darauf vertraut, daß er einmal vom ‚Ertrag' seiner Arbeit leben wird. Was Sozialismus und Anarchismus gemeinsam haben, besteht für Mackay/Auban allein in der Forderung des ‚gerechten Austauschs', nur daß er – wie Proudhon – den Ort der Ausbeutung nicht in der Produktionssphäre, sondern in der Sphäre der Zirkulation und Konsumtion sieht. Arbeit wird daher lediglich als Quelle materiellen Reichtums betrachtet – und damit die Rolle, die sie im Prozeß der Individual- und Menschheitsgeschichte spielt, bewußt übersehen. Aus diesem Grunde betont Mackay stets die „völlige Unvereinbarkeit anarchistischer und kommunistischer Weltanschauung" (19).

Im Hinblick auf solche Anschauungen ist es nur konsequent, wenn Auban alle Formen kommunistischen Denkens scharf attakkiert: ob nun den Sozialismus der Arbeiterbewegung oder (was seine Isolierung noch deutlicher werden läßt) den fragwürdigen kommunistischen Anarchismus eines Kropotkin, der in den *Anarchisten* durch den Fabrikbesitzer Trupp vertreten wird. Einer von Aubans Gesinnungsgenossen, ein Mann namens Dr. Hurt, der einzige, mit dem er ab und zu ein „vernünftiges Wort" wechselt (289), faßt diese Anschauung folgendermaßen zusammen: „Auban, diese Kommunisten sind Fanatiker, sie sind krank, verworren, sie leiden an moralischen Hirngespinsten" (297). Auban und Hurt sind daher in ihrer Verteidigung des Privatbesitzes gegen kommunistische Gemeinschaftskonzepte einer Meinung, ja Mackay läßt es bereits im Vorwort nicht an Warnungen gegen die SPD fehlen. Unter Verwendung billigster Argumente geht Auban an anderer Stelle so weit, Kommunismus und Christentum einfach als analoge Glaubenssysteme hinzustellen, die notwendig zu „Unfreiheit, Unordnung und innerlichstem Elend" führen (77). Die Verurteilung ‚versklavender' Anschauungen wird schließlich auf sämtliche Ideologien (außer der von Mackay) ausgedehnt, da sie alle in Richtung „Utopie oder aber Knechtschaft in irgendeiner Form" tendierten (161). Dieser Abneigung gegen spezifisch sozialistische, kommunistische oder utopische Konzepte entspricht Mackays Vorliebe für jene rationalistischen, aufklärerischen und naturwissenschaftlichen Standpunkte, deren sich auch die Sozialdarwinisten zur Verteidigung des Manchester-Liberalismus bedienen.

Die Wirkungschance einer solchen scheinradikalen Ideologie blieb um 1900 natürlich auf jene kleinbürgerlichen Schichten beschränkt, die zwar in dieser Ära durch das rapide Anwachsen der Verwaltungsapparate numerisch zunahmen, sich aber zugleich durch Erfindungen wie Telephon und Schreibmaschine den Mechanisierungstendenzen der fortschreitenden Technologie ausgesetzt sahen. Nachdem die Euphorie der Gründerzeit wieder abgeklungen war, fühlte sich diese Gesellschaftsschicht, zumal sich ihr Lebensstandard nicht merklich verbessert hatte, von der sich monopolistisch konsolidierenden Großbourgeoisie und der wachsenden Arbeiterbewegung regelrecht in die Zange genommen. Sich von der Oberklasse wie auch den Arbeitern gleichermaßen distanzierend und zugleich ihre Büroarbeit mit wirklicher Produktion verwechselnd, sah diese Schicht ihr Heil mehr und mehr in einer illusorischen Rückkehr zu jener wahrhaft ,freien' Welt des frühen 19. Jahrhunderts, in der noch eine beträchtliche „wirtschaftliche Bewegungsfreiheit" geherrscht habe (10). Mackays individualistischer Anarchismus stellt daher eine der zahlreichen Varianten eines ersatzhaften Klassenbewußtseins für die deutsche Mittelklasse dar, die in dieser Zeit zusehends mit Ideologien bombardiert wurde, denen ein weitgehendes Unverständnis für die wirklichen Mächte und Beziehungen innerhalb der industriellen Produktion zugrunde liegt.

Mackays Bewußtsein der geringen Wirkungschancen eines Programms, das hauptsächlich auf einem „verfeinerten und höchstgesteigerten Egoismus" beruht (13), zeigt sich in Aubans resigniertem Zugeständnis, daß seine Ideen nicht bei den „Handarbeitern", sondern nur bei den Vertretern des „geistigen Proletariats" Anklang fänden (342). Doch diese „geistigen Arbeiter", diese „Zeitungsschreiber und Literaten" (341), kurz gesagt: diese Vertreter der kleinbürgerlichen Intelligenz hätten es, wie Auban erklärt, heute „ebenso schwer, ja schwerer" als die Proletarier (341). Diese Intellektuellen, die an ihrer Isolierung, der „schwer auf ihnen lastenden Bildung" litten, sind für ihn „die ersten und vielleicht auch die einzigen", die „nicht nur bereit, sondern auch fähig" sind (342), ihr Heil in der „Lehre von der Souveränität des Individuums" zu suchen (15). Es wirkt daher fast wie ein Ausdruck schlechten Gewissens, wenn Mackay 1893 im Vorwort der „wohlfeilen Volksausgabe" der *Anarchisten* feierlich erklärt, daß der damit anvisierte Durchbruch in die „Öffentlichkeit" einer seiner lange gehegten „Lieblingswünsche" gewesen sei (9). Seine bisherige Isolierung wird hier einfach mit dem lapidaren Satz „Ich bin ein Künstler" verteidigt (13). Als

Vertreter der Künstlerkreise sei er eben unfähig, „auch wenn ich es wollte", wie es heißt (13), sich in den „lauten, rohen Kampf des Tages" einzumischen (14). Daher sieht Mackay in dieser Buchveröffentlichung seine Form des „Protests" (12), während eine aktive Rolle in der Agitation und Propaganda – ob nun bei Versammlungen oder in der Presse – ihm für seine Person „vollends unmöglich" erscheint (14).

Und diese selbstbewußte Pose des ästhetischen Außenseiters hielt Mackay nicht nur von der deutschen Arbeiterbewegung, sondern auch von jener bohemienhaften Subkultur fern, die sich in diesen Jahren in Berlin – und etwas später auch in Wien und München – entwickelte. Im Gegensatz zu diesen Bohemiens, die durch eine „brutal zur Schau getragene Unterstreichung des Andersseins", wie es Erich Mühsam nannte,[11] ihre Rebellion gegen die Verhaltensnormen der wilhelminischen Gesellschaft zum Ausdruck zu bringen versuchten, blieb Mackay mit seiner „schrulligen Gestelztheit" und seinen „pedantisch korrekten" Umgangsformen ein seltsames Unikum aus einer vorgestrigen Welt. Kein Wunder daher, daß Mackay – im Sinne von Aubans Kritik an Trupp – Mühsam einfach einen „Kommunisten" nannte, während Mühsam den Spieß kurzerhand umdrehte und Mackay als den „konventionellsten Menschen" an den Rändern der Berliner Boheme hinstellte.[12] Helmut Kreuzer hat daher Recht, wenn er Mackays Konventionalität als „ein Zeugnis für das Nichtutopische seines Anarchismus" charakterisiert.[13] Und so blieb Mackay selbst innerhalb jenes schillernden Milieus der Boheme um 1900 eine Randfigur, deren Wirkung weder von seiner Person noch von seinen Schriften, sondern allein von der „Stirner-Renaissance" ausging, die er in Bewegung setzte.[14]

Die Wichtigkeit dieses Stirnerschen Egoismus bei der Herausbildung einer spezifisch bohemehaften Ethik (der selbstverständlich auch die innere Kongruenz von Stirnerismus und Nietzscheanismus zu Hilfe kam) kann kaum überschätzt werden. Unfähig, sich entweder mit der saturierten Bourgeoisie oder der reformistischen SPD und den Gewerkschaften zu identifizieren, gaben es die nachnaturalistischen und vorexpressionistischen Künstler und Intellektuellen einfach auf, ihren objektiven Platz innerhalb der Gesellschaft zu bestimmen und sich dementsprechend zu verhalten. Statt dessen zogen sie sich in jenes bohemische Milieu der literarischen Cafés zurück, wo sie sich der zarathustrischen Illusion hingeben konnten, außerhalb oder gar über der Gesellschaft zu stehen. Isoliert und zugleich oppositionell eingestellt, verwarf diese völlig mit sich selbst beschäftigte Boheme jeden Anpassungszwang, jede Leistungsethik und schwelgte in emphatischen Bekenntnissen zu einem extremen Subjektivismus, ja Solipsismus. Unfähig, der allgemeinen ‚Kulturlosigkeit' streitbar entgegenzutreten, fand sie in Stirner die Rechtfertigung einer Revolte, die sich rein auf der Ebene des Bewußtseins abspielt.

Und doch kommt in diesen bohemischen Caféhausklubs, literarischen Zirkeln, Künstlerkolonien und rousseauistischen Landkommunen (bei denen sich die Boheme mit der breiteren Lebensreformbewegung überschneidet) der utopische Versuch zum Durchbruch, in dem allgemeinen Ozean des Philistertums Inseln einer künstlerischen Kultur zu schaffen. Diese Vorwegnahme einer emanzipierten Zukunft drückt sich genau in jenem antibürgerlichen Lebens- und Kleidungsstil aus, den Mackay so verachtete. Während Mackay noch weitere dreißig Jahre seine von Stirner und Proudhon inspirierte Verteidigung des Privatbesitzes und des *Laissez-faire*-Prinzips vertrat (was ein Roman wie *Der Freiheitssucher* von 1921 beweist), gerieten andere Anarchisten mehr und mehr in den Bann Kropotkins, des wohl wichtigsten Theoretikers des kommunistischen Anarchismus. So spielt etwa Bruno Wille, dessen *Philosophie der Befreiung* (1894) nach einer Synthese von Stirner und Kropotkin strebt, im Friedrichshagener Kreis wie auch in der ‚Neuen Gemeinschaft' der Gebrüder Hart eine wichtige Rolle. Bernhard Kampffmeyer und Gustav Landauer, die ebenfalls der ‚Neuen Gemeinschaft' angehörten, sorgten nicht nur dafür, daß Kropotkins Hauptwerke ins Deutsche übersetzt wurden, sondern setzen sich ebenso energisch für gemeinschaftsbetonte Siedlungskonzepte ein. Das gleiche gilt für den Apothekerlehrling Erich Mühsam (1878–1934), der von Lübeck nach Berlin ‚floh', um freier Schriftsteller zu werden, und der seine Erweckung zum Anarchismus bei der Lektüre von Landauers Essay *Durch Absonderung zur Gemeinschaft* (1901) erlebte.

Die Wirkung des kommunistischen Anarchismus Kropotkins auf die deutsche Boheme um 1900 läßt sich wohl nirgends besser verfolgen als in den Schriften Mühsams, der einmal schrieb, daß er das „Pech" hatte, von seinen Zeitgenossen als „das Musterbeispiel eines Bohemiens" betrachtet worden zu sein.[15] Und zwar äußert sich der Einfluß Kropotkins nicht nur in den utopistischen Gemeinschaftsexperimenten vieler Bohemiens dieser Jahre (so besuchte etwa Mühsam viermal die „ethisch-sozial-vegetarisch-kommunistische Siedlung" in Ascona,[16] bevor er sich entschloß, darin ein „Fiasko"[17] zu sehen), sondern auch in ihrer Einstellung zum Phänomen ‚Arbeit'.

Denn nur in diesen utopistischen Koloniebildungen waren die Bohemiens bereit, die Verpflichtung zu körperlicher Arbeit auf sich zu
nehmen. Nur hier bemühten sie sich um jene Reintegration von
Hand- und Kopfarbeit, die sowohl Bakunin als auch Kropotkin ge-
fordert hatten (wie noch das Umschlagsbild der Neuausgabe von
Mühsams *Ascona* von 1976 beweist). Doch trotz dieser fidushaften
Auftritte mit Spaten und Unkrauthacke sehnte sich auch Mühsam
nach jenem Tag, an dem er sich ausschließlich seiner künstlerischen
Arbeit hingeben könne, ohne ständig von der Sorge um die nächste
Mahlzeit geplagt zu sein. Im Gegensatz zu leistungsorientierten
Anarchisten wie Proudhon und Bakunin hatte nämlich Kropotkin mehrfach betont, daß in der zukünftigen ‚freien' Gesellschaft
auch für die Leistungsverweigerer gesorgt werde. Mühsam sprach
daher vielen aus dem Herzen, wenn er behauptete:[18]

> Warum ich [. . .] die positive Forderung des kommunistischen Sozia-
> lismus [. . .] stelle, das will ich ganz klar, ganz brutal heraussagen:
> weil in der kommunistischen Gesellschaft der Künstler im weitesten
> Maße die Möglichkeit hat, der Parasit der ethisch gesinnten Gesell-
> schaftsschichten zu sein, als der er in jener Gesellschaftsinstitution
> ohnehin angesehen wird. Das „freie Genußrecht", das unverkürzte
> Recht eines jeden an den Produkten der Gesamtarbeit, ist für mich
> der entscheidende Faktor, den Kommunismus als Ideal einer Gesell-
> schaftsform zu betrachten.

Mühsams Provokation, sich selbst als „Schmarotzer" hinzustellen,[19]
war selbstverständlich ein Bekenntnis, mit dem er sich – in seiner
Rolle als missionarischer Anarchist – nicht an das deutsche Proletariat, diese unbewußte, getriebene „Masse der kommandogewohnten
Arbeitsheloten", wenden konnte.[20] Dies war eine Botschaft, die sich
nur an die elitäre Subkultur der „Outsider der Gesellschaft" richtete,
welche „ohne überhaupt produktiv zu sein, in allen ihren Lebensäu-
ßerungen von künstlerischen Impulsen geleitet werden".[21] Ohne es
zu merken, geriet Mühsam dabei in eine gefährliche Nähe zu jenem
Ästhetizismus, dessen Programm darin bestand, selbst das Leben in
ein Kunstwerk zu verwandeln.

Eine prominente Rolle in diesem Pantheon der Außenseiter war
bereits von Stirner den Vagabunden zugestanden worden.[22] Auch
Mühsam sah in ihnen die höchste Form der Leistungsverweigerung
und künstlerischen Freiheit, was sowohl sein nur fragmentarisch
überliefertes Drama *Glaube, Liebe, Hoffnung* (1906) als auch andere
seiner Schriften belegen, in denen sich eine tiefe Affinität mit dem
Landstreichertum äußert:[23]

Tausendmal mehr wert als der im Kapitalistensold fronende Fabrikarbeiter, ist mir der junge, kräftige Landstreicher, den ich vor einigen
Jahren auf einer Walztour durch Mecklenburg traf, und der mir auf
meine Frage, warum er nicht arbeite, antwortete: „So leben, wie ich
leben möchte, kann ich weder als Arbeiter noch als Kunde. Hier bin
ich aber wenigstens soweit mein freier Herr, als ich mich nicht von
einem Ausbeuter schuhriegeln zu lassen brauche." Dieser Mensch
hatte mehr Künstlerblut in den Adern, als alle vom Berliner Hof pro-
tegierten Siegesallee-Kitscher zusammengenommen.

Auch Mühsam geht es also um eine säuberliche Trennung zwischen
dem Reich der individuellen und ästhetischen Freiheit (Gemeinschaft, Kultur, Volk) und dem Reich der Entfremdung und Ausbeutung (Gesellschaft, Zivilisation, Masse). Auf der einen Seite stehen
die Künstler und Lumpenproletarier, deren Werke – wie alle echte
Kunst – „jenseits der Marktbewertung" angesiedelt sind,[24] auf der
anderen stehen die Kitscher und Proleten, die bloße Gebrauchsgüter
herstellen. Diese Verherrlichung des Lumpenproletariats hat selbstverständlich im Anarchismus eine lange Tradition. Während jedoch
Bakunin im Lumpenproletariat noch den Vortrupp einer sozialen
(nicht politischen) Revolution gesehen hatte, deren Ziel eine Gemeinschaft der kollektiven Leistung sein sollte, sahen Mühsam und
die Bohemiens im Lumpenproletariat lediglich den Vortrupp einer
kulturellen (wiederum nicht politischen) Revolution, die den Para-
sitismus für jetzt und für alle Zukunft legitimieren sollte.

So hatte etwa Gustav Landauer, Mühsams Mentor, als die Avant-
garde der kulturellen Revolution nicht nur die „armen Schriftsteller
und Künstler", sondern auch Lumpenproletarier wie „Pennbrüder,
Landstreicher, Zuhälter, Hochstapler oder Gewohnheitsverbre-
cher" hingestellt.[25] Diese Aufzählung gemahnt deutlich an Mühsams erstes veröffentlichtes Drama *Die Hochstapler* (1906), das von
einem zeitgenössischen Kritiker als ein „Thesenstück des individualistischen Anarchismus" charakterisiert wurde,[26] das aber in Wirklichkeit viel widersprüchlicher ist und auch eine Reihe Kropotkinscher Elemente enthält. Da Mühsams frühe Gedichtbände einen
gewissen Erfolg gehabt hatten, fiel es ihm nicht schwer, für dieses
Drama einen bürgerlich-angesehenen Verleger, nämlich Piper, zu
finden. Von den Kritikern wurde jedoch dieses Lustspiel wegen seiner tendenziösen Offenheit und seines dilettantischen Wedekindi-
sierens abgelehnt – und daher nie aufgeführt. Das Ganze dreht sich
um einen Aktienschwindel, der von drei bohemienhaften Hochstaplern – einem Opernsänger, einem Vorbestraften und einem Gi-

golo – eingefädelt wird. Indem dieses Trio den Kapitalisten, das heißt den Parvenü Cronheim, mit seinen eigenen Tricks reinlegt, wird der Aktienschwindel fast zu einem kriminellen Kunststück, ja Kunstwerk erhoben, bei dem das Opfer das bekommt, was ihm zusteht: nämlich nichts. Moralische Skrupel werden mit der Bemerkung beiseite gewischt: „Heutzutage bleibt einem Menschen kaum eine andre Wahl, als entweder auf Kosten andrer zu leben, – oder sein Lebelang zu arbeiten und sich zu quälen, damit andre den Gewinn dafür in die Tasche stecken" (140).[27] Überzeugt von der grundsätzlichen Banausigkeit jeder geregelten Arbeit (ob nun der der Ausbeuter oder der Ausgebeuteten), halten sich diese Bohemiens für „zu gut", in der philisterhaften Weise eines Cronheim Geld zu akkumulieren, und entscheiden sich statt dessen für „eine ganz große Schweinerei", die es ihnen finanziell ermöglichen soll, dem „europäischen Betrieb" (115) den Rücken zu kehren und „ein Kulturleben zu führen" (38). Als Land ihrer Utopie wählen sie Indien mit all seinen „Kunst- und Landschaftsschätzen", wo man „unabhängig von Arbeit" (38) leben könne – wie es zynischerweise heißt.

Dieses Theaterstück steht in einer geistesgeschichtlichen Ahnenfolge, die über die anarchistischen Vorläufer Mühsams bis zu den antizivilisatorischen Affekten eines Rousseau, der romantischen Vorliebe für exotische Länder und dem ästhetisierenden Müßiggang reicht. In Mühsams bohemischer Kritik der proletarischen *und* bürgerlichen Arbeit klingt noch immer die humanitätsidealistische Kritik der Arbeitsteilung der großen Weimaraner nach. (Und so wurde auch Mühsam, der die Klassiker des Anarchismus lehrte, schließlich ein Teil jenes Bildungsbürgertums, das er selbst als „Philisterium" so schroff ablehnte.[28]) Während die Bürger und Proletarier nur „gemeinnützige Arbeit" ausführen, bemühen sich – nach Mühsams Meinung – die erlesenen Zirkel der künstlerischen Außenseiter um die „individuelle Entfaltung der seelischen Qualitäten".[29] Klassische und romantische Elemente verbinden sich hier zu einer ästhetischen Utopie (sei sie nun in der Antike oder Indien angesiedelt[30]), in welcher sich die harmonisch ausgebildete Persönlichkeit, indem sie die Welt der Bedürfnisse und der Arbeit einfach übersieht, ganz dem Erleben von Kultur, Gemeinschaft, Volk oder Geist hingeben kann. Für den Bohemien ist daher künstlerische Produktivität kein „Nutzzweck", sondern ein „Selbstzweck",[31] das heißt eine Tätigkeit, bei welcher man „mit dem Zufall experimentiert, mit dem Augenblick Fangball spielt und der allzeit gegenwärtigen Ewigkeit sich verschwistert".[32]

Indem die Weimarer Klassiker ein normatives Modell einer ästhetischen Emanzipation aufgestellt hatten, das sich rein an eine elitäre Freizeitgesellschaft wendet, und die entscheidende Frage, wie denn die arbeitenden Massen dieses Ideal je erreichen können, unbeantwortet gelassen hatten, waren sie Opfer einer „idealistischen Überspanntheit" geworden.[33] Dasselbe trifft auf die erwähnten Bohemiens zu. Besonders Mühsam verfällt manchmal einem krassen Elitismus, indem er behauptet, daß die Massen wahre Kunst nie verstanden hätten und auch nie verstehen würden. Das bedeutet letztlich, daß die bohemische „Sehnsucht nach einer idealen Menschheitskultur"[34] stets eine unstillbare Sehnsucht bleiben wird. Kein Wunder daher, daß diese ästhetischen Außenseiter immer wieder der „Verzweiflung über die Unüberbrückbarkeit der Kluft zwischen sich und der Masse" anheimfallen.[35] Und dies ist auch der Grund von Mühsams Opposition zur damaligen Arbeiterbewegung. In einem sozialdemokratischen Zukunftsstaat, fürchtet er, sehe sich der Künstler sicher gezwungen, „seine Arbeit – d. h. sein persönlichstes Glaubensbekenntnis – als Ware dem Haufen der Mitmenschen feilzubieten, den ‚Wert' seiner Schöpfungen von einer Vertretung der kunstfremden ‚Mehrheit' abschätzen zu lassen".[36] Wie schon Mackay Anarchie und Kommunismus als unvereinbar hingestellt hatte, so erklärt jetzt Mühsam Sozialismus und Demokratie als „ganz unvereinbare Ideen".[37] Oder deutet sich in den *Hochstaplern* doch eine alternative Strategie der Emanzipation an? Ich glaube nicht, denn Mühsams Sentimentalität im Hinblick auf das Lumpenproletariat korrespondiert mit seiner völligen Naivität in Sachen Ökonomie. Wie Volker Klotz anhand der Wedekindschen Dramen dargelegt hat, ist die Figur des Hochstaplers ein anachronistisches, ja fast nostalgisches Relikt aus der Frühzeit der liberalen Marktwirtschaft.[38] Mühsam enthistorisiert und ästhetisiert die monopolkapitalistische Gesellschaft, in der er lebt, indem er den privatunternehmerischen Wirtschaftsheroismus glorifiziert. Daher müssen sich seine Hochstapler dem „europäischen Betrieb" mit all seinen realen Macht- und Produktionsverhältnissen schließlich durch den Sprung in die Utopie entziehen.

Doch Mühsam hat auch versucht, seine Utopie zu konkretisieren, das heißt Theorie und Praxis miteinander zu vermitteln. Obwohl er Ascona verließ und in der ihm gemäßeren Münchener Szene Fuß zu fassen versuchte, trat er weiterhin dafür ein, Ascona in ein Sanktuarium für entflohene Häftlinge und Vorbestrafte zu verwandeln.

Das philanthropische Element seiner Sympathie für das kriminelle Lumpenproletariat kommt auch in seinen Aktivitäten für die beiden Münchener Ortsgruppen des von Landauer gegründeten ‚Sozialistischen Bundes‘ zum Ausdruck. Während sich seine Bundesgenossen Franz Jung, Carl Otten und Oskar Maria Graf eher in der ‚Gruppe Tat‘ einen Namen machten, organisierte Mühsam obendrein die ‚Gruppe Kunde‘, durch die er das Münchener Lumpenproletariat zu erreichen – und zu erheben – suchte, indem er Vorträge hielt (bei denen Freibier ausgeschenkt wurde), eine Bibliothek mit Klassikern des Anarchismus einrichtete und eine Gruppe von Lumpen mit in die Oper nahm.[39] Wegen solcher harmlosen Akte „symbolischer Aggression"[40] wurde Mühsam ab 1903 ständig von der Polizei beschattet und – nach einem Gerichtsverhör über seine Teilnahme an einer ‚geheimen‘ Organisation im Jahre 1910 – vom Zugang zu den bürgerlichen Medien ausgeschlossen, was ihn in zunehmendem Maße zum Selbstverlag seiner Schriften zwang. Mühsams bohemische Sympathie für das Lumpenproletariat beruhte auf einem tiefen Gefühl gemeinsamer Unterdrückung – aber diese Konfrontation spielte sich nicht in der Produktionssphäre, sondern zwischen den Deklassierten und der Polizei beziehungsweise der Justiz ab. Dies führte zwar zu einer scharfen Kritik an der wilhelminischen ‚Kulturlosigkeit‘, aber einer Kritik, die rein auf dem Prinzip der Negation beruhte und der es daher – trotz aller messianischen Führungsansprüche – an einer effektiven Gegenstrategie fehlte.

Die Formel von der „proletarischen Boheme",[41] die Mühsam im Hinblick auf die deklassierte Subkultur prägte, umschreibt jedoch nicht nur die von ihm ins Auge gefaßten Gruppen, sondern trifft auch auf eine Reihe weiterer linksradikaler und linkskommunistischer Gruppen zu, die sich um 1910 herausbildeten und die bis in die revolutionären Jahre der Weimarer Republik weiterexistierten. Die Zielvorstellungen und Ideologeme dieser anarchistischen Boheme lassen sich vor allem im Kreis um Franz Pfemferts *Die Aktion* nachweisen.[42] So vertrat etwa Ludwig Rubiner 1912 in seinem bekannten Aufsatz *Der Dichter greift in die Politik* ein lumpenproletarisches Konzept, das deutlich an Mühsams Leistungsverweigerungs-Parolen gemahnt:[43]

> Wer sind die Kameraden? Prostituierte, Dichter, Zuhälter, Sammler von verlorenen Gegenständen, Gelegenheitsdiebe, Nichtstuer, Liebespaare inmitten der Umarmung, religiös Irrsinnige, Säufer, Kettenraucher, Arbeitslose, Vielfraße, Pennbrüder, Einbrecher, Erpresser, Kritiker, Schlafsüchtige, Gesindel. Und für Momente alle Frauen

142

der Welt. Wir sind der Auswurf, der Abhub, die Verachtung. Wir sind die Arbeitslosen, die Arbeitsunfähigen, die Arbeitsunwilligen.

Paradox gesagt, gelang es also Mühsam gerade durch seine utopistischen Konzepte, jene totale Isolierung zu überwinden, in die sich Mackay hineinmanövriert hatte. Allerdings blieben dabei seine Bundesgenossen vornehmlich jene Lumpenproletarier, die sich wie er dem Anspruch der kapitalistischen Leistungsethik zu entziehen suchten. Es ist eine traurige Ironie der Geschichte, daß Mühsam später im Konzentrationslager just durch jene lumpenproletarischen Elemente umgebracht wurde, die man in einer kleinbürgerlich-bündischen Bewegung organisiert hatte, deren Ziel eine utopische Volksgemeinschaft war.

(Aus dem Amerikanischen von Jost Hermand)

Anmerkungen

1 Über die beiden ersten vgl. Bernd Balzer, *Heinrich Bölls Werke. Anarchie und Zärtlichkeit* (Köln, 1977) und „Bahro – eine Alternative?" In: *Beiträge zum wissenschaftlichen Sozialismus* 15 (1978), S. 21–38. Über die Baader-Meinhof-Gruppe vgl. Lawrence Baron u. a., Der ‚anarchische' Utopismus der westdeutschen Studentenbewegung. In: *Deutsches utopisches Denken im 20. Jahrhundert*. Hrsg. von Reinhold Grimm und Jost Hermand (Stuttgart, 1974), S. 120–135. Vgl. auch den interessanten Gedankenaustausch in *Internationale wissenschaftliche Korrespondenz zur Geschichte der deutschen Arbeiterbewegung* 10 (1974), S. 398–403 und 11 (1975), S. 293–294, in dem sich Peter Lösche und Günter Bartsch beide gegen die Behauptung wenden, daß man die Baader-Meinhof-Gruppe als ‚anarchistisch' bezeichnen könne.

2 Andrew R. Carlson, *Anarchism in Germany*. Bd. 1. *The Early Movement* (Metuchen, 1972) und Günter Bartsch, *Anarchismus in Deutschland*. 2 Bde. (Hannover, 1972–1973).

3 Hans Manfred Bock, Bibliographischer Versuch zur Geschichte des Anarchismus und Anarcho-Syndikalismus in Deutschland. In: *Jahrbuch Arbeiterbewegung* 1 (1973), S. 294–334.

4 Als Beispiele positiver Einschätzungen vgl. George Woodcock, *Anarchism* (New York, 1962) und Daniel Guérin, *Anarchismus* (Frankfurt, 1967). Beispiele kritischer Behandlungen bieten Hans Mayer, Autorität und Familie in der Theorie des Anarchismus. In: *Studien über Autorität*

und Familie. Hrsg. von Max Horkheimer (Paris, 1936), S. 824–848 und Hans G. Helms, *Die Ideologie der anonymen Gesellschaft* (Köln,1966).

5 Vgl. neben den Studien von Bartsch und Carlson auch Ulrich Linse, *Organisierter Anarchismus im deutschen Kaiserreich von 1871* (Westberlin, 1969) und „Die Transformation der Gesellschaft durch die anarchistische Weltanschauung: Zur Ideologie und Organisation anarchistischer Gruppen in der Weimarer Republik. In *Archiv für Sozialgeschichte* 11 (1971), S. 289–372 sowie die beiden Bücher von H. M. Bock, *Syndikalismus und Linksradikalismus von 1918 bis 1923* (Meisenheim, 1969) und *Geschichte des ‚linken Radikalismus‘ in Deutschland* (Frankfurt, 1976).

6 Vgl. Peter Lösche, Anarchismus – Versuch einer Definition und historischen Typologie. In: *Politische Vierteljahresschrift* 15 (1975), S. 53–73 und Gerhard Botz u. a., *Im Schatten der Arbeiterbewegung: Zur Geschichte des Anarchismus in Österreich und Deutschland* (Wien, 1977).

7 Außer einigen Untersuchungen einzelner Autoren gibt es auf diesem Sektor nur einen beachtenswerten Versuch eines Gesamtüberblicks, nämlich das Buch von Walter Fähnders und Martin Rector, *Linksradikalismus und Literatur: Untersuchungen zur Geschichte der sozialistischen Literatur in der Weimarer Republik* (Reinbek, 1974), vor allem Bd. 1, S. 255–330 und Bd. 2, S. 111–153.

8 Vgl. Erich Mühsam, Tendenz-Lyrik (1902). In: *Ausgewählte Werke,* Bd. 2. *Publizistik. Unpolitische Erinnerungen* (Berlin/DDR, 1978), S. 7–9, wo ein ähnlicher Dualismus zum Ausdruck kommt. Diese Auswahl aus Mühsams Werken, vorzüglich ediert von Christlieb Hirte, Roland Links und Dieter Schiller, setzt einen Maßstab, an dem die nächsten Bände der *Gesamtwerke* Mühsams, die seit 1977 in Westberlin erscheinen und deren Herausgeber Günter Emig ist, gemessen werden sollten. Der 2. Bd. dieser Ausgabe, der die *Dramen* enthält, wurde von Rainer Siemon in *Scheinwerfer* (Hrsg. von Gerd W. Jungblut [Westberlin, 1978], S. 172 f.) höchst kritisch besprochen. Der *Scheinwerfer,* der aus Anlaß von Mühsams 100. Geburtstag erschien, ist ein höchst aufschlußreiches Dokument für die Mühsam-Rezeption innerhalb der „undogmatischen Linken" in der BRD (S. 5).

9 Thomas A. Riley, *Germany's Poet-Anarchist, John Henry Mackay* (New York, 1972), S. 88.

10 Die Seitenzahlen beziehen sich auf John Henry Mackay, *Gesammelte Werke,* Bd. 8, *Die Anarchisten* (Treptow, 1911).

11 Erich Mühsam, Boheme (1906). In: *Ausgewählte Werke,* Bd. 2, S. 30.

12 Mühsam, *Namen und Menschen. Unpolitische Erinnerungen* (1931). In: *Ausgewählte Werke,* Bd. 2, S. 541.

13 Helmut Kreuzer, *Die Boheme* (Stuttgart, 1971), S. 333.

14 Hans G. Helms, *Ideologie,* S. 295–304. Indem Mackay seinen Gedichtband *Sturm* (1888) Stirner widmete und auch in der Einleitung zu den *Anarchisten* ausdrücklich auf Stirners Hauptwerk *Der Einzige und sein Eigentum* hinwies, setzte er den Prozeß der erneuten Inbesitznahme des ‚egoistischen‘ Erbes innerhalb des deutschen Anarchismus in Gang, der

einen weiteren Impuls durch die Entscheidung Philipp Reclams erhielt, 1893 *Der Einzige und sein Eigentum* neu zu verlegen. Die Nachfrage nach diesem Werk des kleinbürgerlichen Radikalismus war so groß, daß Reclam bis zum Ersten Weltkrieg fast jedes Jahr eine Neuauflage veranstalten konnte. Mackay selbst beförderte diese Stirner-Renaissance durch zwei Privatausgaben von Stirners *Kleineren Schriften* wie auch durch drei Auflagen seiner Stirnerbiographie. Die von ihm herausgegebene „Monumentalausgabe" von *Der Einzige und sein Eigentum* weist auf jeder Seite das Wasserzeichen „Mackay" auf.

15 Mühsam, Boheme, S. 29.
16 Mühsam, *Ascona* (1905). In: *Gesamtausgabe*, Bd. 3 (Westberlin, 1978). S. 66.
17 Ebd., S. 67.
18 Mühsam, Der Künstler im Zukunftsstaat. In: *Die Fackel* 8/206 (1906), S. 17.
19 Ebd., S. 19.
20 Ebd., S. 20.
21 Mühsam, Boheme. S. 27.
22 „Man könnte alle, welche dem Bürger verdächtig, feindlich und gefährlich erscheinen, unter dem Namen ‚Vagabunden‘ zusammenfassen; ihm mißfällt jede vagabundierende Lebensart. Denn es gibt auch geistige Vagabunden, denen der angestammte Wohnsitz ihrer Väter zu eng und drückend vorkommt, als daß sie ferner mit dem beschränkten Raume sich begnügen möchten; statt sich in die Schranken einer gemäßigten Denkungsart zu halten und für unantastbare Wahrheit zu nehmen, was Tausenden Trost und Beruhigung gewährt, überspringen sie alle Grenzen des Althergebrachten und extravagieren mit ihrer frechen Kritik und ungezähmten Zweifelsucht, diese extravaganten Vagabunden." In: Max Stirner, *Der Einzige und sein Eigentum*. Hrsg. von H. G. Helms (München, 1968), S. 84.
23 Mühsam, Der Künstler im Zukunftsstaat. S. 20.
24 Mühsam, Appell an den Geist (1911). In: *Gesammelte Werke*, Bd. 2, S. 26. Dieser Aufsatz erschien zuerst in Mühsams Zeitschrift *Kain* 1/2 (1911), S. 17–21.
25 Gustav Landauer, *Aufruf zum Sozialismus* (1911). Hrsg. von Heinz-Joachim Heydorn (Frankfurt-Wien, 1967), S. 113.
26 Rudolf Kurtz, Die Hochstapler. In: *Die Schaubühne* 2 (8. März 1906), S. 287.
27 Die Seitenzahlen beziehen sich auf Mühsams *Hochstapler* in: *Gesamtausgabe*, Bd. 2 (Westberlin, 1977), S. 5–147.
28 Mühsam, Boheme. S. 26.
29 Mühsam, Der Künstler im Zukunftsstaat. S. 18.
30 Ebd.
31 Ebd., S. 15.
32 Mühsam, *Ascona*. In: *Gesamtausgabe*, Bd. 3, S. 94.

33 Vgl. den Beitrag von Berghahn/Müller auf S. 51 ff.
34 Mühsam, Boheme. S. 30.
35 Mühsam, *Ascona.* In: *Gesamtausgabe,* Bd. 3, S. 94.
36 Mühsam, Der Künstler im Zukunftsstaat. S. 16.
37 Ebd., S. 17.
38 Volker Klotz, Wedekinds Circus mundi. In: *Viermal Wedekind.* Hrsg. von Karl Pestalozzi und Martin Stern (Stuttgart, 1975), S. 27.
39 Zur Frühzeit Mühsams vgl. Lawrence Baron, *The Eclectic Anarchism of Erich Mühsam* (New York, 1976), Kapitel 2, 3 und 5.
40 Kreuzer, *Boheme.* S.V.
41 Fähnders/Rector, Bd. 1, S. 86.
42 Lothar Peter, *Literarische Intelligenz und Klassenkampf* (Köln, 1972).
43 Ludwig Rubiner, *Der Mensch in der Mitte* (Berlin, 1917), S. 19. Dieser Aufsatz erschien zuerst in *Die Aktion* 2,22 (1912), S. 646–652 und 2,23, S. 709–718.

Andreas Czerkas / Nadia Donchenko / Biddy Martin

Das Verhältnis von Arbeit und gesellschaftlicher Veränderung in feministischer Theorie und Literatur der BRD

Die westdeutsche Frauenbewegung und die Linke

Die äußerst schwierige Situation, in der sich die Frauenbewegung im allgemeinen und die schriftstellerische Arbeit von Frauen im besonderen befinden, benötigt eine separate Darstellung der Arbeit und der Literatur von Frauen im Rahmen eines Bandes, der dem Thema „Arbeit und Literatur" gewidmet ist. Einerseits sind Frauen, deren Arbeit, Erfahrung und Literatur bisher unsichtbar geblieben sind, sich bewußt geworden, daß ihre Unterdrückung und die Organisation von verändernden Strategien eine gesonderte Erörterung erfordern. Andererseits empfinden es Frauen als eine Notwendigkeit, gegen die Randstellung, die Trivialisierung und die Isolierung anzukämpfen, denen sie als Gruppe schlechthin und als Schriftstellerinnen im besonderen über so lange Zeit ausgesetzt waren. Daß die von Frauen geleistete Arbeit aufgewertet und ihre Literatur sichtbar gemacht wird, stellt einen komplizierten, aber wichtigen Schritt zur Überwindung dieser Isolierung dar. Letztlich ist der Kampf gegen die Unterdrückung der Frauen ein Ringen um etwas radikal Anderes, nämlich das Ringen um eine Gesellschaft, in der die menschlichen Bedürfnisse den Ausgangspunkt der sozialen Organisation bilden.

Die Zielsetzungen, die sich daraus ergeben, ähneln denen, die – unserem Verständnis nach – den sozialistischen Kampf kennzeichnen. So gesehen, sollte die Linke ein natürlicher Verbündeter des Feminismus sein. In der Tat stehen die Linke und die Neue Frauenbewegung seit dem Ende der sechziger Jahre in enger Verbindung miteinander. Die Integration der feministischen Analyse in die Strategien der traditionellen wie auch der neuen Linken ist letztlich notwendig. Jedoch hat sich gezeigt, daß dies in der Bundesrepublik Deutschland auf große Schwierigkeiten stößt. Die Vorrangstellung, welche die Produktionssphäre in Analyse und Strategie der traditionellen Linken innehat, wie auch die allgemein feindliche Gesinnung gegenüber der Frauenbewegung haben verhindert, daß sich die Linke ernsthaft mit der Unterdrückung der Frau befaßte. Deshalb sehen sich gewisse Feministinnen ihrerseits dazu veranlaßt, jegliche Zusammenarbeit mit der Linken einzustellen.

Besonders problematisch sind Analysen von Frauenliteratur durch jene Linken, welche die Existenz wie die Bedeutung dieser Literatur in gleicher Weise abstreiten wie früher konservative Kritiker und welche die feministische Bewegung und die Literatur von Frauen in zwei Gruppen unterteilen: eine marxistische und eine radikal-feministische. Die marxistische Gruppe interessiert sich vorwiegend für die Rolle der Frau innerhalb der Produktionssphäre oder im Rahmen unbezahlter Hausarbeit. Nach ihrer Ansicht wird die Rolle der Frau als separates Problem erst nach dem Abschluß des Klassenkampfes wichtig. Die vom „Werkkreis Literatur der Arbeitswelt" veröffentlichten Texte werden von denen begrüßt, die den traditionellen Marxismus befürworten, aber von jenen, die diesen verachten, oft geringgeschätzt. *Liebe Kollegin*, 1973 bei S. Fischer erschienen, und Margot Schroeders *Ich stehe meine Frau* (1975) sind Beispiele dieser Literatur. Ein anderer Teil der Frauenliteratur wird als „radikal-feministisch" abgestempelt. Der dieser Kategorie zugehörigen Literatur wird vorgeworfen, sie enthalte lediglich ahistorische, subjektive, anthropologische Darstellungen und befürworte eine Welt ohne Männer. Verena Stefans Buch *Häutungen*, 1975 im Verlag Frauenoffensive erschienen, wurde zum Paradebeispiel all dessen, was eine radikal-feministische Analyse angeblich so abstoßend macht. Es spielt keine Rolle, ob ein solches Kategorisieren die grundlegende Prämisse der Unterdrückung von Frauen in Frage stellen will oder nicht. Deutlich wird nur, daß in dieser Zweiteilung eine Verweigerung zum Ausdruck kommt, sich mit neuen politischen und literarischen Formen der Erkenntnis auseinanderzusetzen. Eine derart strikte Kategorisierung wird der Breite feministischer Kritik nicht gerecht. Statt dessen sollten wir dazu übergehen, uns im Verhältnis zur Arbeit und die Arbeit im Verhältnis zur Befreiung neu einzuschätzen. Innerhalb dieser Reflexion erhalten auch die literarischen Texte von Frauen eine wichtige politische Funktion als Ausdruck solcher Erkenntnisse.

Versuche, feministische Theorie und Literatur aufzuspalten, tragen wesentlich dazu bei, die der kapitalistischen Gesellschaft inhärente scharfe Trennung von Arbeitswelt und weiblichem Lebenszusammenhang zu perpetuieren. Eine solche Trennung kann lediglich dazu dienen, die Unterdrückung auf ideologischem und strukturellem Wege fortzusetzen. Obendrein führen solche Spaltungen zu einer unvermeidlichen Trivialisierung vieler literarischer Texte von Frauen, indem sie die Definition eines literarischen oder politischen Textes zu stark eingrenzen. Hinzu kommt, daß die Hartnäckigkeit der Feministinnen, das komplexe Verhältnis von Produktion und Reproduktion zu problematisieren, dadurch in Frage gestellt würde. Die feministische Kritik weist stets auf die komplexe Beziehung zwischen jener Unterdrückung, die der sozialen Organisation der Arbeit zu eigen ist, und der sexuellen Repression hin, die einen wesentlichen Bestandteil dieser Arbeit ausmacht. Ebenso scharf weist sie auf die Beziehung zwischen jener Ideologie, die zur Aufrechterhaltung des Status quo beiträgt, und der Reproduktion bestehender gesellschaftlicher Verhältnisse im Rahmen des Sozialisationsprozesses hin. Die feministische Theorie fordert das Zugeständnis, daß kapitalistische wie nachkapitalistische Gesellschaften auf die von Frauen geleistete, unbezahlte Hausarbeit und auf Fürsorge, Sozialisation und Erziehung von Kindern angewiesen sind. Diese neue Blickrichtung hat veranlaßt, daß die Reduktion von Menschen und insbesondere von Frauen zu Werkzeugen innerhalb der Produktions- und Reproduktionssphäre gesehen und erforscht wird. Allerdings wird dabei stets die dialektische Natur der Unterdrückung von Frauen betont: einerseits wird die Objektivierung als unmittelbare Konsequenz der Isolierung von Frauen in der Privatsphäre begriffen; andererseits weigert die Frau sich, den als weiblich definierten Qualitäten ihre Bedeutsamkeit und Wichtigkeit abzusprechen.

Radikale Feministinnen lehnen es daher ab, Emanzipation als einen Akt des Gleichberechtigtwerdens mit Männern im Rahmen bestehender Strukturen zu begreifen. Damit stellen sie nicht nur jene Strategie in Frage, die ihre Aufmerksamkeit ausschließlich auf die Umwälzung der Produktionssphäre richtet, sondern sie verwerfen auch Strategien, die eine Beteiligung der Frau im außerhäuslichen Arbeitsbereich befürworten, aber die Arbeitsbedingungen für Frauen in diesem Bereich nicht ändern können. Der wesentliche Beitrag des Feminismus zu gesellschaftsverändernden Theorien liegt in seiner nachdrücklichen Betonung von nicht-instrumentellen, nicht-entfremdeten Beziehungen von Menschen zu ihrem Körper, zu ihren Wünschen und zu anderen Menschen als der entscheidenden Grundlage zur Revolutionierung der Arbeitsverhältnisse.

Natürlich lassen sich feministische Theorie und Literatur je nach Ansicht und Schwerpunkt in verschiedene Kategorien aufgliedern, und es gibt auch schon mehr oder weniger gelungene Versuche in dieser Richtung. Manche lehnen eine materialistische oder historische Methode ab und laufen dabei Gefahr, letztlich mit natur- statt kulturbedingten Kategorien zu arbeiten. Patriarchalische Denksysteme und Institutionen werden in Zweifel gestellt; selbst die Gültigkeit dialektischen Denkens wird geleugnet. Die Aufwertung der weiblichen Erfahrung tendiert oft dahin, sich auf voreilig aufgestellte Kategorien zu stützen, die, so die Französin Luce Irigary, „fragmentarisch verstreute Überbleibsel einer vergewaltigten und verweigerten Sexualität sind".[1] Von größerer Wichtigkeit wäre jedoch der Versuch einer Formulierung dessen, was über solche Monokausalitäten hinausführt.

Theoretische Perspektiven

In *Weiblicher Lebenszusammenhang*, einem theoretischen Beitrag zur Beziehung zwischen marxistischem und feministischem Verständnis von Arbeit, nimmt Ulrike Prokop Stellung zu Strategien, die zwar Veränderungen herbeiführen sollen, es aber vermeiden, auf die wechselseitigen Beziehungen zwischen der öffentlichen Arbeitswelt und dem häuslichen Bereich einzugehen. Nach Prokop kann darum das Prädikat „revolutionär" solchen Strategien nicht zugeschrieben werden. Obwohl Prokop reformistischen Strategien, die „weibliche Defizite" durch eine Gleichstellung in Beruf und Ausbildung ausgleichen wollen, äußerst kritisch gegenübersteht, macht sie darauf aufmerksam, daß solche Strategien dennoch bedeutsame Veränderungen im täglichen Leben von Frauen durch legale und politische Reformen bewirken können.[2] Diese reformistischen Strategien kontrastiert sie mit „rhetorischen Strategien", die in ihrem Anspruch auf Unfehlbarkeit und in ihrer Abstraktion erstarrt sind. In ihrer Kritik wendet sie sich zunächst der traditionellen Linken zu. Prokop beurteilt das orthodoxe Festhalten an den Analysen eines Engels und Bebel als ahistorisch. Dadurch wird nicht nur der eigentlich weibliche Lebenszusammenhang, sondern auch das Ausmaß der allgemeinen Degradierung von Arbeit übersehen, die eine Konzentration auf die Produktionssphäre als Mittel zur Aufklärung, zur politischen Organisation oder zur Befreiung in Frage stellt.[3] Prokop bezweifelt die Annahme, daß die konkreten Erfahrungen von Frauen in dem sogenannten unproduktiven Arbeitsbereich nicht zu wichtigen Erkenntnissen und Änderungen führen können. Unterdrückung ausschließlich im Sinne einer männlichen Beherrschung verstanden, vereinfacht – nach Prokop – nicht nur die Vorstellung von Unterdrückung, sondern stellt die Möglichkeit konkreter Versuche zur Veränderung in Abrede – Versuche, die auch kulturelle und klassenbedingte Unterschiede in Betracht ziehen.

Prokop fordert eine konkrete Unterscheidung von Frauenarbeit innerhalb der Privatsphäre. Sie entwickelt eine solche Analyse, indem sie sich marxistischer Kategorien der Produktion bedient. Sie identifiziert weibliche Produktivkräfte mit der Bedürfnisorientierung und dem antiinstrumentellen Verhältnis zu Arbeit und Menschen, die Teil der weiblichen Rollensozialisation bilden. Prokop wendet sich dann den Arbeitsbedingungen zu, denen Frauen ausgesetzt sind: der Monotonie und Vereinsamung durch Hausarbeit und den psychologisch lähmenden Auswirkungen als Folge der aufgezwungenen Rolle als Fürsorgerin oder Heilkraft. Sie betont die Widersprüche, die sich aus dem Konflikt zwischen der autonomen Bedürfnisorientierung und den gegenwärtigen Bedingungen, unter denen Frauen arbeiten, ergeben. Prokops Untersuchung ist sehr konkret und legt großen Nachdruck auf die Anzahl von Arbeitsstunden, die von Frauen unbezahlt geleistet werden, obwohl jene Arbeit gesellschaftlich notwendige Arbeit ist.

Prokop geht dabei von einer *Brigitte*-Studie aus. Sie beschreibt den üblichen Arbeitsablauf einschließlich der aufgewandten Stundenzahl für die Zubereitung von drei Mahlzeiten, für das tägliche Putzen, Geschirrspülen, Einkaufen, Bügeln usw. Ein noch größerer Zeitaufwand ist notwendig für die Kinderfürsorge. Sie stellt außerdem den regenerativen Gefühlsaufwand heraus, den Frauen für ihre durch Druck und Entfremdung innerhalb der Produktionssphäre abgeschlafften Männer aufbringen mußten. Indem Prokop ihre eigenen Interpretationen freudianischer Kategorien des Narzißmus und des Penisneids gebraucht, versucht sie zu erklären, wie Anlagen zu Warmherzigkeit und Eigenentwicklung in Mädchen gleichsam von Geburt an pervertiert werden. Sie geraten dadurch in eine von sich selbst wegweisende Richtung und somit in eine Abhängigkeit von Männern, durch deren vermittelnde Funktion sie in ihrem Wesen bestimmt werden. Am Ende ihrer Ausführungen erläutert Prokop, wie Frauen auf ihre Reduzierung zu Hausfrauen und Müttern reagieren. Je nach Klassenzugehörigkeit neigen Frauen dazu, dem täglichen Lebensablauf ein rituelles Gepräge zu geben: die Bedeutsamkeit von Ordnung und Sauberkeit wird ins Extrem getrieben, und

auf Stil und Mode in ihrer persönlichen Erscheinung wie in der Aus-
stattung ihres Heimes wird übergroßer Wert gelegt. Prokop inter-
pretiert dieses Verhalten als irregeleiteten Protest gegen Unterdrük-
kung und Rationalisierung. Bislang wurde dieses Verhalten
weitgehend als eine Ausbeutung von Frauen durch die Medien und
deren Verbrauchsorientierung angesehen. Nancy Vedder-Shults
schreibt in ihrer Einführung zu Prokop in *New German Critique*:
„Durch ihre Analysen versetzt Prokop das Potential zur Veränderung mitten hinein in die Struktur unseres Lebens als Frauen und damit in unsere Reichweite als Subjekte unserer Zukunft."[4] Sie will damit sagen, daß wir den Widerspruch in unserem Leben überwinden
können, indem wir ihn erkennen, indem wir die Selbstversagung
überwinden, jedoch nicht das Vermögen zu Fürsorge und gegenseitiger Anerkennung aufgeben.

Es ist jedoch interessant zu beobachten, daß selbst Prokop in eine
Art ökonomistischer Analyse zurückfällt. In ihrem Versuch, die
Rolle von Frauen aufzuwerten, gebraucht sie Kategorien der Pro-
duktion und faßt alle menschlichen Qualitäten in der Kategorie
„Arbeit" zusammen, wobei sie die Kategorien Produktivität und
Produktion nicht klar genug trennt.

Damit wird die Entwicklung erfolgversprechender Strategien
nicht gerade begünstigt, und Prokop gibt sich in der Tat mit der
These zufrieden, daß sich die Organisationsformen aus den konkreten Widersprüchen im Leben der Frauen selbst entwickeln müssen.
Eine weitere Schwierigkeit, politische Strategien zu entwerfen, liegt
darin, daß Prokop jene menschlichen Qualitäten, die sie in der Rolle
der Frau erhalten sieht, so überbetont, daß sie dabei Gefahr läuft,
die „Ideologiekritik" gerade solcher Rollen und ihrer Erhaltung in
der Familie zu vernachlässigen. Weil sie sich vorwiegend auf den
weiblichen Lebenszusammenhang in der Privatsphäre konzentriert,
neigt sie immer wieder zu isolierten Strategien. Durch ihre Verwei-
sung der Frau in die Sphäre des Privaten, Persönlichen und Subjektiven übersieht sie, daß die Frau auch auf ökonomischer Ebene unterdrückt wird. Strategien, welche die von Prokop gepriesenen Werte
an die Öffentlichkeit bringen wollen, müssen sich notwendigerweise
auch mit der produktiven Arbeit von Frauen außerhalb der Privatsphäre befassen.

Von eher psychologisch orientierten Feministinnen wird diese
Spaltung in öffentliche und private Sphäre unter anderen Gesichtspunkten, also nicht ausschließlich auf die Produktion bezogen, erör-
tert. Mechthild Merfeld zum Beispiel hebt in ihrem Buch über die

Beziehungen zwischen Sozialismus und Feminismus nachdrücklich hervor, daß die Untersuchungen von Wilhelm Reich wie auch die feministischen Analysen über sexuelle Repression wichtig sind, um die „dialektische Beziehung zwischen Enterotisierung des Körpers und Herstellung der Arbeitsfähigkeit" zu verstehen und damit strategisch umgehen zu können. Diese Dialektik fehlt bei Engels und Bebel. Daß die Organisation der Arbeit in den Mittelpunkt gestellt wird, ohne dabei der sexuellen Unterdrückung Beachtung zu schenken, die eine notwendige Konsequenz dieser Organisation ist, läuft heutzutage bei manchen auf eine Art freudianischen „Kulturpessimismus" hinaus. Freud, der von der grundsätzlich aggressiven Natur des Menschen überzeugt war, kam zu der Schlußfolgerung, daß jede Zivilisation die konsequente Unterdrückung menschlicher Triebe notwendig macht.

Einführung in die Gegenwartsliteratur von Frauen

Es bleibt der Literatur und ihrer einzigartigen Fähigkeit vorbehalten, das Subjekt in seiner konkreten Beziehung zur Gesellschaft darzustellen; durch sie bekommt der feministische Beitrag zur Frage der Arbeit und der gesellschaftlichen Veränderung eine weitere Dimension.

Wir haben jener Literatur von Frauen besondere Beachtung geschenkt, die ihre Impulse von der „Neuen Frauenbewegung" in der BRD und Westberlin erhielt – eine Literatur, die sich bewußt der Darstellung von Erfahrungen von Frauen, ihrer Rolle innerhalb der Gesellschaft und ihren konkreten Arbeitsbedingungen zuwendet. In allen Ländern mit einer starken Frauenbewegung leisten Literatur und Schreiben einen wichtigen Beitrag zur Schaffung einer feministischen Öffentlichkeit. So auch in der Bundesrepublik. Das Schreiben ist zum wichtigen Mittel der Aufdeckung weiblicher Erfahrungen und zur Kritik der jahrtausendealten Objektivierung und aufgezwungenen Unsichtbarkeit von Frauen geworden. Die Wichtigkeit des Schreibens äußert sich in dem Erscheinen von mehr und mehr literarischen Texten, in der ständig wachsenden Zahl von Zeitschriften, in dem Entstehen von feministischen Verlagshäusern und in der Zunahme von Schriftstellerinnen wie auch deren Organisationen. Hélène Cixous' Arbeit betont die Notwendigkeit des Schreibens innerhalb der feministischen Kreise in Paris und weist auf die Notwendigkeit des Schreibens von Frauen in allen Kulturen hin. Cixous erklärt: „Die Frau muß sich selbst schreiben; muß über die Frau schreiben und Frauen zum Schreiben veranlassen. [. . .] Die Frau muß sich in den Text hineinschreiben – wie auch in die Welt und die Geschichte – durch ihre eigene Bewegung."[6] Hierin äußert sich der bewußt politische Charakter einer unterdrückten Gruppe, sich mit Hilfe von Texten in die Geschichte hineinzuschreiben. Die Bedeutsamkeit einer politischen Literatur wird auch von anderen Schriftstellerinnen bestätigt. Jedoch hat die Definition des literarischen Textes im Hinblick auf seine politische Absicht keine spezifisch ‚politische' Literatur hervorgebracht, weder in einer besonderen Form noch in einem vorgeschriebenen Inhalt.

Der in einem viel weiteren Sinne politische Charakter der Literatur von Frauen kann am besten im Rahmen der historischen Entwicklungen erfaßt werden. Seit der Herausbildung einer durchrationalisierten Marktwirtschaft wurde die Literatur immer stärker in die Sphäre der sogenannten Autonomie abgedrängt, in der Literatur Ganzheit beziehungsweise Mangel an Ganzheit ausdrücken sollte. Dagegen räumte die marxistische Linke einer politisch-aktivistischen Literatur den Vorrang ein. Ihre Verurteilung bürgerlich-privatistischer Konzepte unterstrich zwar die Bedeutung einer politisch-operativen Literatur beim Aufbau einer proletarischen Öffentlichkeit, jedoch konzentrierte sie ihre Aufmerksamkeit in erster Linie auf Produktion und Politik, unter Beibehaltung der Vorstellung einer privaten, das heißt nicht-politischen Sphäre.

In ihrem Versuch, das Politische auch in die Privatsphäre einzubringen, liefert die feministische Literatur eine mögliche Synthese. Es handelt sich hierbei um eine Literatur, die in erster Linie an den zwischenmenschlichen Beziehungen, der Arbeit und den Ideologien interessiert ist, aus denen sich unerträgliche Widersprüche im Leben der Frauen ergeben. Die feministische Literatur wie auch die feministische Theorie enthalten in sich das Potential, der dialektischen Beziehung zwischen der Privatsphäre und der Öffentlichkeit nachzugehen und eine fundamentale Kritik an dieser Beziehung anzubieten – eine Kritik, die der Perspektive von Frauen entspringt, derjenigen Gruppe also, die in dieser Hinsicht besonders unterdrückt wird.

Das Sichtbarwerden von Arbeit in der dokumentarischen Literatur

Die Dokumentarliteratur als Mittel zur Darstellung der Arbeit von Frauen und ihrer Unterdrückung gewann rasch an Popularität, was im Rückblick auf die sechziger Jahre keineswegs erstaunlich ist. Schließlich benutzte während dieser Zeit auch die Linke die dokumentarische Literatur, um eine proletarische „Öffentlichkeit" herbeizuführen. Die unglaubliche Vielfalt im Inhalt dokumentarischer Literatur über Frauen reflektiert die verschiedenen Arten an feministischer Theorie, die sich in diesen Jahren herauszubilden begannen.

In den *Bottroper Protokollen*, die 1968 erschienen, bedient sich Erika Runge der Interviewtechnik, um persönliche Erfahrungen von Arbeitern und Arbeiterinnen aufzuzeichnen. Zwei Jahre später erschien im Suhrkamp-Verlag ihr Band *Frauen* als der erste dokumentarische Text, der ausschließlich Frauen gewidmet war. Die Bedeutsamkeit eines solchen Textes, der sich das Sichtbarmachen des Lebens von Frauen und ihrer Unterdrückung zur Aufgabe stellt, soll nicht geleugnet werden; doch ebensowenig dürfen die Schwächen dieser Interviewsammlung, die bar jeglicher Analyse oder erkennbarer organisatorischer Prinzipien ist, übersehen werden. Das beschränkte Ausmaß, mit dem die Frauen die Widersprüchlichkeiten in ihrem Leben zu erkennen vermögen, und Runges Unfähigkeit, diesen Tatbestand zu analysieren, wirken in den siebzehn aufgenommenen Protokollen besonders problematisch. Zwei andere dokumentarische Texte, die 1973 erschienen, beziehen sich unmittelbar auf die Frauenarbeit und überwinden Runges Zögern oder Unfähigkeit, die Unterdrückung von Frauen zu untersuchen. Dadurch leisten sie einen wesentlichen Beitrag zur Sichtbarmachung der Eigenart und der Bedingungen von Frauenarbeit. Die Werkkreis-Publikation *Liebe Kollegin* und Alice Schwarzers *Frauenarbeit, Frauenbefreiung* beschreiben anhand umfangreicher analytischer Ausschnitte und autobiographischer Erzählungen die von Frauen verrichtete Arbeit und die Unterdrückung, die sie sowohl in der Privat- als auch in der Produktionssphäre erdulden müssen. Die von Prokop so vorzüglich dargestellten Arbeitsvorgänge, denen Frauen im Hause nachgehen, werden in den Erzählungen widergespiegelt. Geschildert wird die Monotonie, die Isolation und die Frustrierung sich wiederholender und entfremdender Aufgaben, die ohne finanzielle Vergütung verrichtet werden. Schwarzer fordert die Anerkennung der Hausarbeit durch die Gesellschaft. Sie behauptet, daß die Zahl der unbezahlten Hausarbeitsstunden fast der der Summe aller vergüteten Stunden gleichkommt, die im Produktionsbereich geleistet werden. Beide Texte lassen das Ausmaß erkennen, mit dem die Produktionssphäre auch die Zeit und das Leben der Frauen innerhalb der Privatsphäre mitbestimmt. Beide Texte betonen die Notwendigkeit der Arbeit außerhalb der Privatsphäre und sehen in ihr einen wichtigen Schritt zu wirtschaftlicher Unabhängigkeit und damit einen Ausweg aus der Isolierung. Beleuchtet wird aber auch der ausbeuterische Charakter der Arbeit innerhalb der Produktionssphäre als ein der kapitalistischen Gesellschaft inhärentes Problem und als ein Problem, das auch durch geschlechtsspezifische Manifestationen gekennzeichnet ist. Die außerhäuslichen Probleme, denen Frauen sich am Arbeitsplatz gegenübergestellt sehen, das heißt schlechtere Bezahlung für dieselbe Arbeitsleistung, minderwertigere Ausbildung, geringere Aufstiegsmöglichkeiten und Belästigungen, werden in beiden Texten als Probleme identifiziert, die ihren Ursprung in einer Ideologie haben, welche die Rolle und die Funktion der Frau auf die Privatsphäre einschränkt und welche fortgesetzte Abhängigkeit der Frauen von Männern verbürgt. Die doppelte Belastung durch Beruf und Hausarbeit, denen Frauen, die sich entschließen, „arbeiten zu gehen", ausgesetzt sind, wird in beiden Texten auf zweierlei Weise zum Ausdruck gebracht: zum einen mittels jener Darstellungen, welche die interviewten Frauen von sich selbst geben, und zum anderen mittels der Analysen dieser Berichte durch das *Liebe Kollegin*-Kollektiv und Alice Schwarzer.

Die Texte unterscheiden sich jedoch wesentlich in ihrer Einstellung zur Arbeit außerhalb der Privatsphäre als einem Mittel zur Befreiung. *Liebe Kollegin* vertritt den Standpunkt, daß Gesellschaft und Unterdrückung nicht direkt innerhalb der Familie erfahren werden können. Schwarzer verwirft diese Annahme, indem sie auf den eminent politischen Charakter der Probleme von Frauen innerhalb der Privatsphäre hinweist. Auch unterscheiden sich beide Texte deutlich in der Entwicklung bestimmter Strategien. In seiner programmatischen Analyse besteht das Kollektiv von *Liebe Kollegin* auf einer Stufen-Theorie zur Emanzipation der Frauen. Den ersten Schritt bildet dabei die Erkenntnis ihrer eigenen Unterdrückung. Außerhäusliche Arbeit und Betätigung in Gewerkschaften führen den Emanzipationsprozeß einen Schritt weiter, bis Frauen endlich fähig sind, ihren rechtmäßigen Platz an der Seite des Mannes einzunehmen. Sie diffamieren dabei jegliche Organisationsform, die von spezifisch feministischen Problemen ausgeht, was zu jener Objektivierung von Frauen führt, die von Prokop als charakteristisch für ausschließlich ökonomistische und abstrakte Sehweisen kritisiert wird. Schwarzers Untersuchung vermeidet Dogmatismus, leidet jedoch an unzusammenhängenden und utopischen Vorstellungen, wie zum Beispiel der Teilzeitarbeit für Frauen. Ihr Akzent liegt auf dem täglichen Lebenszusammenhang von Frauen und der in diesem Bereich zu erörternden Probleme. Großen Nachdruck verleiht sie der Aufstellung von Strategien zur Veränderung der Verhältnisse im Haushalt und der Herausbildung alternativer Formen des Zusammenlebens, in dem die Möglichkeiten zur Kooperation nicht mehr durch geschlechtsspezifische Arbeitsteilung eingeschränkt werden. Die Übersetzung von Susan Sontags Essay am Ende ihres Buches bezeugt darüber hinaus das Ernstnehmen einer separaten Frauenbewegung und -literatur, ohne dabei jedoch die dem Sozialismus und Feminismus gemeinsamen Ziele und die Bedeutung des Kampfes auf verschiedenen Ebenen außer acht zu lassen. Um so bedauerlicher ist in Schwarzers Bestseller *Der kleine Unterschied und die großen Folgen* (1976), einer Sammlung von Interviews, ihre allzu enge Sicht von männlicher Vorherrschaft und Patriarchalismus, die es versäumt, den notwendigen sozialen Zusammenhang zu berücksichtigen. Die weite Verbreitung dieses Buches läßt jedoch ein Bedürfnis erkennen, Sexualität aus feministischer Perspektive zu diskutieren.

Neben dokumentarischen Texten, die sich vor allem mit der Arbeit von Frauen außer- und innerhalb der häuslichen Sphäre befassen, sind entsprechende Texte erschienen, die zu den Themen Abtreibung oder Mutterschaft Stellung nehmen. Diese Bücher und Aufsätze wehren sich gegen einen Arbeitsbegriff, der allein durch seinen Tauschwert bestimmt ist. Als Beispiel solcher Texte soll Ursula Erlers *Mütter in der BRD* (1973) dienen. Dieses Buch setzt sich aus Protokollen von Diskussionen, die an einer Volkshochschule geführt wurden, und einem Überblick über freudianische und marxistische Theorien zur Familie zusammen. Bei der Behandlung von Unterdrückung und den Möglichkeiten zur Emanzipierung unterstreicht Erler die Wichtigkeit der weiblichen Rolle als Mutter. Nancy Vedder-Shults sieht in ihrer Besprechung dieses Buches in dieser Betonung des häuslichen Arbeitsbereiches den Ursprung einer Strategie, die unmittelbar mit den materiellen Verhältnissen von Frauen verkettet ist, und zudem ein Konzept, das in der Kampagne für „bezahlte Hausarbeit" popularisiert wurde.[7] Das Konzept der bezahlten Hausarbeit ist seinem Wesen nach äußerst komplex und bedenklich reformistisch. Dennoch ist der Nachdruck, den die westdeutsche feministische Theorie auf die Privatsphäre legt, entscheidend für jede Diskussion der eigentlichen materiellen Verhältnisse von Frauen. Anhand dieses Beispiels und anderer dokumentarischer Texte über Abtreibung wird nur zu deutlich, welche Rolle der Mythos von der privaten Abgeschirmtheit und die Rolle kirchlicher und staatlicher Eingriffe in das Leben von Frauen spielen.

Die Bedeutung einer dokumentarischen Literatur, die sich dagegen wehrt, daß die Frauenarbeit in der Privat- und Produktionssphäre keinen Niederschlag in der erzählenden Literatur findet, und auch die Parteilichkeit dieser Dokumentation liegen klar auf der Hand. Andererseits sind die ihr gesteckten Grenzen problematisch. So ist es zum Beispiel sehr schwierig, im Rahmen von Interviews und Analysen einen Entwicklungsgang darzustellen. Meist hinterläßt der dokumentarische Bericht auf den Leser nur den Eindruck eines Lebensausschnittes. Das Subjekt wird weder in einem Konfrontationsprozeß noch in der Auseinandersetzung mit komplexen Widersprüchen veranschaulicht, die auch innerhalb solcher autobiographischen Aufzeichnungen und Analysen zutage treten. Die Verflechtung von Erfahrungen auf der Ebene der emotionalen Reaktionen, die in erzählender Literatur durchaus möglich ist, geht in solchen Dokumentationen allzuleicht verloren.

Trotz solcher Einschränkungen, die eine ausschließlich dokumentarische Methode zur Darstellung der Vielfältigkeit der Frauenarbeit mit sich bringt, lassen die unlängst von Marianne Herzog und Angelika Mechtel gemachten Versuche, eine erzählerische Form von Dokumentation zu entwickeln, dennoch aufhorchen. Herzogs *Von der Hand in den Mund,* 1977 im Rotbuch-Verlag erschienen, ist ein autobiographischer Bericht ihrer eigenen Arbeitserfahrungen in verschiedenen westdeutschen Fabriken. Die eingefügten Statistiken, die unglaublich exakte Darstellung des Arbeitsablaufs und insbesondere die Schilderung der Akkordarbeit werden hier mit der Beschreibung ihrer eigenen physischen und emotionalen Reaktionen auf die Arbeit und die Frauen, mit denen sie zusammenarbeitet, verknüpft, um die Beziehung zwischen der Fabrikarbeit und dem Privatleben von Frauen zu veranschaulichen. In seiner Gesamtheit gesehen, stellt das Buch eine aufrüttelnde und zugleich vernichtende Kritik der physischen wie psychischen Auswirkungen von industrieller Rationalisierung auf Menschen dar. Von Interesse in diesem Zusammenhang ist das Ausmaß, mit dem Herzog ihr eigenes Leben in den Text einbezieht. So erwähnt sie mehrfach jene Frau, mit der sie zusammenlebt, wie auch die alternative Wohngemeinschaft, die beide gemeinsam mit anderen Arbeiterinnen zu verwirklichen versuchen. Mechtels *Keep Smiling* ist eine Sammlung ähnlicher, jedoch wesentlich kürzerer Darstellungen ihrer eigenen Arbeitssphären als Mutter, Ehefrau und Schriftstellerin. Und wieder wird auch ein Bild jener Frauen gezeichnet, die in Fabriken arbeiten, in denen Mechtel selbst tätig war. Beide Texte verknüpfen die Kritik an der Ausbeutung am Arbeitsplatz mit einer Attacke auf die Organisation der Arbeitsprozesse selbst und heben hervor, daß in Westdeutschland mehr als drei der über acht Millionen in der Öffentlichkeit arbeitenden Frauen Fabrikarbeiterinnen sind, die 90% der in westdeutschen Fabriken geleisteten Akkordarbeit verrichten.[8] Herzog beschreibt Formen von Ausbeutung, die nur durchführbar sind aufgrund der Auflösung der Akkordarbeit in einfachste, voneinander isolierte Bestandteile – in Handbewegungen, die mehr als sechzigmal pro Minute, acht bis zehn Stunden am Tag wiederholt werden und die an sich im Widerspruch zur physischen Beschaffenheit stehen. Auf sehr eindringliche Weise schildert sie den körperlichen Schmerz, die nervösen Störungen und die totale Entfremdung von sich selbst, wobei sie herausstreicht, daß das Vermögen jeglicher begrifflichen Erfassung aufgrund solcher Rationalisierungen verhindert wird. Das Ausmaß der geschlechtsspezifischen Ausbeutung zeigt sich nach Herzog in der Tatsache, daß Frauen für diese lähmende Akkordarbeit (die Männer angeblich nicht zu leisten vermögen) mit einem armseligen Minimallohn, dem sogenannten „Leichtlohn" abgespeist werden, was bedeutet, daß ihr Durchschnittsverdienst 3,60 DM pro Stunde beträgt – und dies selbst nach langjähriger Dienstzeit für ein und denselben Ausbeuter.[9] Weder Herzogs noch Mechtels Schilderung dieser Misere am Arbeitsplatz resultiert in einer falschen Objektivierung der beteiligten Frauen. Aufgrund ihrer emotionalen Beziehungen zu den dargestellten Frauen vermeiden es die Autorinnen, sich ausschließlich mit der mechanischen Seite der Arbeit abzugeben. Überdies gelingt es ihnen, wichtige Formen des Widerstandes darzulegen, die sich dank der Solidarität unter den Frauen entfalten und die entweder in Form von Streikaktivitäten oder gegenseitiger Unterstützung auf persönlicher Ebene offenbar werden. Herzog wie auch Mechtel vermeiden es sowohl, Arbeit als Möglichkeit befreiender Erfahrung zu verwerfen als auch die Bedeutung von Emanzipation auf die Arbeitserfahrung zu reduzieren. Die Bedeutsamkeit weiblicher Wunschträume als einer Kompensation für die

Unterdrückung, welche sie an ihren Arbeitsplätzen zu erdulden haben, unterstreicht die grundlegende Unvereinbarkeit rationalisierter Arbeitsprozesse mit menschlichen Bedürfnissen. Zudem läßt der Gehalt dieser Wunschträume das zutiefst menschliche Bedürfnis nach einer gewissen Freiheit von Arbeit deutlich zu Tage treten.

Politisierung von Leben und Arbeit in der erzählenden Literatur von Frauen

Vom Standpunkt der Autorin aus ist die Darstellung der Arbeit und der Erfahrung von Frauen mittels traditioneller Formen erzählender Literatur gewiß noch komplexer. In einem Interview mit Patricia Russian erläutert Angelika Mechtel die Schwierigkeiten, denen sie sich beim Hineinschreiben ihrer Erfahrungen als Frau in den Text gegenübergestellt sieht. Sie empfindet die Notwendigkeit einer dreifachen Lossagung für Schriftstellerinnen als unvermeidlich: die Lossagung von der literarischen Tradition, die Lossagung von den Traditionen unserer Wirklichkeit und schließlich die Lossagung von der eigenen Erfassung der Wirklichkeit. „Die Literatur", schreibt sie, „orientiert sich zwar auch an der Wirklichkeit, aber ebenso stark an der bisherigen Literatur, der Welt der Chiffren."[10] Angesichts solcher Aufgaben gestatten sich Schriftstellerinnen oft einen größeren Spielraum und schreiben eine Literatur, welche die Idee des Prozesses in den Vordergrund stellt und die verschiedenen Stadien in der Entwicklung ihrer Litcratur und Theorie widerspiegelt. Allerdings fehlt der jüngsten Literatur westdeutscher Frauen manchmal der nötige Weitblick, was zweifellos mit den vielen Widersprüchen zusammenhängt, mit denen sich Feministinnen und Sozialisten in der BRD konfrontiert sehen.

Ein erstes Stadium der Problematisierung des Lebens von Frauen wird in jenen Werken offenbar, in denen die Protagonistinnen ihre Unterdrückung innerhalb der Familie erkennen und sich bemühen, aus ihrer durch die Gesellschaft bestimmten Gußform auszubrechen. Dieser Versuch des „Ausschlüpfens" und das ständig wachsende Bewußtsein, daß ihnen jegliche Eigenkontrolle versagt ist, stellen bedeutsame Formen der Ideologiekritik dar. Elisabeth Albertsens *Das Dritte* (1977) schildert ein solches Ausbrechen. In Form einer Ich-Erzählung beschreibt sie ihren ersten Schritt zur Selbstbestimmung: sie verlangt, trotz des Einspruchs ihres Mannes, eine Abtreibung in Holland. Ähnlich wie die Protagonistinnen in *Depressionen* (1970) von Caroline Muhr und *Wie kommt das Salz ins Meer* (1977) von Brigitte Schwaiger durchschaut Albertsens „Heldin" ihre Reduzierung auf die Funktion eines Sexualobjekts und einer Pflegerin – Funktionen, die von ihrem Ehemann als naturgegeben empfunden werden. In Schwaigers Buch bezichtigt die Erzählerin ihren Mann wegen seiner gewohnheitsmäßigen Erwartungen sexueller Dienstleistungen und seiner unangemessenen Anforderungen im Haushalt der „Leichenschändung". Die Tatsache, daß ihr Roman zu einem Bestseller avancierte, beweist das dringende Bedürfnis nach einer leicht zugänglichen Erörterung dieser Art von Problemen. Schwaiger zeichnet das Bild einer Frau, die sich (obwohl sie an einem Eheleben nicht interessiert ist) verheiratet und sich dann gegen die Frustrationen, die sie empfindet, auflehnt und ihren Mann verläßt. Muhrs autobiographische Erzählerin in *Depressionen* leidet an der Unfähigkeit, sich weder in der Privatsphäre noch am Arbeitsplatz „einfügen" zu können. Ihre tiefe Depression und das Fehlen jeglicher emotionaler Unterstützung von seiten ihres Ehemanns führen schließlich zu ihrer Einweisung in eine Anstalt. Dort wird sie unter Drogen gesetzt, vergewaltigt und zu totaler Unterwerfung gezwungen – und dies durch jene Therapeuten, die ironischerweise den Anspruch erheben, um ihr Wohlergehen besorgt zu sein. Die geschilderten Erfahrungen führen diese drei Frauen zu der Erkenntnis, daß ihre eigenen Probleme nicht etwa vereinzelte und individuelle Probleme darstellen und daß sich die Sexualität in eine Waffe verwandelt hat, die gegen sie gerichtet ist.

Allerdings ersinnt keine der drei Protagonistinnen Strategien, die zur Beseitigung ihrer Unterdrückung als Frauen dienen könnten, obgleich sie die Möglichkeiten, die sich ihnen als Individuen anbieten, durchaus erkennen. Sie verlassen ihre Ehemänner und entfliehen dem Lebenskreis, in dem sie zu sexuellen Objekten und Hausarbeiterinnen herabgestuft werden. Interessanterweise spielt die Arbeit außerhalb der Privatsphäre nur eine unbedeutende oder gar keine Rolle in den geschilderten Versuchen, die beklemmenden Verhältnisse zu überwinden. Die Einfachheit der vorgeschlagenen Lösung kann daher den vielfältigen Problemen finanziell abhängiger Frauen nicht gerecht werden. Die Bedeutung solcher autobiographischen Literatur im Hinblick auf ihre Zugänglichkeit und Direktheit steht zwar außer Zweifel, aber andererseits führt die Ich-Erzählform in diesen drei Texten zu einer offensichtlichen Begrenzung der möglichen Vielfalt ihrer Analysen. Eine solche autobiographische Literatur geht deshalb selten über das Bekämpfen augenblicklicher Unterdrückungen hinaus.

Klassenliebe (1973) von Karin Struck und *Die neue Sophie* (1972) von Ursula Erler sind Beispiele bewußt feministischer Romane, in denen die Unterdrückung von Frauen in einem weit größeren Maße politisch erfaßt wird. Obgleich Arbeit, in ihrer traditionellen Ausformung, in beiden Werken keine gewichtige Rolle spielt, sind die in Karin Strucks Roman enthaltenen Ausbrüche gegen marxistische und feministische Ansichten über Arbeit und gesellschaftliche Veränderungen höchst aufschlußreich. Offenbar in Erwiderung auf das Außerachtlassen der reproduktiven Funktion der Frau durch Feministinnen und Marxisten, ist Struck eifrig darauf bedacht, die Reproduktion als *den* schöpferischsten Akt der Frau geltend zu machen. Ihre Romane *Klassenliebe* und *Die Mutter* (1975) zeugen von einer deutlichen Ablehnung sogenannter produktiver Arbeit, weil sie diese aufgrund der Ausklammerung wesentlicher weiblicher Erfahrungen als unzulänglich und engstirnig empfindet. Struck vertritt die Ansicht, daß konventionelle Arbeit nicht befreit, sondern das Individuum in der Falle des Status quo fängt, weil sie nichts von dem enthält, worin Frauen am schöpferischsten sind. Wie später Verena Stefan liebt Struck eine bilderreiche Sprache und verwirft ökonomistische Erörterungen. Bedauerlicherweise verfällt sie dabei einer reaktionären Verklärung der Frau als Sexualwesen und Urmutter, deren Produktivität vor allem in Hinblick auf die biologische Fähigkeit zu gebären gesehen wird. Zudem führt ihre äußerst persönliche Analyse zu einer undialektischen Verwerfung der Technologie. Es kann nicht bestritten werden, daß die Diskussion von Karin Strucks Werken erforderlich ist, und zwar hauptsächlich wegen ihrer Auffassung von ‚Frauenarbeit‘. Jedoch erscheint es sinnvoller, sich auf jene Texte zu konzentrieren, in denen eine fundamentale Kritik versucht wird, ohne dabei die Diskussion von vornherein auf biologische Kategorien einzugrenzen.

Elisabeth Alexanders Buch *Die Frau, die lachte* (1975) besteht aus eine Reihe kurzer, beißend ironischer Anekdoten, die auf unterschiedliche Weise die mißliche Lage von Frauen innerhalb der Privatsphäre beleuchten und zugleich die Ideologie von der weiblichen Inferiorität bloßlegen. In *Von dort*, einer der eindrucksvollsten Geschichten, schildert sie die bedrückende Situation einer Arbeiterin und Hausfrau mittleren Alters, die ihre Reduzierung auf die von ihr erwarteten Pflichten und die für ihren Mann und ihre Kinder verrichteten Dienstleistungen erkennt. Die Entwertung ihrer Person zur Hausfrau und Köchin einerseits und die durch die Gesellschaft propagierten Hoffnungen auf die große Liebe und die Freuden der Mutterschaft andererseits erzeugen einen Widerspruch, der sie sehr bitter werden läßt; in ihr entwickelt sich ein tiefer Haß gegen jene, die sie unterdrücken, und zugleich eine unerträgliche Frustrierung wegen ihrer Unfähigkeit, ihre verinnerlichten Schuldgefühle zu überwinden. Die Effektivität dieser Geschichte liegt in Alexanders Begabung, die Leser zu schockieren, indem sie die große Verbitterung und den Haß sichtbar macht, die sich als die Grundlagen der angeblich passiven Billigung der alltäglichen Misere entpuppen. In kürzeren Texten wie *Hausarbeit, Majanna* und *Camping ist ein schönes Wort* treibt sie das Schockverfahren bis auf die Spitze, um in krassester Weise das Ausmaß der Verdinglichung von Frauen und ihrer Erniedrigung zu sexuellen Objekten oder geschlechtslosen Hausarbeiterinnen herauszustellen.

Während Elisabeth Alexanders Werk eine vernichtende Kritik der Arbeitsverhältnisse innerhalb der Familie bietet, widmet sich Birgit Pausch in ihrem 1977 im Rotbuch-Verlag erschienenen Buch *Die Verweigerungen der Johanna Glauflügel* in erster Linie der Arbeit außerhalb der Privatsphäre und der Politisierung ihrer Protagonistinnen. Ihr Buch stellt den Versuch dar, feministische Interessen in die marxistisch-politische Strategie einzugliedern. Mit aller Deutlichkeit beschreibt sie Glauflügels Ausbeutung, die nicht nur am Arbeitsplatz im Krankenhaus, sondern auch in ihrer Beziehung zu Männern offenbar wird – und die daraus resultierende doppelte Last, die sie zu tragen hat. Dies stellt eine interessante Parallele zu Verena Stefans *Häutungen* dar. Auch Stefan erhebt Anklage gegen die zweifache Ausbeutung der Frau als „Heilkraft" und „Putzfrau": einmal im häuslichen Bereich, wo die Verrichtung solcher Aufgaben nicht als Arbeit angesehen wird, und zum anderen im Krankenhaus, wo diese Art Arbeit Frauen vorbehalten bleibt und zudem sehr schlecht bezahlt wird. Bedeutsam ist die Tatsache, daß Johanna Glauflügel ihre Unterdrückung durchaus begreift. Die Folge davon ist die Auflösung ihrer Freundschaften und die Suche nach einem möglicherweise revolutionären Weg im politischen Milieu Italiens. Sie verwirft Deutschland als eine denkbare Situation für radikale politische Aktivitäten, was im Einklang mit bekannten deutschen literarischen Traditionen steht. Bedauerlicherweise versteht es die Erzählerin jedoch nicht, zwischen ihrer konkreten Erfahrung des Unterdrücktwerdens und ihrer Entscheidung, ihre eigene Funktion im Klassenkampf in Italien zu definieren, eine wirkliche Vermittlung zu stiften.

Christa Reinig vermeidet es, in ihrem Roman *Entmannung* (1977) allzu abstrakte Lösungen der Widersprüche im Leben von Frauen zu geben. Sie lenkt ihre Aufmerksamkeit in erster Linie auf direkte Erfahrungen und deren Objektivierung, wobei sie Strategien zur Veränderung weniger Beachtung schenkt. Reinig verdammt Freuds Theorie, welche gegen Frauen gerichtete Gewalttätigkeiten von seiten der männlich-dominierten Gesellschaft ausdrücklich legitimiert. Reinig selbst betrachtet solche Gewalttätigkeiten als ein Resultat der Angst von Männern vor Frauen. Ihre Absicht ist es, das Ausmaß der männlichen Gewaltanwendung gegen die Natur und die Frauen zu erforschen. Die Geschicke, die Reinigs Protagonistinnen erleiden, dienen alle der Veranschaulichung dieser These: die Vergewaltigung und der sich daran anschließende Selbstmord einer jungen Frau; die Einweisung einer erfolgreichen Karrierefrau in eine Nervenheilanstalt, und zwar aufgrund ihrer Unfähigkeit, ihren unterdrückten Zorn zu bewältigen; wie auch die Inhaftierung einer Hausfrau, die es wagte, sich gegen die Angriffe ihres Mannes zur Wehr zu setzen.

Eingeflochten in diese Berichte sind Reinigs Frustrierung und Zorn über die offensichtliche Verteufelung zweier Lesbierinnen in dem berühmten Ihne-Prozeß. In sehr eindrucksvoller Weise und mit großer Bitterkeit legt Reinig die Heuchelei bloß, die eine der beiden Frauen der Gewalttätigkeit gegen ihren Unterdrücker zu bezichtigen, und das trotz der langen Jahre quälender Unterdrückung, der sie ausgesetzt war. Den Versuch, eine „entmannte Sprache" und eine feministische Form zu finden, betrachtet Reinig als einen wesentlichen Bestandteil ihrer Arbeit. Darüber hinaus liegt die Bedeutung eines Buches wie *Entmannung* in seiner Befürwortung von Untersuchungen und Organisationsformen von Frauen als Antwort auf die verheerenden geschlechtsspezifischen Repressionen. Dieses Buch bekennt sich in stillschweigender, aber nachdrücklicher Weise zu der Ansicht, daß Strategien zur Emanzipation, die sich ausschließlich auf die Befreiung durch Arbeit oder von Arbeit konzentrieren, nicht ausreichen.

Zusammenfassende Analyse zweier feministischer Hauptwerke

Verena Stefans *Häutungen* und Margot Schroeders *Ich stehe meine Frau* sind zwei der wichtigsten Werke, die seit dem Anbruch der Frauenbewegung auf dem westdeutschen Büchermarkt erschienen sind. Beide kamen 1975 heraus und sind bereits mehrfach zur Illustration der Dichotomie von marxistischer und radikal-feministischer Theorie herangezogen worden. *Häutungen* und *Ich stehe meine Frau* unterscheiden sich sowohl in ihrer Kritik als auch in ihrem Ausblick. Ihnen gemeinsam ist jedoch, daß sie es vermeiden, gesellschaftliche Veränderung allein vom Standpunkt der Veränderungen innerhalb der Produktionssphäre zu erörtern. Zudem befürworten beide jene Werte, die sich in der Privatsphäre der Frau erhalten haben, und stellen diese als im Grunde unentbehrlich für jegliche Veränderung gesellschaftlicher Beziehungen hin.

Das Interesse, das Schroeder dem weiblichen Lebenszusammenhang innerhalb der Privatsphäre entgegenbringt, wird deutlich anhand ihres ursprünglichen Vorhabens, ein Buch über Hausarbeit zu schreiben, für das sie bereits erste Interviews in einem Hamburger Wohnviertel durchgeführt hatte. Sie konnte ihr Vorhaben nicht verwirklichen, da ihr die Unterstützung vom Werkkreis versagt blieb; ihre Arbeit wurde für „unerheblich" erachtet, da sie sich nicht mit der Produktionssphäre befaßte.[11] Schroeders offensichtliches Dilemma findet seinen Niederschlag in ihrem Unvermögen, die Vorstellungen der Protagonistinnen und die marxistische Analyse der Klassenverhältnisse stilistisch wirkungsvoll miteinander in Einklang zu bringen. Sara Lennox konstatiert daher in ihrer Besprechung dieses Romans einen „übertriebenen Schematismus und die Verwendung gewisser obligatorischer Charaktere, die in der ärgsten Tradition des sozialistischen Realismus stehen". Weit versöhnlicher klingt jedoch ihre abschließende Aussage, daß dieses Buch „mehr Wahres als Falsches über die Eigenart der Erfahrungen von Frauen zu vermitteln weiß".[12]

Schroeder unterstreicht mit Nachdruck die Konkretisierung ihrer Erfahrung auf der Sprachebene. Ihrer Erzählerin und Protagonistin Charlie Bieber gestattet sie, den linken akademischen Jargon ihres Freundes Ulli zu kritisieren und somit die Beziehung zwischen einer abstrakten Sprache und einer abstrakten Anschauung von Menschen in prägnanter Weise darzulegen. Die Kritik, die hier auf der Ebene des Sprachlichen geübt wird, richtet sich gegen eine instrumentale Rationalität, die für Schroeder in enger Beziehung zur kapitalistischen „Konsumpsychologie" steht, da diese das Individuum ebenfalls in vorgefertigte Formen zwinge.[13] Außerdem legt Schroeder die materiellen Verhältnisse von Frauen in der Privatsphäre dar und beschreibt sehr treffend das Milieu der 37 Jahre alten Charlie Bieber,

Mutter zweier Kinder, von denen jedoch nur eines ein Wunschkind ist. Sie ist verheiratet mit Werner, einem Bauarbeiter, arbeitet halbtags als Kassiererin in einem Lebensmittelgeschäft und ist Alkoholikerin. Eng verbunden mit dieser Bestandsaufnahme wird Charlies allmähliche Bewußtwerdung ihres Unterdrücktseins, nämlich der Ursachen dieser Unterdrückung und der Beziehung, die zwischen der Unterdrückung in ihrem Familienleben und der am außerhäuslichen Arbeitsplatz besteht.

Charlie versucht deshalb, ihre konkreten gesellschaftlichen Beziehungen menschlicher und demokratischer zu gestalten. Dabei wird sie sich der Notwendigkeit bewußt, ihr Leben und ihre Arbeitskraft, über die sie jede Kontrolle verloren hat, zurückzufordern. Dies wird sichtbar in ihrer militanten Haltung sowohl ihrem Arbeitgeber als auch der Hausarbeit gegenüber. Was Charlie und auch andere Frauen in diesem Roman erkennen, ist der totale Mangel an Selbstbestimmung: „Du bist ein Gebrauchsgegenstand. Du wirst verbraucht. Das ist es: 37 Jahre solider Alltag. Ein wohlgeratenes Kind, eine tüchtige Kassiererin, eine brave Hausfrau, eine gute Mutter. Zum Verrücktwerden einfach: Solidität-Selbstaufgabe-Sarg."[14] „Gebrauchsgegenstand" und „Selbstaufgabe" sind Begriffe, die das Ausmaß der Verdinglichung anzeigen, der Frauen in einer solchen Gesellschaftsordnung unterworfen sind.

Verena Stefan erscheint dieser „verbrauchte Hausfrau"-Zustand als hoffnungslos. Sie fragt sich, „woher nimmt sie die Kraft, um auszubrechen?"[15] Charlies Unterdrückung kommt am deutlichsten in ihrer ermüdenden Arbeitsbelastung zum Ausdruck. Zusätzlich zu ihrer Arbeit im Haushalt und im Geschäft muß sie ihren Kindern noch Erzieherin und ihrem Ehemann noch Gefährtin sein und obendrein ihre gewerkschaftlichen Pflichten erfüllen. Schuldbewußt gesteht sie sich ein, daß sie gelegentlich ihre Kinder haßt und Werners Wortschwall über ihre Unzulänglichkeit als Frau und Mutter empörend findet. Noch aufschlußreicher ist die Lage von Lieschen Ludwig, einer anderen Gestalt in Schroeders Buch. Außer ihrer Arbeit im Haushalt hat sie keinen Job und ist dadurch psychologisch wie finanziell ihrem Mann vollkommen ausgeliefert. Daß sie ihn „Papi" nennt und in ihm ihre „Privatpolizei"[16] sieht, spricht wohl für sich selbst.

Charlie versucht dagegen, ihr Leben zu ändern. Hierbei besteht sie darauf, daß Männer (in erster Linie ihr Mann) ihre zweckrationale Gesinnung aufgeben und aufhören, in gefühlsmäßiger Unterstützung eine rein weibliche Angelegenheit zu sehen. Männer müssen, so Verena Stefan, „menschlich" werden. Der Begriff „Zärtlichkeit" zum Beispiel, meist nur im Hinblick auf erotisches Vorspiel oder gar als Mittel zur Unterdrückung verstanden, muß endlich aus den Verwüstungen der Lohn-Arbeit-Beziehung zurückverlangt werden. „Die Männer begreifen uns nicht als Partner", sagt Charlie, „wir sind für sie nicht mehr als der Beweis für ihre Herrschaft."[17] Sexuelle Beziehungen würden von Männern – wie die Produktion von Gütern für den Absatzmarkt – oft nur als Kriegsführung oder „Leistung" verstanden.

Schroeder beschreibt das Ausmaß, mit dem Begriffe wie Sexualität und Sensibilität von den Zielvorstellungen der protestantischen Arbeitsethik und den Erfordernissen einer rationalisierten Technologie durchdrungen sind, wobei die Technologie dem Motiv des Profits und der Verdinglichung des menschlichen Lebens den Vorrang einräumt. Für das komplexe dialektische Verhältnis zwischen Produktions- und Privatsphäre könnte kaum ein besserer Beweis erbracht werden. Das sogenannte Privatleben wird weitgehend als eine ideologische Kategorie hingestellt, welche die Marktanforderungen zur Befriedigung der menschlichen Bedürfnisse an die Privatsphäre verwiesen haben, weil sie dort keine Gefahr für die Extraktion von Mehrwert in der Produktion bildet. Schließlich werden selbst in der Privatsphäre die realen Bedürfnisse von Frauen infolge der Vergegenständlichung, der diese Dienstleistungen unterliegen, weitgehend verzerrt. Schroeder befürwortet die Organisation von Frauen gegen ihre offensichtliche Unterdrückung, indem sie die Ursache von Charlie Biebers Bewußtwerdung und ihrer politischen Tätigkeit auf die Arbeit in einem Frauenkollektiv zurückführt. Für Schroeder, wie für die anderen Frauen, bildet diese Tätigkeit die notwendige Grundlage für den Prozeß ihrer Selbstwerdung und eröffnet ihnen die Möglichkeit, den Zusammenhang zwischen der Erfahrung ihrer Unterdrückung und der Vielfalt der sozio-ökonomischen Beziehungsfelder zu begreifen.

Seine erste Selbstbestätigung erlebt das Kollektiv in der Teilnahme an einer Demonstration gegen den § 218. Diese Erfahrung gibt allen Frauen Selbstvertrauen und bildet den Grundstein zur Behauptung ihrer Interessen gegenüber ihren Ehepartnern. Charlie legt an Wochenenden die Hausarbeit nieder, Lieschen Ludwig wehrt sich gegen die Ansprüche ihres Ehemanns Gert, den sie von nun an nicht mehr „Papi" nennt, und auch die anderen Frauen begreifen die ihnen allen gemeinsame Unterdrückung und bisherige Isolierung. Hier wie anderswo bedient sich Schroeder der Einsichten ihrer Figuren, um die Notwendigkeit einer demokratisierten Familienstruktur zu unterstreichen. Sie bleibt dabei im Rahmen linker Positionen, die sie mit einer feministischen Analyse zu untermauern sucht.

Verena Stefans *Häutungen* bricht aus diesem Rahmen aus und konfrontiert die Linke mit ihrem zweckrationalen Denken und ihren männlichen Vorherrschaftsgelüsten. In dieser Hinsicht unterscheiden sich Schroeder und Stefan. Stefan besteht darauf, daß die Emanzipierung der Frauen das Werk von Frauen sein muß, an dem auf gewisser Ebene selbst progressive Männern nicht teilhaben können oder sollen. Gerade diese Haltung hat ihr heftige Kritik von seiten der Linken eingebracht. Auch ihr Nachdruck auf lesbischen Beziehungen als einer akzeptablen Form des Zusammenlebens ist ein Stein des Anstoßes für viele, die Stefans Suche nach Möglichkeiten der Selbstverwirklichung innerhalb menschlicher Beziehungen mißverstehen – Beziehungen, die frei von traditionellem Rollenverhalten, frei von traditionellen Machtverhältnissen und frei von den Begrenzungen einer institutionalisierten Heterosexualität sind.

Die Hauptunterschiede zwischen den Strategien, die in *Häutungen* und *Ich stehe meine Frau* entwickelt werden, ergeben sich aus den Produktionsverhältnissen der Autorinnen wie auch ihrer Erzählerinnen. Charlie Bieber lebt in einer Welt von Abhängigkeiten und Unterdrückungen, die ihre Entscheidungsfähigkeit wesentlich beschränken und die eine komplexe Analyse erforderlich machen. Stefans Erzählerin hingegen ist wesentlich unabhängiger. Sie bewegt sich in bürgerlich-intellektuellen Kreisen, ist Schriftstellerin und zugleich Krankenhelferin und hat auch keine Kinder, die sie finanziell belasten.

Stefans Handhabung der Sprache, wie auch ihre Strategie, ist äußerst extrem. Da, wo sich Schroeder noch im Rahmen einer eher traditionellen Sprachdidaktik bewegt, die vor allem den verdinglichten und jargonhaften Elementen gilt, zögert Stefan nicht, den patriarchalischen Charakter der Sprache systematisch bloßzulegen. Sie versucht, um mit Christa Reinig zu sprechen, „die Sprache der Männer aufzubrechen und ihre Vokabeln den Frauen nutzbar zu machen".[18]

In der ersten Hälfte von *Häutungen* erfährt die Erzählerin ihre Sozialisation zu einem Gebrauchsgegenstand, mit all den psychologischen, intellektuellen und physischen Abhängigkeiten, die wesentliche Bestandteile dieses Vorganges sind. Sie muß erfahren, daß es ihr unmöglich ist, auf die Straße zu gehen, ohne sich die anzüglichen Bemerkungen von Männern anhören zu müssen und als sexuelle Ware angesehen zu werden. Sie erinnert sich ihrer Angst vor sexueller Unzulänglichkeit in ihrer Beziehung zu Freunden und ihres Ausschlusses von intellektuellen Gesprächen, obwohl diese Gespräche oft einen unmittelbaren Bezug zu ihren Interessen und Erfahrungen hatten. So unterhielt sich etwa ihr Freund Samuel mit einer Genossin über die Nebenwirkungen der Pille, während er sie selbst dabei kaum beachtete. Ihre Suche nach einem „menschlichen Mann" bleibt immer wieder erfolglos.[19] Ihre Beziehung zu Samuel ähnelt der von Charlie zu Ulli; beide haben etwas Entwürdigendes. „Es war klar, daß ich wie immer als Samuels Freundin im Raum gesessen und nichts zum Gespräch beigetragen hatte. Mit mir schlief er."[20] Charlies Beziehung zu Ulli wird der Todesstoß durch seine herablassende Ironie ihr gegenüber versetzt; das Verhältnis der Erzählerin mit Samuel verkümmert, weil jegliche Kommunikation fehlt. Die Erzählerin leidet unter Samuels Einteilung von Frauen in solche, mit denen er diskutiert, und solche, mit denen er schläft. Sie leidet unter der Borniertheit Samuels, sich nicht mit dem Privileg seiner männlichen Prärogative auseinanderzusetzen – einem Privileg, das sich in einer äußerst zielgerichteten Sexualität manifestiert, in der Frauen nur eine Funktion ausüben.

Weder in *Häutungen* noch in Schroeders Text bedeutet demnach Emanzipation eine simple Gleichstellung mit Männern oder Erfolg auf dem Arbeitsmarkt; Emanzipation bedeutet das Entfalten jener Qualitäten, die der Tradition entsprechend von Frauen erwartet werden, nämlich Spontaneität und Bedürfnisorientierung; Emanzipation setzt ein neues Verhältnis zur Sexualität und eine radikale Veränderung in der Organisation der Arbeit voraus. Ulrike Prokop und Susan Sontag bezeichnen dies als den revolutionären Beitrag der feministischen Kritik. Der Wunsch, solche Qualitäten zu entfalten, veranlaßt Stefans Erzählerin, jene Qualitäten in Beziehungen zu anderen Frauen zu suchen. Diese Beziehungen verwirklicht sie in der Zusammenarbeit mit *Brot und Rosen*, in der Gründung einer CR-Gruppe und in lesbischen Verhältnissen.

Die letzten Abschnitte ihres Buches sind weniger kritisch. Das Emanzipationsverlangen wird hier nicht im Hinblick auf die Widersprüche zwischen der verheerenden Wirkung der allgemeinen Zweckrationalität und dem utopischen Moment in ihrer Vision von Ganzheit gesehen. Statt dessen gibt sie sich einer kurzschlüssigen und individualistischen Lösung der Probleme hin, die an sich nur durch eine Veränderung der sozialen Verhältnisse mittels organisierter und gemeinsamer Kämpfe herbeigeführt werden könnte. Was dadurch fehlt, sind wirkliche Alternativen. Stefans voreiliges Abschließen der Diskussion der eigentlichen Widersprüche hindert sie daran, das dialektische Wesen der sogenannten „weiblichen Qualitäten" näher zu erörtern. Prokop weist darauf hin, daß diese als wichtiges Potential gesehen werden müssen und in Wirklichkeit stark unterentwickelt sind. Frauen werden durch die Gesellschaft in die Rolle von Fürsorgenden gezwungen, mit dem Ergebnis, daß jene Qualitäten, die idealerweise das Gegenteil von Zwangsherrschaft wären, ihren positiven Charakter einbüßen. Stefans Unvermögen, einen Sinn für Widersprüche zu entwickeln, wird in Jutta Heinrichs Buch *Geschlecht der Gedanken*, 1978 im Verlag Frauenoffensive erschienen, ausgeglichen. Heinrich stellt die Brutalität dar, die auf die Psyche eines kleinen Mädchens ausgeübt wird, während es auf seine gesellschaftliche Rolle als unterwürfige und fürsorgliche Frau vorbereitet wird. Das Buch enthüllt die repressiven Mechanismen, die bei der Sozialisation von Frauen in einem auf Rigidität aufgebauten sozio-ökonomischen System wirksam werden.

Zum Abschluß möchten wir nicht nur die Ähnlichkeiten, sondern auch die positiven Aspekte der Unterschiede hervorheben, die sich in Romanen wie *Häutungen* und *Ich stehe meine Frau* zu erkennen geben. Schroeders Versuch, die Linke an ihre Unzulänglichkeiten zu erinnern, ist nicht von der Hand zu weisen. Dadurch, daß sie diese in den Brennpunkt rückt, werden die gebotenen Möglichkeiten und die sich daraus ergebenden Strategien klar abgesteckt. Da Stefan nicht auf die vielen Abhängigkeiten eingeht, mit denen sich Schroeder auseinandersetzt, fällt es ihr leichter, auch radikalere Möglichkeiten zu untersuchen – Möglichkeiten, die als Modelle natürlich in sich beschränkt sind, aber deren Bedeutung im Vorschein fundamental andersgearteter menschlicher Verhältnisse und Literaturgattungen liegt.

(Aus dem Amerikanischen von Gabriele Strauch)

Anmerkungen

1 Luce Irigary, *Sexe qui n'en est pas un* (Paris, 1977). Zitat aus einer unveröffentlichten Übersetzung von Claudia Reed (Dartmouth College), S. 9.
2 Ulrike Prokop, *Weiblicher Lebenszusammenhang. Von der Beschränkt-*

heit der Strategien und der Unangemessenheit der Wünsche (Frankfurt, 1970).

3 Als wichtige Analyse der Degradierung der Arbeit im zwanzigsten Jahrhundert vgl. Harry Braverman, *Labor and Monopoly Capital. The Degradation of Work in the Twentieth Century* (New York, 1974).

4 Nancy Vedder-Shults, Hearts Starve as well as Bodies. Ulrike Prokop's *Production and the Context of Women's Daily Life.* In: *New German Critique*, Nr. 13 (1978), S. 13.

5 Mechthild Merfeld, *Die Emanzipation der Frau in der sozialistischen Theorie und Praxis* (Reinbeck, 1972), S. 55.

6 Hélène Cixous, *Le rire de la Meduse* (Paris, 1973). Zitat aus einer Übersetzung von Keith Cohen und Paula Cohen, The Laugh of the Medusa. In: *Signs* Bd. 1, Nr. 4 (1976), S. 875.

7 Nancy Vedder-Shults, Buchbesprechung. In: *New German Critique.* Nr. 14 (1978), S. 146.

8 Angelika Mechtel, *Keep Smiling. Reportage, Erzählungen* (München, 1977), S. 7–11.

9 Marianne Herzog, *Von der Hand in den Mund* (Westberlin, 1977), S. 17–21.

10 Angelika Mechtel, Interview mit Patricia Russian. In: *Basis. Jahrbuch für deutsche Gegenwartsliteratur* 5 (1975), S. 140.

11 Margot Schroeder, Aus einem unveröffentlichten Interview mit Nancy Vedder-Shults (Dezember, 1977).

12 Sara Lennox, Buchbesprechung: In: *New German Critique.* Nr. 14 (1978), S. 166.

13 Margot Schroeder, *Ich stehe meine Frau.* Hrsg. unter Mitarbeit der Hamburger Werkstatt Schreibender Arbeiter und Peter Fischbach und Bernhard Wenger (Frankfurt, 1975), S. 144.

14 Ebd., S. 48.

15 Verena Stefan, *Häutungen* (München, 1975), S. 84.

16 Schroeder, S. 134.

17 Ebd. S. 80.

18 Christa Reinig, Das weibliche Ich. In: *Alternative* 108/9 (1976) S. 120.

19 Stefan, S. 43.

20 Ebd., S. 67.

Helen Fehervary

Die erzählerische Kolonisierung des weiblichen Schweigens

Frau und Arbeit in der DDR-Literatur

I

Das Verhältnis von Frau und Arbeit bildet ein zentrales Thema der DDR-Literatur.[1] Als allgemeine Einführung in dieses Problem möchte ich drei grundsätzliche Tendenzen in der Darstellung dieses Verhältnisses umreißen:

1. Die vorherrschende Form der literarischen Darstellung weist der Frau zwar eine bedeutsame Rolle in der Arbeitswelt zu, jedoch meist in Form der Gehilfin – Frau oder Freundin – des Mannes, der die umwälzenden herkuleischen Taten vollbringt. Dieser Typ von Frau kann sowohl spezifische Eigenschaften von Männern als auch von Frauen in sich vereinigen (je nachdem, was die männlichen Bemühungen gerade benötigen). In Eduard Claudius' *Menschen an unserer Seite* (1951), zum Beispiel, hilft die Frau dem Aktivisten im Ehebett bei seinen Berechnungen, weist ihn dann auf das Sexuelle hin, verbündet sich mit anderen Frauen zur Bekämpfung des männlichen Chauvinismus, geht selbst zur Arbeit, um unabhängiger zu werden und mehr Einsicht in den Produktionsprozeß zu erlangen usw. Diese Frau ist typisch für die Literatur der fünfziger Jahre. Aber auch in den sechziger und siebziger Jahren ist sie – allerdings meist jünger, sexuell attraktiver – noch allgegenwärtig und hat vornehmlich die Funktion, an die Wichtigkeit des Alltags zu erinnern, an die Notwendigkeit, öffentliches Leben und Privatleben in Einklang zu bringen. Dabei wird sie oft schwanger. Sie ist die Inspiration, die ‚schöne Seele', die hinter der wachsenden Einsicht des Helden in seine Subjektivität und die Notwendigkeit zur Selbstreflektion steht. Man sieht sie in der Regel auch bei ihrer Arbeit, und zwar von der Ingenieurin Kattrin in Neutschs *Spur der Steine* (1964) bis zur Kindergärtnerin in Plenzdorfs *Die neuen Leiden des jungen W.* (1972).

2. Außerdem finden sich literarische Gestaltungen der unabhängig

arbeitenden Frau, die oft Hauptfigur ist und deren direktes Verhältnis zum Produktionsprozeß das zentrale Thema bildet. Die Frau
dient hier nicht mehr lediglich als Hilfsmittel für die Produktivität
des Mannes, sie wird vielmehr selbst zum Produzenten und steht ihren Mann: als Bürgermeister Anna, Elli Kleinschmidt, Petra Harms,
die Holländerbraut, Regina B. Während in der Literatur der ersten,
oben geschilderten Richtung die weibliche Sexualität positiv dargestellt wird (als zusätzlich motivierendes Bildungselement auf dem
Wege des Mannes zur Produktivität), wird in der Literatur dieses
zweiten Typs, in der Frauen selbst Produzenten sind, die Frage der
weiblichen Sexualität entweder rationalisiert, als sekundäres Problem der weiblichen Emanzipation vertagt oder, in den meisten Fällen, schlichtweg ignoriert. Diese weiblichen Produzenten spielen
vor allem in der Aufbauliteratur der fünfziger Jahre eine bedeutende
Rolle. Doch auch später wird ihre Fähigkeit zur Übernahme männlicher Arbeiten oft als gegeben vorausgesetzt (mit Ausnahme des
Bereichs Ehe und Familie, der eher als Belastung denn als zentrale
Aufgabe angesehen wird). In der Literatur der Folgezeit werden
Frauen nicht mehr problematisiert und erscheinen meist als Nebenfiguren, auch wenn sie Positionen bekleiden, die Autorität und Er-
fahrung verlangen, so zum Beispiel die Parteisekretärin in Volker
Brauns *Die Kipper* (1972).[2]

3. Trotz aller vorwärts- oder aufwärtsgerichteten Entwicklung
der Frau und trotz der divergierenden Funktionen, die sie ausübt,
wird die weibliche Identität in der eben beschriebenen Literatur nie
grundlegend hinterfragt. Was sich im Laufe der historischen Entwicklung dieser Literatur verändert, ist lediglich der Begriff der Produktion; die Rollen der weiblichen Figuren werden dementsprechend korrigiert. Obwohl diese Literatur gelegentlich gewisse
Konflikte im Verhältnis von Frau und Arbeit in den Blickpunkt
rückt, stellt sie nie die grundlegende Natur dieses Verhältnisses in
Frage. Charakteristisch für eine dritte Tendenz, vor allem in der
jüngsten DDR-Literatur, ist die wesentlich genauere Sondierung des
Verhältnisses von Frau und Arbeit, verbunden mit einer erneuten
Überprüfung der beiden erstgenannten Aspekte, die jetzt als *männ-
lich*-identifizierte Produktionsgeschichte auf der einen Seite und
Spezifizität der weiblichen Erfahrung auf der anderen Seite erschei-
nen. Im Gegensatz zur Literatur der fünfziger und sechziger Jahre
weist diese Literatur sowohl auf die sexuellen als auch die kulturellen
Unterschiede zwischen Männern und Frauen hin. In ihr wird das
Mann-Sein ebenso thematisiert wie das Frau-Sein, wie auch die un-

terschiedlichen Produktionsweisen, die geschichtlich als männlich beziehungsweise weiblich definiert worden sind. Erst in dieser Literatur haben DDR-Schriftsteller das Verhältnis von Frau und Arbeit grundlegend dargestellt, nicht als Symbiose, sondern als konflikthaltige, aber auch potentiell radikal veränderbare Beziehung. Die Literatur, die hier zur Diskussion steht, ist primär ein Produkt der siebziger Jahre. Diese Literatur beschränkt sich nicht mehr auf Begriffe wie Bildung, Produktivität oder Fortschritt, sondern deckt zugleich deren Deformationen auf. Anstelle des positiven Helden rücken nun auch ‚abweichende' Formen des Verhaltens in den Blickpunkt. Die Auseinandersetzung mit Frauen in der DDR-Gesellschaft wurde somit eines der zentralen Themen in der DDR-Literatur der siebziger Jahre, wenn nicht das zentrale Anliegen überhaupt. Als Beispiel nehme man die Schlüsselfunktion der weiblichen Emanzipation im Werk bedeutender Schriftsteller wie Günter de Bruyn, Volker Braun, Thomas Brasch, Peter Hacks, Karl-Heinz Jakobs, Heiner Müller, Rolf Schneider und Stefan Schütz, wie auch die zunehmende Artikulierung feministischen Bewußtseins in Werken von Schriftstellerinnen wie Sarah Kirsch, Irmtraud Morgner, Brigitte Reimann und Christa Wolf. Etwas pauschal ist dieser ganze Kulturabschnitt von westlichen Kritikern unter die Kategorie der „Neuen Subjektivität" subsumiert und von DDR-Kritikern mit Begriffen wie „Privatsphäre" und „Alltag" charakterisiert worden, als ob die Auseinandersetzung mit Frauen, wie auch mit anderen ‚Alltagsproblemen', lediglich mit Liebe, Ehe und Sexualität zu tun habe und den historischen Angelegenheiten der Politik und der Wirtschaftsproduktion diametral entgegengesetzt sei. Im Gegenteil. Diese Literatur setzt sich *grundsätzlich* mit der Geschichte selbst auseinander, wenn auch vermittels einer neuen (zuvor versperrten) Optik, welche, statt offiziell-vorherrschende Definitionen zu wiederholen, die Geschichte in einer höchst differenzierten und komplexen Erfahrung des Lebens ansiedelt. Vieles an dieser „Neuen Subjektivität" spricht für eine wesentlich umfassendere „Objektivität", so wie auch die Darstellungen der sogenannten „Privatsphäre" und des „Alltags" eine übergreifende gesellschaftliche Öffentlichkeit zu konkretisieren suchen.

Wenn die Etiketten „Neue Subjektivität", „Privatsphäre" oder „Alltag" eine gewisse Homogenität in der jüngsten DDR-Literatur implizieren sollen, so träfe das nur in dem Maße (und auch dann nur teilweise) zu, als sich diese Feststellung auf allgemeine Themen, literarische Gehalte und stereotypische Figuren bezieht. Besonders was die Literatur über Frauen anbetrifft, die heutzutage schon durch ihr bloßes Thema als ‚fortschrittlich' angesehen wird, kann eine Wertung auf der Grundlage des Gehalts oder der ‚positiven' oder ‚negativen' Typen zu einer extremen Einengung des Horizonts und zu den gleichen problematischen Schlüssen führen, durch die das Bild vom ‚positiven Helden' gekennzeichnet war: positiv, wenn bestimmte kulturelle Erwartungen erfüllt werden, negativ, wenn das nicht der Fall ist (oder auch umgekehrt, je nachdem, welchen ideologischen Standpunkt man einnimmt). Man könnte sagen, daß die ‚emanzipierte Frau', die ihre Umwelt herausfordert, an sich in der heutigen DDR-Literatur genauso ein Klischee darstellt wie der frühere ‚positive Held', der kämpfend sein Schicksal zu bewältigen suchte. Meiner Meinung nach sind stereotypische Rollen und ideologischer Gehalt nicht die letztlich für das Verständnis entscheidenden Faktoren innerhalb dieser Literatur. Viel bedeutsamer scheint mir die Funktion der Erzählperspektive und die gegenseitige Wahrnehmung, Identifizierung und Interaktion der Figuren (zum Beispiel wie die Technologie von Frauen wahrgenommen wird und, unter einem anderen Aspekt, wie Frauen in der Geschichte wahrgenommen werden). Die Frage der Wahrnehmung ist hier zentral, sowohl als ästhetische als auch philosophische Frage. Darüber hinaus bezieht sie nicht nur die Literatur selbst ein, sondern auch den Lesevorgang. Auf der Grundlage eines solchen Ansatzes, der nicht so sehr die thematischen Aspekte, als vielmehr die Beziehungsaspekte in den Mittelpunkt rückt, können wir anfangen, systematischer zwischen den dieser Literatur zugrunde liegenden Tendenzen zu differenzieren, und so zu einem umfassenderen Verständnis dessen gelangen, was an Komplexität wie auch an Potentialität dieser literarischen Darstellung von Frauen und Arbeit inhärent ist.

Offensichtlich ist das Verhältnis von Frau und Arbeit ein zentrales Thema in der jüngsten von Frauen geschriebenen DDR-Literatur. Wenn sich auch diese Beziehung als Thema in der Männer-Literatur weniger deutlich manifestiert, so spielt sie in ihr doch eine viel fundamentalere und entscheidendere Rolle, als von der Kritik gemeinhin angenommen wird, ja bildet ein grundlegend konstituierendes Element in der Ästhetik der Werke selbst. Um das Problem nicht in ein Ghetto der Frauen-Literatur zu verbannen (und damit die Frage der geschlechtsspezifischen Ästhetik als nur Schriftstellerinnen betreffend abzutun), scheint es angebracht, vorerst die Männer-Literatur zu untersuchen. Erst wenn wir erkennen, daß es spezifisch männliche Formen der literarischen Darstellung gibt, können wir die ästhetischen wie auch ideologischen Fragen ins Auge fassen, die sich einer Literatur von Frauen stellen und denen in ihr nachgegangen wird. Als Beziehungspunkt für eine solche Analyse bietet sich ein literarischer Topos an: das historische Schweigen der Frau angesichts männlich-identifizierter Geschichte, Produktion und Technologie.

II

In der Inszenierung der *Mutter Courage* durch das Berliner Ensemble zeigte Helene Weigel den berühmten stummen Schrei – ein Tribut an die qualvolle Sprache des Schweigens, die der Figur der Courage am Ende der dritten Szene aufgezwungen wird. Die äußeren Umstände, die das Schweigen motivieren, sind offensichtlich: als sie die Trommeln und den Schuß hört, der ihren Sohn Schweizerkas tötet, für dessen Tod sie – als am Geschäft des Krieges Beteiligte – mittelbar verantwortlich ist, kann sie ihre Qual nur in einer verzerrten Grimasse ausdrücken, um ihre Identität nicht den Soldaten um sie herum zu verraten oder vielleicht gar sich selbst ganz bewußt zu machen. In einer Hinsicht entlarvt also das Schweigen eine Verneinung des Lebens und der eigenen Person, die in direktem Gegensatz steht zu den lauten, hellen Schreien, die gewöhnlich mit der Geburt und der Erzeugung von Leben assoziiert werden. In anderer Hinsicht stellt das Schweigen einen selbstbestätigenden Gestus des Protests dar: die absichtlich stumme Reaktion der lebensspendenden Mutter gegenüber dem betäubenden Lärm der Kriegsmaschinerie. Der stumme Schrei der Weigel verfolgt uns auf diese zweifache Weise durch das ganze Stück.

Es ist die unausgesprochene Stimme hinter der stetigen Geschäftigkeit und dem Geschwätz der Figur, die versucht, Geschäftsfrau und Mutter in einem zu sein, und aus ebendiesem Grunde scheitert. Der stumme Schrei artikuliert dieses Scheitern bildhaft: die Unfähigkeit, das Leben zugleich zu meistern und zu nähren, sowohl materielle Güter als auch menschliche Beziehungen herzustellen. Der Schrei, der zur Grimasse wird, ist nicht nur das historische Schweigen der Mutter, sondern aller Frauen, die bei dem Versuch scheitern, an der Produktion der Geschichte in einer von patriarchalischen Strukturen beherrschten Welt teilzunehmen. So wird, um einmal gegen den Strich zu lesen, Mutter Courage, das im Kreise ziehende Lasttier des geschichtlichen Arsenals, dennoch zur zukunftsweisenden Erinnerung an eine archaische, ja matriarchalische Welt, zum Mythos.

Dieser Topos vom historischen Schweigen der Frauen ist in der männlichen DDR-Literatur vor allem auf zwei Weisen wiederverwendet worden. Für die erste ist Volker Brauns Gedicht *Die Haltung einer Arbeiterin* beispielhaft, wo dem Schweigen Stimme verliehen wird und wo es in Produktivität umschlägt (Integrierung); für die zweite das Bild *Die Ausgezeichnete* des Malers Wolfgang Mattheuer, wo dem Schweigen ermöglicht wird, für sich selbst zu sprechen und über Produktivität zu reflektieren (Dissoziierung). Volker Brauns Gedicht liest sich so:[3]

1 In den ersten Jahren der Integration
    Ereignete sich unauffällig der Fall
    Der Weberin Hanna Wagenseil
    Sechsundvierzig Jahre alt
    Ruhiger Gemütsart, in Ebersbach.

2 Lange gewöhnt
    An ihre langsamen Maschinen, brach sie
    Als die neuen sowjetischen Automaten
    Montiert waren und in der Halle lärmten
    In ein Geschrei aus, mitteilend
    Ihre Ablehnung derselben.

3 Als aber die Weberin schrie
    Die sonst ruhige, ging sie doch
    Keinen Augenblick von dem lärmenden Kasten
    Während acht Tagen
    Schrie herum und bediente ihn und hörte nicht auf zu schreien.

4 Aber am neunten Tag, als sie schon still war
    Aber schlecht angesehn bei den erschütterten Leitungen
    Hatte sie die Erfindung im Kopf
    Die Vorrichtung, die einigen Lärm wegnahm.

5 Dies wurde nicht gemeldet in den Zeitungen
    (Seines gewöhnlichen Hergangs wegen)
    Soll aber bekannt werden als die Haltung
    Der Arbeiterin Wagenseil
    Aus Ebersbach.

Die DDR-Kritikerin Eva Kaufmann hat dieses Gedicht mit Brechts *Kohlen für Mike* verglichen und sieht darin eine geschlechtslose Beziehung zwischen „Mensch und Arbeit". Die Arbeiterin, so sagt Kaufmann, weigert sich, das reine Objekt der Produktion zu sein, und wird zum Subjekt. Aufgrund ihrer „menschlichen Hal-

tung" wird sie zur „Kraft der Geschichte".[4] Kaufmanns Interpretation kommt wahrscheinlich der generellen Intention des Autors
Braun nahe. Das Gedicht erscheint jedoch viel aufschlußreicher,
wenn wir unser Augenmerk auf die spezifische Konfrontation zwischen der Arbeiter*in* und der Maschine richten. Braun benutzt geradezu bewußt eine Bildersprache aus dem Bereich der weiblichen Sexualität für die Strukturierung seines Gedichts und die Unterstreichung seiner Aussage. Unter diesem Gesichtspunkt – bedenkt man,
daß es sich hier um die „ruhige Gemütsart" einer Frau handelt – wird
der Konflikt zwischen Arbeiterin und Maschine überhöht und der
Schrei des Protests, der sonst irrational bliebe, legitimiert. Darüber
hinaus deuten die verwendeten Metaphern auf eine allgemeinere
Konfrontation zwischen dem Bereich der männlichen Warenproduktion und der weiblichen sexuellen Reproduktion hin. Die un-
mittelbarste Anspielung bezieht sich auf den Geschlechtsverkehr,
sogar mit der Andeutung von Vergewaltigung, und den Vorgang des
Gebärens. Die neuen automatischen Maschinen werden sozusagen
gewaltsam in den Bereich der Arbeiterin eingeführt, und daraufhin
bricht sie in ein Schreien aus, das in seiner ausgedehnten Wiederho-
lung einen orgasmischen Ton annimmt. Wegen der Dauer der Konfrontation wandelt sich jedoch Hanna Wagenseils Passivität zur Ak-
tivität, und das Irrationale ihres Schreiens wird rational. War sie
zuerst ein Opfer von Aggression, so wird sie jetzt selbst zum Ag-
gressor – sozusagen zum gleichberechtigten Partner. Statt die Auswirkungen der Schwängerung physisch an ihrer Person zu spüren,
macht sie die physische Konfrontation zu einem intellektuellen Prozeß. Am Ende des neun Tage dauernden Schreiens (das den Neun-
Monats-Zyklus versinnbildlicht) ist sie wieder still und hat „die Er-
findung im Kopf", eine Art von zerebraler Schwangerschaft und
Geburt, die über die „erschütterten Leitungen" triumphiert. Hanna
Wagenseil macht sich die Maschine zu eigen, indem sie die poten-
tielle Vergewaltigung durch die Technologie in kreative intellektuelle Reproduktion umkehrt. Da sie jetzt an der Maschine teilhat,
vermag sie sie zu beherrschen und zu verbessern. Signalisiert Mutter
Courages stummer Schrei die Abtötung des Mutterleibes und des
weiblichen Nährens durch die Maschinerie des Krieges, die ihren
Sprößling erschießt, so stellt Hanna Wagenseils lauter, andauernder
Schrei als Reaktion auf die Maschine einen erbitterten Kampf dar, der
in produktiver Partnerschaft endet. Dieser Kampf findet allerdings
unter recht unidealen Bedingungen statt, denn zum einen wird die
Maschine ohne ihre Zustimmung von den „Leitungen" eingeführt,

und zum anderen wird die „Vorrichtung", die sie erfindet, nur vage beschrieben und kann den Lärm auch lediglich mindern. Wie die erste Zeile des Gedichts schon andeutet, beruht dennoch das Verhältnis von Frau und Technologie (oder dem herrschenden Begriff der DDR-Produktion, die von der Maschine versinnbildlicht wird) in erster Linie auf dem Begriff der *Integrierung*.

Brauns Verwendung der Weiblichkeit als literarisches Mittel steht in der Tradition Brechts. Wie Sara Lennox gezeigt hat, verwendete Brecht Frauen als Hauptfiguren in vielen seiner Stücke, weil es leichter war, an ihnen eine erwünschte Entwicklung von gesellschaftlicher Unschuld zu gesellschaftlicher Reife, von naivem oder falschem Bewußtsein zur Erkenntnis zu demonstrieren.[5] Brecht war zwar an spezifisch Weiblichem als Rohmaterial interessiert, aber nicht an jener besonderen Erfahrung, welche die weibliche Identität ausmacht. (Die Figur der Mutter Courage ist eine bemerkenswerte Ausnahme, wie auch, aus gänzlich anderen Gründen, die Frauenfiguren in den frühen Stücken.) Man kann hier sogar eine Parallele zu Brechts intensiver Arbeitsbeziehung zu Helene Weigel ziehen, die er als Schauspielerin so souverän einsetzte, um seine Vorstellungen von Theorie und Praxis des Theaters konkret *zeigen* zu können. Indem er seine eigenen Gedanken in die Aktionen seiner Frauenfiguren legte, erreichte Brecht eine Art von stellvertretender Subjektivität und Autorschaft, so daß er – als über sich selbst reflektierendes Subjekt – in seinen epischen Stücken nicht aufzutreten braucht. Aus diesem Grunde wird die spezifische Erfahrung der Männlichkeit in diesen Stücken nie thematisiert, ja kann gar nicht thematisiert werden, während die Widersprüchlichkeiten und Konflikte von Frauen, besonders die Notwendigkeit ihrer Emanzipation, ein ständig wiederkehrendes Thema ist. Diesbezüglich sagt Hellmuth Karasek folgendes über ein Gedicht, das Brecht einmal für Elisabeth Hauptmann schrieb: „Dieses Gedicht kennt ein ‚Du', aber es enthält kein ‚Ich'. [. . .] Brecht [. . .] parabolisiert hier auch die eigenen Liebeshandlungen und -mißhandlungen ins unverbindliche Allgemeine. Da ist [. . .] kein Mann, sondern ein abstraktes Prinzip, ein Weltgeist, am Werk gewesen. Der prüfte sie, nur damit sie zeigen konnte, wie stark und auserwählt sie sei." Das Gedicht selbst lautet:[6]

> Auf dich wurden Lasten gelegt, die man
> Nur auf die sichersten Schultern legt,
> Du wurdest übersehen
> Wie das Nächstliegende.
> Von dir wurde erwartet

Die besondere Einsicht.
So essen am letzten die,
denen das Werk am nächsten steht:
die Köche.

Viel ehrlicher, selbst-entlarvender und in diesem Sinne vielleicht „fortschrittlicher" sind die bekannten „chauvinistischen" Zeilen in *Vom armen B. B.*, wo der Dichter sich in ein unmittelbares Gespräch mit Frauen einläßt: „In mir habt ihr einen, / auf den könnt ihr nicht bauen."

Brechts stellvertretende Subjektivität in seinen späteren Werken, das heißt sein Verfahren, weibliche Figuren als Träger seiner eigenen Vorstellungen zu verwenden, kann als *erzählerische Kolonisierung des weiblichen Schweigens* bezeichnet werden. Der Autor wird zum Produzenten, indem er seine eigene, subjektive Autorschaft verleugnet und Frauen instrumentalisiert. Wenn wir unter diesem Aspekt auf Volker Brauns Gedicht zurückschauen, stellt sich heraus, daß die Interpretation der DDR-Kritikerin Eva Kaufmann, die eine geschlechtslose Beziehung zwischen „Mensch" und „Arbeit" feststellte, letzten Endes zutreffender ist, was Brauns Intention anbetrifft, als meine eigene Interpretation, die eine geschlechtsspezifische Beziehung zwischen Frau und Produktion in den Mittelpunkt rückt. Es handelt sich hier jedoch um einen Prozeß in drei Stufen und nicht um die platte Annahme einer geschlechtslosen Menschheit, auf der Kaufmanns Interpretation beruht. Erst eine genaue Bestimmung der spezifisch weiblichen Rolle in diesem Gedicht ermöglicht uns, diese „geschlechtslose" Menschheit als im wesentlichen männlich definiert zu begreifen. Zunächst postuliert Braun einen geschlechtslosen Konflikt zwischen Arbeiter und Maschine, dem der marxistische Begriff der entfremdeten Arbeit zugrunde liegt. Um dann diese Entfremdung möglichst effektvoll aufzuzeigen, greift er auf den Topos der weiblichen Ohnmacht zurück und verwendet eine Reihe von sexuellen Metaphern, um die Entfremdung zu poetisieren. Schließlich, statt der Eigenlogik der Metaphern zu folgen und sie ihre eigene Aussage entfalten zu lassen, verleugnet er sie, indem er ihnen eine andere Logik aufzwingt. Die sexuelle Bildsprache hat hier lediglich eine darstellende Funktion. Was sie symbolisiert, ist eine gewichtigere Konfrontation, und zwar die Aneignung der von der Sowjetunion eingeführten Technologie, Politik und Geschichte durch die DDR-Technologie, -Politik und -Geschichte. Der „Geschlechtsverkehr" zwischen Frau und Maschine ist nur dazu da, um Licht auf eine viel spannungsreichere und produktive Beziehung zu werfen.

Die Frau dient lediglich dazu, diese Beziehung zu instrumentalisieren. Die erzählerische Kolonisierung des weiblichen Schweigens macht es möglich, die Figur zu instrumentalisieren, und macht es zugleich unmöglich, über diese Instrumentalisierung zu reflektieren. In diesem Sinne entlarvt das Gedicht eine ganz andere Problematik, um bei der sexuellen Metaphorik zu bleiben. Bei dem Versuch, herrschende Arbeitsbeziehungen mit Begriffen des heterosexuellen Diskurses zu poetisieren (männlich-identifizierte „Maschinerie" der Produktion kontra weiblich-identifizierte „Kreativität" der Produktion), deckt das Gedicht letztlich eine monologische, künstliche Variante der Homoerotik auf und erliegt ihr (mächtige oder aggressive männlich-identifizierte Technologie kontra rationale oder erfindungsreiche männlich-identifizierte Produktivität).

Ein ähnlicher Prozeß der erzählerischen Kolonisierung findet sich in Brauns Stück *Tinka* (1973). Hier ist wieder eine Frau die Hauptfigur, und ihr Kampf mit der technokratischen Anpassung, vertreten durch ihren unterdrückten, bürokratisch servilen Verlobten Brenner, liefert den zentralen Konfliktstoff. Brenner steht offensichtlich für das eindimensionale Leben der Maschine, während Tinka die Phantasie des Lebens und der schöpferischen Produktivität verkörpert. Aufgesetzt auf diese Gegenüberstellung ist der Kampf zwischen Mann und Frau: Brenner braucht Männlichkeit, um seine Tätigkeit zu rationalisieren und Personen zu objektivieren; Tinka ist die emanzipierte Frau, die Mut und Überzeugung in der Arbeit und in der Liebe verlangt. Im Gegensatz zu seinem Gedicht löst Braun hier den Widerspruch nicht auf. Am Ende der letzten Szene beschuldigt Tinka Brenner der Passivität und der Feigheit, worauf er mit einer Bierflasche auf sie einschlägt. Sie stürzt zu Boden. Alles steht erstarrt, schockiert. Brenner bricht über Tinka zusammen. Vorhang. Das Ende wie auch die Kategorisierung der Geschlechter erinnert an *Kabale und Liebe*: das Schicksal der Frau ist ihre Gewissenhaftigkeit und Tugendhaftigkeit, das des Mannes tragische Verfehlung und Schuld. Die Tatsache, daß Brenner eine Bierflasche benutzt, um Tinka „fertigzumachen", verleiht dem Ereignis Konkretheit, aber überhöht auch die Aura der männlichen Produktivität und Macht; denn wenn er zu einer solchen Schandtat hinabsinken kann, könnte er auch das genaue Gegenteil tun. Und es ist gerade diese Möglichkeit und das Fehlen ihrer Verwirklichung, wovon das Stück im wesentlichen handelt. Brauns Sympathie liegt eindeutig auf Tinkas Seite, aber seine Identität ist stärker mit Brenner verbunden. Brenner ist auch der viel komplexere und interessantere

Charakter, und sein Problem ist, trotz des Titels, der Kern des Stük-kes. Wenn auch Braun am Ende des Stücks Gewalt zu tragischen Dimensionen steigert, so kann doch das Stück in seiner Gesamtheit als ein Versuch gesehen werden, zu explizieren, wie es dazu kam. Dies wird in erster Linie erreicht durch Tinka, das Gewissen der Geschichte, die uns in einer mit langen rhetorischen Monologen vollgepfropften Rolle viel mehr über Brenners technologisches Ich mitteilt, als wir aus Brenners eigenen Worten und Handlungen erfahren. Hier finden wir wieder die erzählerische Kolonisierung des weiblichen Schweigens. Braun spaltet sich als Autor zwischen seinen zwei Figuren, sozusagen zwischen Über-Ich und Ich, und umgeht so Brenners notwendige Auseinandersetzung mit sich selbst – abgesehen vom Ende des Stückes, als Brenner schließlich handelt und das wahre Drama beginnen kann. Dieses Drama kommt aber nicht zustande, sondern erstarrt im Tableau des bürgerlichen Trauerspiels.

III

Die Kolonisierung des weiblichen Schweigens durch den männlichen Autor, seine Instrumentalisierung des weiblichen Charakters und seine daher rührende Fähigkeit, spezifisch weibliche Kategorien unproblematisch in die männlich identifizierte Produktion zu integrieren, umgehen eine subjektive Reflektion der jeweiligen Kategorien und machen eine wirkliche Auseinandersetzung mit der Beziehung zwischen Frau und Arbeit unmöglich. Die Kategorien und ihre Dialektik werden zwar problematisiert, aber nicht zu Ende geführt und daher verharmlost. Die Tatsache, daß diese Verharmlosung innerhalb des ästhetischen Prozesses stattfindet und oft eher im Widerspruch zur ideologischen Intention steht, als mit ihr übereinzustimmen, macht das Problem dieser Darstellungsweise um so komplexer. Gerade in den Werken der progressiven DDR-Schriftsteller manifestiert sich diese Darstellungsweise am deutlichsten, denn in den traditionellen Werken der fünfziger und sechziger Jahre wird ja das Verhältnis von Frau und Arbeit noch nicht grundlegend problematisiert. Ich habe Volker Braun gerade deswegen als exemplarisch ausgewählt, weil er, als einer der fortschrittlichsten DDR-Schriftsteller, sich in seinen Werken konsequent den Fragen des Produktivismus und der sexuellen Unterdrückung kritisch zugewandt und versucht hat, die beiden Fragen miteinander zu verbinden. Wie viele DDR-Autoren steht Braun in der Tradition Brechts, dessen epische Distanz und auktoriale Erzählperspektive dazu tendieren, die Entstehung von Freiräumen und Alternativvorstellungen innerhalb des Texts auszuschließen. Der Versuch, eine solche Freisetzung zu erreichen, weitgehend basierend auf von Kafka übernommenen Erzählweisen wie auch auf der Brechtschen Lehrstückästhetik, findet sich auch bei anderen DDR-Schriftstellern, denen die Beziehung von Frau und Arbeit ein zentrales Thema ist. Die ästhetischen Fragen, die sich hier stellen, können vielleicht am besten anhand eines visuellen Bildes expliziert werden: Wolfgang Mattheuers *Die Ausgezeichnete* (1974).[7]

Ebenso wie Volker Brauns Gedicht *Die Haltung einer Arbeiterin* thematisiert Mattheuers Bild den Topos des historischen Schweigens der Frau. Seine Betrachtungsweise unterscheidet sich jedoch von der Brauns: nicht die Integrierung der Frau in den Produktionsprozeß wird veranschaulicht, sondern deren Dissoziierung von diesem Prozeß.

Wie Brauns Hanna Wagenseil so ist auch die hier gefeierte Aktivistin eine ruhige, bescheidene Proletarierin, die, ohne viel Aufhebens zu machen, einen wichtigen Beitrag zum Aufbau der Wirtschaft in den fünfziger Jahren geleistet hat. (Man denke an Anna Seghers' arbeitsame weibliche Figuren mit ihren stets tätigen Händen.) Jetzt, zwanzig Jahre später, nach Vollendung dieser Produktion, wird sie im Ruhezustand gemalt, ausgezeichnet an einem Tisch mit Blumen, die Arbeit des Wiederaufbaus hinter sich. Was wir jedoch sehen, ist die physische Erschöpfung und die Auswirkungen der psychologischen Deformierung, die vor allem sichtbar werden in dem durch Körperhaltung und Mienenspiel ausgedrückten Mißtrauen und Unbehagen. Sie wird in vollkommener Einsamkeit abgebildet, ohne jene, die mit ihr gearbeitet haben und die sie jetzt feiern, und es scheint, als ob sich die Festtafel in einen weißen Sarg verwandelt habe. Mattheuer wählt, wie Volker Braun, den Gegensatz zwischen industrieller Arbeit und weiblicher Erfahrung zum zentralen Thema. Mattheuer macht aber noch einen weiteren Schritt und problematisiert das, was für Braun gerade die Lösung war, nämlich die Arbeitsleistung als Ethos und Ziel. Während Braun Produktivität, im marxistischen Sinne, als Aufhebung des technologischen Rationalismus ansieht, ist für Mattheuer der Begriff der Produktivität gerade in diesem Problem enthalten. Wenn Mattheuers Aktivistin von der Fließbandarbeit erschöpft und entfremdet ist, dann ist sie genauso entfremdet von der Belohnung, die diese Arbeit hervorbringt, und auch von der Ideologie dieser Produktion, nämlich der Produktivität. Und wieder ist es das spezifische Frau-Sein der Arbeiterin, das diese Entfremdung einzigartig demonstriert. Die Entfremdung liegt vor allem im Widerspruch ihrer Identität als Aktivistin/Produzentin (der gedrungene Körper, die praktische Frisur, die strengen, ein wenig verhärteten Gesichtszüge) zu ihrer Identität als Frau/Reproduzierende (die ‚guten' Schuhe und die ‚gute' Jacke für den besonderen Anlaß, die ‚Familialität' des Tisches und des Tischtuchs, die zögernde Neigung zu den vor ihr liegenden Blumen). Was jedoch projiziert wird, ist die Abweichung auf beiden Seiten der angestrebten Gleichung: als Arbeiterin ist sie entnervt, als Frau entsexualisiert. Im Bereich der Produktion wie in dem der Reproduktion ist ihre Identität ein Kompromiß, und zwar aus dem Versuch heraus, die beiden Bereiche zur Deckung zu bringen und nebeneinander existieren zu lassen. Am auffallendsten an der Figur der Frau ist vielleicht das Fehlen dessen, was man Unterleib nennt. Er scheint nicht mehr zu existieren (wieder eine leise Anspielung auf Vergewaltigung), und der verbliebene Leerraum wird beherrscht durch das historische Kontinuum der Produktion, das gleich einem Fließband an ihr vorbei und durch sie hindurchführt.

Wenn wir nun in einer Art Pentimento-Verfahren in dieses Bild einzudringen versuchen, um hinter das Kontinuum der Geschichte, durch die Darstellung der Entfremdung hindurch zu der abgebildeten Frau selbst zu gelangen, so finden wir einen nicht artikulierten Freiraum – einen Raum, der in Brauns Gedicht als Hanna Wagenseils neun Tage lang währendes Schreien erzählerisch kolonisiert wurde. Dieser Raum scheint latent vorhanden zu sein im gefaßten Schweigen der Frau und in der Aura der Ruhe, die über der Unbehaglichkeit und Unbeholfenheit anläßlich des unmittelbaren Ereignisses liegt. Das horizontale Kontinuum von Weiß, eher einem Sarg als der geschmückten Tafel der Geschichte gleichend, scheint die Frau buchstäblich in zwei Teile zu zerschneiden. Doch der neutrale Gesichtsausdruck, der ins Traurige oder Verbissene geht, der bei längerem Betrachten zum Ausdruck von bewußter Distanzierung oder gar Abscheu wird, scheint auf eine grundlegende Verneinung dessen zu deuten, was um sie vor sich geht. Und was zuerst als Entfremdung der Frau von der Produktionsgeschichte erschien, wirkt nun eher wie bewußte Selbstbescheidung, aktives Nicht-Teilnehmen an dieser Geschichte.

An diesem Punkte scheint es angebracht, zwischen zwei möglichen Perspektiven bei der Betrachtung dieser Komposition zu unterscheiden: zum einen unserer Perspektive als Zuschauer, die in das Bild hineinschauen, und zum anderen unserer Perspektive als Beteiligte, die von der anderen Seite des Tisches aus mit der Frau aus dem Bild herausschauen. Als ich das Bild zum erstenmal sah, schaute ich in die Frau hinein, und mein Blick, blockiert durch das horizontale Kontinuum, das sie durchschneidet, blieb dort haften und sah die Frau in ihrer Entfremdung, als Objekt. Das Ergebnis war eine Art von ‚Mitleidsästhetik‘, auf der meine soeben ausgeführte Interpretation beruht. Als ich das Bild aber wieder und wieder betrachtete, bemerkte ich in zunehmendem Maße, daß das horizontale Kontinuum genauso Betrachtungsgegenstand ist wie die Frau; mehr noch, die Frau selbst betrachtet es! Trainiert, Frauen als „das andere Geschlecht", als Objekte anzusehen, hatte ich mich mit einem Begriff, einer Sache als Subjekt identifiziert und die Person in dem Gemälde zum Objekt dieses Begriffes, dieser Sache reduziert. Als ich nun mit den Augen der Frau zu sehen begann, wurde nicht die Frau (die jetzt Handelnde war und nicht mehr ‚Gehandelte‘) zum Gegenstand meiner Reflexion, sondern das horizontale Kontinuum, das plötzlich in ganz neuem Lichte erschien. Unter dieser zweiten Perspektive wird die Aussage des Bildes zwar nicht grundlegend verändert, wohl aber die Konturen und die Beziehungen innerhalb des Bildes. Insbesondere bringt die Frau nun ihre eigene Geschichte zu dem Tisch; sie ist nicht mehr eingeschüchtert und überwältigt von der darin symbolisierten – von Männern beherrschten – Produktionsgeschichte.

IV

In Heiner Müllers *Weiberkomödie* (1969) sagt eine Figur: „Im Sozialismus / Regiert die Frau."[8] Die Entwicklung von Müllers gesamtem dramatischem Œuvre kann als Versuch angesehen werden, die einer solchen Dialektik innewohnende Problematik aufzuzeigen. Müllers Stück schildert, ähnlich wie Wolfgang Mattheuers Bild *Die Ausgezeichnete*, die Dissoziierung der Frauen von der Produktionsgeschichte. Auf der quantitativen Ebene und als die dramatische Handlung vorwärtstreibende Elemente spielen Frauen daher in seinen Stücken nur Nebenrollen, während Männer und männlich identifizierte Begriffe wie Geschichte, Arbeit und instrumentale Rationalität die dramatische Handlung buchstäblich beherrschen. Müllers Stücke projizieren nicht männliche Wunschvorstellungen von Frauen, sie drücken vielmehr männliche Wunschvorstellungen von Männern aus. In dieser Hinsicht könnte man ihn mit gewissem

Recht als Frauenschriftsteller bezeichnen, ganz ähnlich wie Georg Lukács Tolstoi einmal einen Bauernschriftsteller genannt hat, aus dem einfachen Grunde, weil das Schweigen der Bauern in Tolstois Romanen so offensichtlich ist.[9] Wenn Müllers Frauenfiguren einmal sprechen oder handeln, tun sie das im Rahmen ihres Schweigens und ihrer Abwesenheit, nicht zu deren Überwindung. Beherrscht von den männlichen Figuren und den männlich identifizierten dramatischen Konflikten in Geschichte und Produktion, wirken seine Frauenfiguren nicht als das, was sie sind oder sein könnten, sondern so, wie sie von den männlichen Figuren wahrgenommen und innerhalb der patriarchalischen Struktur der Dramaturgie selbst fixiert werden. Nur als *Objekte* einer bewußt artikulierten männlichen Subjektivität und Autorschaft werden Müllers Frauenfiguren zu Subjekten der dramatischen Handlung. Müller trägt zum Thema Frau und Arbeit bei, indem er über Männer und für Männer schreibt.

Schon sein erstes Stück, *Der Lohndrücker* (1956), handelt von männlicher Komplizität und Kollektivität, ein Thema, das in späteren Stücken, wie *Mauser* (1970) und *Die Schlacht* (1974), radikal zu Ende geführt wird. Zwei Nebenfiguren stehen offensichtlich außerhalb dieses Kollektivs: die HO-Verkäuferin und die Sekretärin Fräulein Matz. Während die Männer in dem Stück als komplexe Figuren bezeichnet werden können, insofern sie sich gegenseitig zu einer Totalität ergänzen, ist Fräulein Matz ganz eindimensional als funktionale Hilfsfigur strukturiert. Ihr fehlt jegliches Eigenleben. Sie fungiert ausschließlich aufgrund ihrer *Sichtbarkeit*, und darin liegt ihre Fetischisierung. Sie besteht aus dem Material, aufgrund dessen sie gesehen und identifiziert wird: die lackierten Nägel an den Fingern, welche die Tipparbeit verrichten, die angemalten Lippen und der pralle Hintern, die der Befriedigung der männlichen Sexualität dienen. Sind die Männer die Produzenten, so liefert sie das Werkzeug. In der fünften Szene unterbricht sie das Tippen der Lohnlisten, um ihre Fingernägel und Lippen anzumalen. Gleichzeitig kommt ihr Chef, der Direktor der Fabrik, in sein Büro, legt seinen Mantel ab, erledigt einige Dinge an seinem Schreibtisch, steht auf und zieht seine Jacke aus, legt sein Rasierzeug zurecht, schaut in einen gesprungenen Spiegel, seift sein Gesicht mit einer schlechten Rasierseife ein und beginnt, sich zu rasieren. An dieser Stelle fragt der Direktor Fräulein Matz plötzlich in scharfem Tonfall, ob sie eigentlich die Lohnlisten fertiggestellt hat. Sie schweigt und beginnt hektisch zu tippen. Im Verlauf der Szene rasiert sich der Direktor weiter vor dem Spiegel, empfängt dabei mehrere Leute und spricht fortwährend über Produktionsprobleme in der Fabrik. Am Ende der Szene ist er fertig mit dem Rasieren, schlägt einen Arbeiter, der ihn mit den Nazis verglichen hat, ins Gesicht und wendet sich dann Fräulein Matz zu mit den Worten „Sind die Lohnlisten fertig?" Fräulein Matz: „Ja." Ende der Szene.[10]

In dieser Szene erzielt Müller eine einprägsame visuelle Dialektik zwischen der Herstellung von Identität (weiblich reproduzierende Kreativität) und Warenproduktion (männliche Produktivität). Die Herstellung der Identität der Frau besteht darin, zusätzliche Materialschichten aufzulegen, um etwas vorzutäuschen, was sonst nicht vorhanden ist. Die Herstellung der Identität des Mannes besteht darin, Materialschichten zu entfernen, um das aufzudecken, was als Selbstbildnis unmittelbar im Spiegel gesehen wird. Die Warenproduktion besteht also einerseits in Fräulein Matzens Schweigen, während sie die Lohnlisten fertigstellt, und andererseits im ideologischen Wortschwall des Direktors, der – an Stelle von Handlung – schließlich in Gewalttätigkeit übergeht. Diese komplexe Dialektik von Mann versus Frau liegt allen Stücken Müllers zugrunde: männliche Geschichte wurzelt in Gewalttätigkeit, wird aber durch (männliche) Kultur als die Ideologie der Produktion verschleiert, während weibliche Geschichte ihre Wurzeln in der Produktion selbst hat, aber durch (männliche) Kultur als Schweigen und Warenfetisch verschleiert wird. Während Brecht den Widerspruch zwischen kapitalistischen und vom Proletariat abgeleiteten sozialistischen Arbeitsverhältnissen als dramaturgisches Grundprinzip seiner Stücke verwendete, gestaltet Müller den Widerspruch zwischen patriarchalischen und von der Kollektiverfahrung der Frauen abgeleiteten sozialistischen Arbeitsverhältnissen. Schon auf der Grundlage dieser dramaturgischen Umstrukturierung wird der Begriff der Produktion radikal differenziert und transformiert.

Das nächste wichtige Stück Müllers, *Die Bauern* (1964), trug in der Originalfassung den Titel *Die Umsiedlerin oder Das Leben auf dem Lande* (1961).[11] Schon die beiden Titel deuten hin auf die in dem Stück vorhandene Scheidung zwischen kollektiver Produktion und weiblicher Existenz. Das Schicksal der Umsiedlerin Niet ist der eigentliche Ansatz für die Richtung, die das Stück nimmt, auch wenn die Handlung buchstäblich von einem ganzen Arsenal von Bauern beherrscht wird. Die Umsiedlerin ist, wie die Identität der Frauen in den Kinderjahren des DDR-Sozialismus, der deutschen Geschichte fremd, und deshalb hat gerade sie einen Anspruch darauf, das Land zu erben, das jahrhundertelang von den Junkern und ihren

Knechten ausgebeutet wurde. Ihre Außenseiterrolle im Rahmen der historischen Kontinuität macht sie zum legitimen Ausgangspunkt für die Zukunft. Ja, sie selbst ist das Land, auf dem die Bauern ihre patriarchalische Geschichte weiterführen und aus dem sie neues Leben produzieren. Ähnlich wie Fräulein Matz spricht Niet kaum, und es wird auch selten von ihr gesprochen. Man nimmt ihre Gegenwart in erster Linie visuell wahr. Uns Zuschauern und den Bauern erscheint sie wie ein leises Leitmotiv. Szene um Szene sehen wir sie schwanger im Hintergrund die Bühne überqueren, mit einem Krug, den sie füllen muß. Gerade in ihrer grundlegenden und andauernden Arbeit liegt die Hoffnung für die Zukunft. Niet gleicht einer wieder auferweckten Kattrin aus den Bauernkriegen und dem Dreißigjährigen Krieg, nicht mehr stumm, aber zerbrechlich und immer noch zögernd, sich auszudrücken. Aber als volle, reife, ja matriarchalische Figur, als Hauptfigur des Stückes ist sie – trotz der fehlenden Worte und Handlungen – auch eine Art Reinkarnation der Mutter Courage, die jetzt nicht mehr als Lasttier das Warenlager der Geschichte zieht, sondern „den aufrechten Gang" lernt, um ein Haus zu bauen und das Land zu bestellen.

Niet wird nur von einer Figur wirklich erkannt, von dem Bauern mit der Mütze, der wohl die einzige utopisch angelegte Männerfigur in Müllers Stücken ist. In der ersten Begegnung zwischen den beiden, die an das erste Aufeinandertreffen von Faust und Margarete erinnert und es gleichzeitig umfunktioniert, sagt er ihr nicht, wie er sie sieht, sondern bittet sie, ihn zu sehen, das heißt er appelliert an ihre Erfahrung und Geschichte:

> Ich seh, ich halt Sie auf, aber zu spät
> Ist manchmal nicht zu spät, wenn ich auch keiner
> Mehr von den Schnellen bin, das ist nun so:
> Da steht vielleicht am Feldweg, den man jeden
> Tag abfährt, ein Baum, kein großer, eingestaubt
> Von den Fuhrwerken, überall nicht viel anders
> Als andre Bäume, und dann doch ganz anders
> Nämlich wenn man ein Auge drauf hat. Zwei
> Jahr lang fährt man den Weg schon, jeden Tag
> Früh auf den Acker, spät heim und nicht vorm dritten
> Merkt man den Baum, der da schon vier Jahr steht.

Wie Margarete mag Niet von der Poesie des Bildes, das der Liebhaber malt, beeindruckt sein, geht aber sofort ab, ohne daß wir sie später im Zimmer beim weiteren Nachdenken sehen:[12]

> Vielleicht versteh ichs. Und jetzt muß ich gehn.

Am Ende des Stückes versucht es Mütze noch einmal, nimmt diesmal die Mütze ab und entblößt seine Glatze, zeigt damit seine eigene
Verletzlichkeit und geht jenes Risiko ein, das mit der Überwindung
seiner kulturellen Identität als Mann verbunden ist. (Der entblößte
Kopf steht übrigens im Gegensatz zu der Anzahl phallischer Metaphern der Gewalttätigkeit, die das Stück beherrschen.) Niet reagiert
mit Lachen darauf, dem ersten und einzigen spontanen Ausdruck
ihres Selbstbewußtseins im Stück. Es ist ein freies Lachen, das Mar-
garetes Verzweiflungsrufe im Kerker zu besänftigen scheint:

> Kein andrer wärs wohl, wenn ich einen Mann wollt
> Und einen Vater für mein Kind. Ich wills nicht.
> Grad von den Knien aufgestanden und
> Hervorgekrochen unter einem Mann
> Der nicht der beste war, der schlimmste auch nicht
> Soll ich mich auf den Rücken legen wieder
> In Eile unter einen anderen Mann
> Wärs auch der beste, und Sie sinds vielleicht
> Als wär kein andrer Platz, für den die Frau paßt.

Mütze, der jetzt Glatze genannt wird, erwidert mit allem, was er geben kann, mit seiner Menschlichkeit:[13]

> Ich sag auch, warum solls der Mann sein immer
> Der oben liegt. Ich denk da anders.
> Die Zeit muß ja auch kommen, wo der Bauer
> Ein Mensch ist, wie im Kino jetzt schon und
> Kein Pferd mehr, und die Frau auch nicht mehr zum
> Bespringen bloß und Kinderkriegen und
> Altwerden in der Arbeit, und vielleicht
> Erleben wirs oder die Kinder, die wir
> Vielleicht erleben werden, wenn die Frau will.
> Das Dach ist hin. Hilfe werden Sie brauchen.
> Wenns nicht fürs Leben ist, ists in der Arbeit.
> Und vielleicht kommt man sich da näher und
> Hilft sich in andern Sachen gegenseitig
> Dann auch, und nicht tagsüber bloß.

Niets Antwort ist wieder ein „vielleicht", und daraufhin verlassen
beide Figuren die Bühne. Das Verhältnis zwischen Mütze / Glatze
und Niet hebt das Paradigma der Faustschen Tragödie auf, sowohl
was den Mann betrifft als auch die Frau. Der Mann ist nicht mehr
der idealistische Kolonialherr der Frau und der Produzent seines
Selbstbildnisses; die Frau wird aus der Negation befreit, um aktiv
an der Geschichte teilzunehmen. Faust kehrt zwar jetzt in der Ge-

stalt eines bescheidenen Bauern zu ihr zurück, ganz frei von weltbeherrschenden und weltverändernden Idealen, aber dennoch zögert Niet (man beachte das russische „Njet"), eine neue Verbindung einzugehen, während sie die Geburt ihres Kindes erwartet. Dieses Kind war ja gezeugt worden von der geschichtlichen Gegenfigur zu Mütze / Glatze, von Fondrak, einer Travestie der Faustfigur. Im Lichte der bedrückenden Vergangenheit hat die Gegenwart den Charakter des Vorläufigen und Versuchshaften; und der Schluß des Stückes läßt die Zukunft offen, da die Geburt des Kindes lediglich zur utopischen Metapher wird.

In Müllers Stück *Zement* (1972) markiert der Tod von Tschumalovs und Daschas Kind das Ende ihrer Beziehung und den Wendepunkt im Stück. Die sowjetische Revolution, mit der ihr folgenden Neuen Ökonomischen Politik, ist in die innersten Bereiche des Privatlebens vorgedrungen. In dieser Privatsphäre, nämlich der eigenen Stube, scheitert Daschas und Tschumalovs Versuch, zusammen ein neues Leben und eine neue Gesellschaft aufzubauen. Das Stück *Zement* wurde zehn Jahre nach den *Bauern* geschrieben und ist geprägt durch die geschichtliche Entwicklung des Sozialismus in der Sowjetunion und der DDR in den dazwischenliegenden sechziger Jahren. Während das Stück *Die Bauern* noch die Vision eines auf zwischenmenschlichen Beziehungen und Kollektivität aufbauenden Sozialismus vor Augen hatte, beschreibt *Zement* die Entwicklung der Sowjetunion und der DDR zu mächtigen politischen Staaten, die vom technisch-wissenschaftlichen Rationalismus bestimmt sind. Wieder dient die weibliche Hauptfigur als Gradmesser dieser Entwicklung.

In der ersten Hälfte des Stückes dominiert im idealistischen Sinne die Figur Daschas, welche die konkrete Hoffnung für eine kommunistische Zukunft personifiziert. In der zweiten Hälfte des Stückes, wo die Neue Ökonomische Politik die Etablierung eines bürokratisch-technokratischen Staates vorwegnimmt, verschwindet Dascha vollkommen, und damit wird gleichsam der Ausschluß einer ganzen Alternativgeschichte und -potentialität der Frauen von der folgenden Entwicklung der sozialistischen Geschichte angedeutet. Müller spart seine Figur Dascha buchstäblich aus, um sie nicht von den anderen Figuren, die immer mehr herkuleisch-stalinistische Formen annehmen, im thematischen Rahmen des Stückes politisch kolonisieren zu lassen, und auch, um sie nicht vom Autor selbst erzählerisch kolonisieren zu lassen. Die Kritik und Selbstkritik des Autors lassen sich viel überzeugender anhand jener Konflikte darstellen, die sein Held Tschumalov durchmacht, der schließlich, wenn auch widerwillig, in genau die geschichtlichen Entwicklungen integriert wird, die er kritisiert. In dieser Hinsicht unterscheidet sich das Verhältnis des Autors Müller zu seinen beiden Hauptfiguren grundlegend von dem Volker Brauns zu Brenner und Tinka, obwohl beide Stücke viele thematische Gemeinsamkeiten haben.

Wenn Müller im ersten Teil des Stückes seine Dascha zu einer komplexen Hauptfigur macht, dramaturgisch gleichberechtigt mit seinem Helden Tschumalov, läßt er, wie Braun und andere DDR-Schriftsteller, sie dennoch zunächst Aussagen machen, die er von emanzipierten Frauen gehört hat oder von denen er annimmt, daß emanzipierte Frauen sie äußern würden. Als Autor liegen seine Sympathien vornehmlich bei Dascha, und er macht sie zur idealistischen Heldin, aber seine Identifikation und Selbstkritik ist, wie bei Braun, in seinem männlichen Helden angelegt. In diesem Sinne könnte man *Zement* – ganz ähnlich wie Brechts *Die Mutter*, trotz aller thematischen und strukturellen Unterschiede – von all seinen Stücken am ehesten als Tendenzstück bezeichnen, das heißt als ein Stück für Frauen. Gerade an jenem Punkt aber, wo das Stück zu moralisieren beginnen könnte, verschwindet Dascha auf eine dramaturgisch so unmotivierte Weise von der Szene, daß man von einem dramaturgischen Bruch sprechen könnte. Der Autor konnte diese Figur anscheinend nicht mehr weitergestalten. Doch gerade dieser Stilbruch, das dramatische Schweigen, rettet das Stück in dramaturgischer wie auch in ideologischer Hinsicht.

Uns, dem Autor und Tschumalov bleibt Polja. Diese Frau, die mit ihrem Maschinengewehr weiterkämpft, ist auf sich gestellt, nachdem ihr Alter ego Dascha sozusagen in den passiven Streik gegen die Geschichte tritt, und wird im weiteren Verlauf zu einer Roboterfigur wie auch die übrigen Figuren des Stückes. Diese militante Frau bleibt als der einzige wirklich weibliche Ausdruck innerhalb der Geschichte. In einem späteren Stück Müllers, *Die Hamletmaschine*, taucht eine Synthese von Dascha/Polja auf, um „die erniedrigten Leiber der Frauen / Hoffnung der Generationen / In Blut Feigheit Dummheit erstickt" zu rächen.[14] Als Ophelia überlebt sie hier den Tod durch Ertrinken, um Hamlets narzißtische und schwachsinnige Selbstzerstörung zu überdauern. Sie übernimmt den letzten Monolog in diesem Stück und dominiert das Schlußbild: „Hier spricht Elektra. Im Herzen der Finsternis. Unter der Sonne der Folter. An die Metropolen der Welt. Im Namen der Opfer. Ich stoße allen Samen aus, den ich empfangen habe. Ich ersticke die Welt, die ich geboren habe, zwischen meinen Schenkeln. Ich begrabe sie in meiner Scham. Nieder mit dem Glück der Unterwerfung. Es lebe der Haß, die Verachtung, der Aufstand, der Tod. Wenn sie mit Fleischermessern durch eure Schlafzimmer geht, werdet ihr die Wahrheit wissen."[15]

Mit den Figuren Dascha, Polja und Ophelia beginnt Müller, weibliche Figuren zwar nicht erzählerisch zu kolonisieren, aber doch seine männliche Autorschaft auf sie zu übertragen. Dabei schildert er diese Autorschaft durch seine eigene geschichtliche Optik als Mann, von seinem eigenen Begriff der revolutionären Produktion und der Funktion des „Autors als Produzenten" ausgehend. Das führt zu der etwas abstrakten Spaltung von stummer weiblicher Erfahrung (Dascha als leidende Ehefrau, Geliebte und Mutter) und aktiver weiblicher Produktivität (Polja als militante, waffentragende Einzelgängerin, die ihr Privatleben opfert für einen politischen Kampf und Ideale, die sie mit Männern gemeinsam hat). Das Ausmaß der Unfähigkeit des männlichen Dramatikers, eine wirkliche Einheit von weiblicher Erfahrung und Potentialität, von kollektiver Geschichte, Autorschaft und Produktion der Frauen darzustellen, wird dadurch unterstrichen, daß diese beiden Figuren nie miteinander kommunizieren, außer durch den männlichen Helden Tschumalov, der zwischen sie gerät, ja daß Polja Daschas Stelle als eine Art Wachablösung im Drama des Autor-Helden übernimmt. Wenn er dann diese Einheit in der Figur der Ophelia zu erreichen versucht, zeigt er sie dennoch als von ihrer Erfahrung frustriert und gequält, politisch isoliert, *und* als gewalttätige revolutionäre Aktivistin. Ophelia verwandelt den stummen Schrei der Mutter Courage in einen durchdringenden Schrei, der gleichzeitig selbstzerstörerisch wie potentiell produktiv im Sinne von revolutionärer Veränderung wirkt. Die Figur der Ophelia mag zwar einen Tribut an die Größe von Frauen wie Rosa Luxemburg und Ulrike Meinhof versinnbildlichen, sie umfaßt jedoch nicht die ungeschriebene Geschichte eines weniger sichtbaren, aber deshalb nicht weniger transformierenden Prozesses in der geschichtlichen Kollektivität der Frauen. Indem er diese Figur weitgehend in der eben geschilderten Weise darstellt, verbaut sich Müller die Möglichkeit der Wahl einer zweiten Optik, die in seinen früheren Stücken und in ganz beispielhafter Weise in Mattheuers Bild *Die Ausgezeichnete* zur Verfügung stand. Die Figur der Ophelia sagt uns im Grunde viel mehr über die Frustration und Kämpfe hinter der Einsicht in männliche Autorschaft und Produktion als über die autonom entwickelten *Eigen*schaften der weiblichen Autorschaft und Produktion. An einer Stelle sagt zwar Hamlet: „Ich will eine Frau sein." Aber später sagt der Hamletdarsteller: „Ich will eine Maschine sein."[16]

In all seinen Stücken stellt Müller seine Frauenfiguren bewußt aus seiner Erzählperspektive als Mann dar, so wie sie ihm „erscheinen" und nicht wie sie „sind". Obwohl er seinen Frauenfiguren immer artikuliertere und zentralere Rollen zuteilt, dienen diese Schlüsselrollen nicht dazu, die Frage der subjektiven Autorschaft des Mannes zu verschleiern, sondern sie zu problematisieren und zu kritisieren. Die Bedeutung der Rollen seiner Frauenfiguren nimmt zu in direkter Proportion zum ausgedrückten Wunsch ihres Autors, seine ererbte Form der literarischen und geschichtlichen Autorschaft aufzuheben. Der Hamletdarsteller sagt: „Ich bin nicht Hamlet. Ich spiele keine Rolle mehr. Meine Worte haben mir nichts mehr zu sagen. Meine Gedanken saugen den Bildern das Blut aus. Mein Drama findet nicht mehr statt. [. . .] Mich interessiert es auch nicht mehr. Ich spiele nicht mehr mit."[17] Statt der erzählerischen Kolonisierung des Schweigens zeigen Müllers Stücke den auktorialen Wunsch nach erzählerischer Übertragung von männlicher auf weiblicher Autorschaft.

Dieser Hang zur erzählerischen Übertragung in Heiner Müllers späteren Werken, wie auch in denen jüngerer Schriftsteller wie Thomas Brasch und Stefan Schütz, dient vornehmlich der Kritik an gewissen Erscheinungen in der Geschichte des Sozialismus, die genau wie die herrschenden Formen des Kapitalismus in der patriarchalischen Tradition verwurzelt sind. Diese patriarchalische Tradition manifestiert sich in ihren Werken ganz explizit, ökonomisch gesehen als Produktivismus, philosophisch als instrumentale Rationalität und politisch als Gewalt. Die mythologischen Vorväter dieser Tradition, auf die von diesen Schriftstellern immer wieder Bezug genommen wird, sind der technisch-wissenschaftliche Produzent Prometheus, der arbeitende Aktivist Herakles, der auch Zerstörung erzeugt, der durch die List der Vernunft manipulierende Odysseus, der die Staatsräson usurpierende Ödipus und die politischen Handlanger Neoptolemos und Telemachos. Diese mythologischen Figuren bestimmen die literarische Darstellung von jüngeren heroischen Patriarchalfiguren, von Macbeth und Friedrich dem Großen bis zu Marx, Lenin, Stalin und den DDR-Vätern, die ihre Söhne überleben. Diese Figuren bestimmen auch die weniger explizite, aber deswegen nicht weniger bezeichnende Kritik an der patriarchalischen Abstammung der sozialistischen Literaturproduktion (Müller in bezug auf Brecht, Schütz, in etwas unterschiedlicher Weise, in bezug auf Müller), die schließlich in der Kritik am Solipsismus des männli-

chen Autors gipfelt (Müllers *Hamletmaschine*, Schütz' *Stasch 1* und
Thomas Braschs *Kargo*). Die patriarchalische Tradition, welche die
Entwicklung einer revolutionären Menschlichkeit einengt, reicht
von der mythologischen Vergangenheit bis in die Psyche der männlichen Autoren selbst. Daher erklärt sich die lineare Monotonie und
die zyklische Darstellung der Geschichte in diesen Werken. Daher
die Gewalt und die qualvolle Betonung des männlichen Ichs des Autors, der sich selbst als einen sieht, der die fortwährende Geschichte
lediglich reproduziert, dem eine andere Sprache, andere Produktionsmittel fehlen. Daher die Kritik am Rationalismus als Ideologie
und an der analytisch-diskursiven Erzählweise als auktorialer Mani-
pulation. Daher die Flucht in die Abstraktion und in eine Phäno-
menologie der Wörter als Versuch, aus dem patriarchalischen Kontinuum auszubrechen. Das soll nicht heißen, daß die patriarchalische
Geschichte nicht differenziert wird nach ihren jeweiligen Erschei-
nungsformen im Kapitalismus und Sozialismus und innerhalb ihrer
jeweiligen geschichtlichen Stadien. Dennoch ist es die eigentliche
Funktion dieser monologischen Darstellungsweise (man vergleiche
zum Beispiel den Seriencharakter der Männlichkeit und ihrer Aus-
drucksformen in Müllers *Mauser* und die Anspielungen auf männliche Homoerotik in Müllers und Schütz' Stücken), diese monologischen Strukturen zu erschöpfen und damit auf der Möglichkeit eines
zukünftigen Dialoges mit einer anderen Art von Erfahrung und
Produktion zu bestehen.
  Diese Alternativgeschichte wird in ihren Werken im latenten
Frau-Sein visionär dargestellt. Sie wird am deutlichsten artikuliert in
Begriffen einer konkreten kollektiven Öffentlichkeit der Frauen in
Braschs *Lovely Rita* (1977) und in Schütz' *Die Amazonen* (1974) und
Der Hahn (1977). In *Lovely Rita* bildet sich diese kollektive Öffentlichkeit in unserer gegenwärtigen Welt, erliegt aber dem brutalen
Vergeltungsschlag der patriarchalischen Herrschaft. In *Die Amazonen* verfolgt Schütz sie zu ihren geschichtlichen Wurzeln, zur matriarchalischen Kultur, und zeigt, daß die der patriarchalischen Kultur innewohnenden Ursprünge und die Perpetuierung der instrumen-
talen Rationalität und Produktivität nicht auf kreativer Produktion
beruhten, sondern auf der systematischen, gewalttätigen Zerstörung
einer matriarchalischen Gesellschaft, die als Bedrohung des Fortbe-
stands der männlichen Herrschaft angesehen wurde. Am Ende von
Schütz' *Der Hahn*, erinnernd an den Massenaufstand am Ende von
Peter Weiss' *Marat / Sade*, übernimmt ein revolutionäres Frauenkollektiv die Bühne: „Chefarzt röchelt. Die Frauen krähen. Die

Zelle bricht auseinander. Die Frauen krähen so lange, bis die Bühne
gefüllt ist mit Frauen. Dann Blackout."[18] Diese etwas apokalyp-
tische Vision einer neuen geschichtlichen „Weltbühne" ist jedoch
nichts anderes als der abstrakte Traum der Heldin Alma. Daß der
Traum von einer wirklichen weiblichen Autorschaft nur in der Literatur und Geschichte der Frauen konkretisiert werden kann, ist die
einzige konsequente Folgerung aus dieser männlich erzählten Vision. Genau aus diesem Grunde – angesichts des überwiegenden erzählerischen Schweigens und der Abwesenheit literarischer Figuren
wie Mutter Courage, Kattrin, Fräulein Matz, Niet, Dascha, Ophelia
und Alma – konnte Christa T. als vollkommenes erzählerisches
Subjekt aus den Reflexionen ihrer Erzählerin / Autorin Christa Wolf
hervorgehen. Die Erzählhaltung anderer neuerer DDR-Schriftstel-
lerinnen geht ebenfalls von diesem Punkt aus und folgt ähnlichen
Wegen.

(Aus dem Amerikanischen von Reinhart Sonneburg)

Anmerkungen

1 Ich möchte Fritz Achberger und Karen Achberger auch hier noch einmal
meinen Dank für ihre Hilfe während meiner Arbeit an diesem Aufsatz
aussprechen.
2 Diese beiden Richtungen werden ausführlicher besprochen in Patricia
Herminghouse, Wunschbild, Vorbild oder Porträt? Zur Darstellung der
Frau im Roman der DDR. In: *Literatur und Literaturtheorie in der DDR.*
Hrsg. von Peter Uwe Hohendahl und Patricia Herminghouse (Frankfurt,
1976), S. 281–334. Zum Thema Frauen in der DDR-Dramatik vgl.
Jack D. Zipes, Die Funktion der Frau in den Komödien der DDR. In:
Die deutsche Komödie im zwanzigsten Jahrhundert. Hrsg. von Wolfgang
Paulsen (Heidelberg, 1976), S. 187–205.
3 Volker Braun, *Gegen die symmetrische Welt* (Frankfurt, 1974), S. 60–61.
4 Eva Kaufmann, Sozialismus, Arbeit, Persönlichkeit. In: Eva Kaufmann/
Hans Kaufmann, *Erwartung und Angebot. Studien zum gegenwärtigen
Verhältnis von Literatur und Gesellschaft in der DDR* (Berlin/DDR,
1975), S. 92–94.
5 Sara Lennox, Women in Brecht's Works. In: *New German Critique* 14
(Spring 1978), S. 83–96.
6 Hellmuth Karasek, Der Mann, die Frauen: Bert Brechts Verhältnis zu
den ‚Weibern'. In: Sonntagsbeilage der *Stuttgarter Zeitung* (22. Juli
1978), S. 49.

195

7 Öl, 100 × 124 cm. Abgebildet und aus etwas anderer Sicht besprochen in Hubertus Gassner/E. Gillen, *Kultur und Kunst in der DDR seit 1970* (Lahn-Gießen, 1977), S. 167–169.

8 Heiner Müller, *Theater-Arbeit* (Westberlin, 1975), S. 90.

9 Vgl. Lucien Goldmann, Dialektischer Materialismus und Literaturgeschichte. In: *Marxistische Literaturkritik*. Hrsg. von Viktor Žmegač (Bad Homburg, 1970), S. 91.

10 Müller, *Geschichten aus der Produktion 1* (Westberlin, 1974), S. 21–24.

11 Nach der Erzählung „Die Umsiedlerin" von Anna Seghers.

12 Müller, *Die Umsiedlerin oder Das Leben auf dem Lande* (Westberlin, 1975), S. 49.

13 Ebd., S. 102.

14 Müller, *Mauser* (Westberlin, 1978), S. 95.

15 Ebd., S. 97.

16 Ebd., S. 92, 96.

17 Ebd., S. 93.

18 Stefan Schütz, *Stasch* (Westberlin, 1978), S. 113.

Namenregister

ATHENÄUM

Taschenbücher
Literaturwissenschaft

Reinhold Grimm/Jost Hermand (Hrsg.)
Karl Marx und Friedrich Nietzsche
AT 2135, 1978. 180 Seiten, 19,80 DM
ISBN 3–7610–2135–6

Seit etwa einem Jahrzehnt entwickelt sich eine immer intensiver geführte Auseinandersetzung mit Werk und Wirkung Friedrich Nietzsches, wobei vor allem die fast schon massive Konfrontation zwischen Nietzsche und dem Marxismus bzw. Sozialismus sich besonders akzentuiert. In dieser Situation ist eine Rückbestimmung und Bestandsaufnahme der aktuellen Diskussion besonders notwendig, die hier in der interdisziplinären Zusammenarbeit von Literaturwissenschaftlern, Historikern und Philosophen geleistet wird.

Verlagsgruppe Athenäum/Hain/Hanstein/Scriptor
Postfach 1220, D–6240 Königstein/Ts.